建设更加美好的家园

共同富裕在苍南的生动实践

辛向阳 主编

中国社会科学院马克思主义研究院
中共苍南县委宣传部
苍南县发展和改革局
苍南县社会科学界联合会 编

ZHEJIANG UNIVERSITY PRESS
浙江大学出版社
·杭州·

图书在版编目（CIP）数据

建设更加美好的家园：共同富裕在苍南的生动实践 /
辛向阳主编；中国社会科学院马克思主义研究院等编
. -- 杭州：浙江大学出版社，2024.12
　ISBN 978-7-308-24522-7

　Ⅰ.①建… Ⅱ.①辛… ②中… Ⅲ.①共同富裕—案
例—苍南县 Ⅳ.①F127.554

　中国国家版本馆 CIP 数据核字（2023）第 254101 号

建设更加美好的家园——共同富裕在苍南的生动实践
JIANSHE GENGJIA MEIHAO DE JIAYUAN——GONGTONG FUYU ZAI CANGNAN DE SHENGDONG SHIJIAN
辛向阳　主编
中国社会科学院马克思主义研究院　等编

责任编辑	杨利军
责任校对	张培洁
封面设计	周　灵
出版发行	浙江大学出版社
	（杭州市天目山路 148 号　邮政编码 310007）
	（网址：http://www.zjupress.com）
排　　版	杭州好友排版工作室
印　　刷	杭州高腾印务有限公司
开　　本	710mm×1000mm　1/16
印　　张	11.5
字　　数	206 千
版 印 次	2024 年 12 月第 1 版　2024 年 12 月第 1 次印刷
书　　号	ISBN 978-7-308-24522-7
定　　价	68.00 元

序

辛向阳

2003年,习近平同志踏上了浙江苍南这片土地,与人民亲切互动,深切感知这片土地的温情与韵味。"干在实处怎么干? 走在前列怎么走?"20多年来,这两个问题成为苍南县共同富裕实践的探索课题。

苍南,坐落于温暖东海之滨的山海之家,拥有美丽旖旎的风光和巨大的发展潜力,但在20多年前,这些宝藏还未被充分挖掘。习近平同志的到来,激发出了苍南的发展潜能。他深入田间地头,与农民亲切交谈,了解他们的需求和问题;他走进工厂车间,倾听工人的心声,探寻产业升级之路。苍南的人民感受到了党的关怀,因此坚定了发展的信心。

一、"共同富裕"的世界观,是认识苍南、改变苍南的思想武器

"共同富裕"就是要进一步发挥浙江城乡协调发展优势,要统筹城乡经济社会发展,加快推进城乡一体化。习近平总书记概括指出,"全面建设社会主义现代化国家,既要有城市现代化,也要有农业农村现代化。要在推动乡村全面振兴上下更大功夫,推动乡村经济、乡村法治、乡村文化、乡村治理、乡村生态、乡村党建全面强起来"[1]。这就要求我们更深入地去认识苍南的农业农村农民。苍南的农业资源丰富,习近平同志强调要充分利用这一资源优势,推动农村振兴。这一理念

---

[1] 习近平在浙江考察时强调 统筹推进疫情防控和经济社会发展工作 奋力实现今年经济社会发展目标任务[EB/OL].(2020-04-01)[2023-11-11]. http://jhsjk.people.cn/article/31657786.

成为苍南县共同富裕实践的重要元素,极大地促进了农村产业的多元化。从传统的农业产品,到现代的农产品加工和乡村旅游业,苍南焕发出新的活力。曾经,苍南的农村背负着沉重的发展包袱,贫困是农民的沉重负担,基础设施的薄弱限制了农村的发展,医疗和教育资源的匮乏影响了农民的福祉。随着共同富裕实践的开展,这些问题逐渐得到了改善。农村道路逐渐宽广畅通,医疗和教育资源逐渐完善,农民的生活水平逐年提高。

"共同富裕"也意味着进一步发挥浙江的生态优势,创建生态省,打造"绿色浙江"。苍南也积极参与到生态文明建设中,充分践行"绿水青山就是金山银山"的理念。习近平总书记曾说:"实践证明,经济发展不能以破坏生态为代价,生态本身就是经济,保护生态就是发展生产力。"①习近平对生态环境建设的关心让苍南把生态建设摆在重要位置。森林覆盖率不断提高,湿地恢复项目得以实施,海岸线整治也获得成功。苍南的环境质量在不断改善,让人们享受更加清新的空气和碧绿的山川。苍南的"千村示范、万村整治"工程成为改变农村面貌的关键。这个工程旨在改善农村的环境和基础设施,提高农村的生活质量,使农村的发展不再脱离城市的发展。

大办民生实事让苍南人民的获得感、幸福感、安全感不断增强。在"共同富裕"蕴含的人民观指导下,苍南不断推出各项政策,着力改善人民的生活。从医疗保障到再就业,从社会保障到扶贫济困,苍南的政府不断完善各项民生政策,确保每个村(居)民都能分享发展的成果。

二、"共同富裕"是方法论,是认识苍南、改变苍南的科学方法

"共同富裕"是一本珍贵的方法论教材,它为我们描绘了推动地方发展的蓝图,展示了如何处理各种发展中的复杂问题,亦即如何赢得成功。

"共同富裕"强调了调查研究的重要性,调查的核心是深入实地,了解人民群众的需求和问题。这种调查研究方法成了苍南发展的重要方法。每一次调研都是实地考察,每一次与人民的互动都如同一次心灵之旅,为改进政策和调整方向提供了有力支持。正如习近平同志所强调的:"人民是历史的创造者,人民是真正

---

① 习近平在浙江考察时强调 统筹推进疫情防控和经济社会发展工作 奋力实现今年经济社会发展目标任务[EB/OL].[2020-04-01](2023-11-11).http://jhsjk.people.cn/article 31657786.

的英雄。"①这一论断将人民置于发展过程的核心位置,为政策制定提供了正确的方向。苍南的成功也证明了,只有真正了解人民的需求,才能制定出切实可行的政策,让发展更有针对性,更符合人民的期望。

"共同富裕"鼓励克服困难,抓住机遇。习近平总书记强调了"深入分析,全面权衡,准确识变、科学应变、主动求变"②的重要性。苍南在发展中遇到了各种困难,但辩证地看,这些困难也蕴藏着机遇。这一理念也成为苍南的成功之道。每一次困难都是一次磨炼,每一次挑战都是一次成长。只有克服困难,才能真正抓住机遇,才能取得先机,走在发展的前沿。

三、"共同富裕"是一种精神状态

"共同富裕"实践的精髓是实干精神。发展不是口号和计划的堆砌,而是需要实际行动的,只有将努力付诸实践,才能取得实际的成果。苍南的变革和进步都是通过扎扎实实的工作达成的。

任何事业的成功必须保持奋斗进取的精神。在苍南,工作不仅有周密的计划,还有坚定的执行;不仅有抱负,还有付出的汗水。实干的精神推动着苍南发展,在每一个阶段都能实现跃升,使宏大的构想变成现实。

任何现代化事业的发展,都要有一种科学的精神。科学精神来自哪里呢? 来自党的领导,也来自领导者的领导艺术。正如习近平同志所说:"一个高明的领导,讲究领导艺术,知关节,得要领,把握规律,掌握节奏,举重若轻。"③这种高超的领导艺术和工作方法的集中体现也是成功的关键,党的领导为苍南的发展提供了清晰的方向和坚定的决心。这些年,苍南的领导者不断把握经济规律、社会规律、自然规律,不断培养战略思维、辩证思维、系统思维、创新思维、历史思维、法治思维、底线思维,使决策科学化,不仅注重城市的发展,也充分考虑农村的需求,实现了城乡协调发展。

党的领导不仅注重人民物质生活的改善,更注重人民精神生活的丰富;不仅注重眼前问题的解决,更关注长远问题的解决。20 多年来,苍南不断进行改革和

---

① 习近平在第十三届全国人民代表大会第一次会议上的讲话(2018 年 3 月 20 日)[EB/OL].(2018-03-21)[2023-11-11].http://jhsjk.people.cn/article/29879544.

② 习近平在浙江考察时强调 统筹推进疫情防控和经济社会发展工作 奋力实现今年经济社会发展目标任务[EB/OL].(2020-04-01)[2023-11-11].http://jhsjk.people.cn/article/31657786.

③ 习近平.之江新语[M].杭州:浙江人民出版社,2007:27.

创新,寻求更好的发展路径。只有不断改革,才能适应时代的变化;只有不断创新,才能保持竞争力。正如习近平同志所说:"只有与时俱进、改革创新,勇于探索实践、善于总结经验,机关党建工作才能不断提高质量、充满活力。"①这一理念已经在苍南得到了生动体现。苍南不断适应着时代的变迁,探索出了一条富有改革创新特色的路径,这种改革是全方位的、多领域的,更是革命性的、突破性的。对于阻碍生产力发展,对于影响人民群众利益实现的体制机制,苍南坚决进行改革。

苍南的共同富裕实践是精彩的发展故事,更蕴含了宝贵的方法论。它告诉我们,只有实事求是,才能推动地方的发展;只有克服困难,才能抓住机遇;只有实干,才能取得实际的成果。

---

① 习近平在中央和国家机关党的建设工作会议上的讲话(2019 年 7 月 9 日)[EB/OL]. (2019-11-01)[2023-11-11]. http://jhsjk. people. cn/article/31433005.

目 录

第一章

浙江的"南大门"：苍南的战略与使命

在浙江省的最南端，有一片被赋予神秘光芒的土地——苍南。这是一颗浙江之南的璀璨明珠，是一个令人陶醉的山水之城。这片土地被山峦环绕，被水流滋养，历经千百年岁月的洗礼，绽放出属于自己的独特光芒。在地理上，苍南坐落在玉苍山之南，是浙江"南大门"的守望者。指尖在地图上划过，那嶙峋的山川、蜿蜒的河流，似乎都在述说着这片土地的史诗。

第一节　苍南的地理魅力与战略地位

苍南县位于中国东海沿岸，毗邻重要的航运通道，坐拥丰富的海上资源。保障海洋安全对于保障国家海洋利益、维护海上通道畅通至关重要。苍南县所处位置使其成为海洋安全与保护的关键区域之一。从经济发展来看，苍南县是浙江省的重要组成部分，也是浙江省的重要农业基地和旅游目的地。苍南县的发展对于推动浙江省经济的繁荣具有重要意义。苍南县位于浙江省沿海经济带，拥有广阔的海域资源和良好的港口条件。这使得苍南县成为沿海工业区的重要组成部分。该地区的渔业、船舶制造、海洋工程等产业的发展对于地方经济增长和就业起到了积极的推动作用。

就农业与农村发展来讲，苍南县是浙江省重要的农业产区之一，特别以水果种植和渔业产业著称。其得天独厚的自然条件和丰富的农田资源为农业发展提供了有利条件。农村发展对于提高村(居)民生活质量、促进农民增收和保障粮食安全具有重要意义。

苍南也是海上交通的重要节点。苍南县地处中国东海沿岸,拥有优越的海上交通条件。苍南港作为浙江省沿海重要的港口之一,是货物进出口、航运物流的重要枢纽。良好的港口设施和便捷的海上交通网络,使苍南成为海上贸易和海洋运输的重要节点。

珍稀海洋生态资源也是不得不提的一环,苍南县海域丰富的生态资源对于保护生物多样性和维护海洋生态平衡具有重要意义。该地区拥有众多的海洋保护区,着力保护和改善海洋生态环境,推动可持续海洋资源利用。

从海洋产业发展来说,作为浙江省海洋经济发展的重要区域,苍南县具备优良的海洋产业发展条件。海洋经济包括渔业、海洋工程、海洋旅游等多个领域。苍南县以渔业为主导产业,其丰富的渔业资源和优质的渔产品为地方经济增长和农民增收做出了重要贡献。

苍南县地理位置邻近台湾海峡,具有重要的地缘政治地位。稳定和保障该地区的边海安全,维护国家的领土完整和主权,对于维护地区和平稳定具有重要意义。

苍南县积极推动科技创新和经济转型升级。该地区重视发展现代海洋科技产业,推动智慧渔业、海洋工程技术等领域的研发和应用,加强与高校、科研机构的合作,培育科技创新人才,推动本地区向高质量发展转型。

总的来说,浙江省苍南县具有重要的战略地位,为发展海洋经济、保障海洋安全、推动科技创新和实现可持续发展提供了有力的支撑。

第二节 打造"南大门":从过去到现在的历程

1981年,从平阳县分出的苍南县,原本是一个贫困县。然而,苍南县的百万人民齐心协力奋斗数十年,2019年,苍南县的经济总量达到了659.74亿元,位居浙江省全部90个县(市、区)的第38位(前进6位),在33个县中排名第三,仅次于宁海县和长兴县。苍南县也多次跻身全国百强县。

苍南县地处浙江省南端,东濒东海,南与福建省福鼎市相邻,西靠泰顺县,北与平阳县接壤。

2012年9月,时任浙江省委书记夏宝龙提出了苍南要打造"浙江美丽南大门"的要求,为苍南发展明确了方向。按照省委的要求,苍南县以打造"浙江美丽南大门"为目标,提出了"富裕南大门""靓丽南大门""活力南大门""文明南大门""和谐南大门"等五条路径,以助推区域化均衡化高质量发展。

一、补产业提升之短,打造"富裕南大门"

苍南拥有纺织、机械仪表、食品加工、塑料制品、印刷包装等五大传统产业。为了促进经济转型升级,县委决定发挥优势产业,加快产业结构的优化升级。苍南县通过改造提升传统产业,发展精加工,延伸产业链,推动转型升级,加快各个国字号产业金名片进一步发展。同时,善用互联网的发展机遇,积极对接新产业、新业态、新模式,将文创、金融、新能源等领域融合,培育一批新的增长点。加速产业集聚是提高劳动生产率、推动技术创新、形成规模经济的有效途径。苍南按照"边界明晰、主体落实、体制到位、主业突出"的原则,确立打造"创新型、高产型、生态型、融合型、服务型"产业集聚平台的目标。加快推进向平台经济的过渡,通过苍南工业园区、龙港新城开发区等龙头区域,以特色小镇为支撑,构建多平台空间布局。投资的有效性是经济发展的关键,必须有力度。坚持"两手抓",既通过技术改革提高存量的效益,又通过招商引资开发增量的潜力;既迅速争取项目,又积极推动交通运输、市政工程等领域的PPP(公共私营合作制)模式,以提高公共产品和服务的供给效率和质量。

二、补统筹发展之短,打造"靓丽南大门"

苍南县为提升城镇品位,统筹培育各中心镇的产业、商贸、旅游等特色,推动美丽乡村建设,通过"五线百村"美丽乡村建设,优化农村生产、生活、生态,打造独具特色的乡村面貌。秉持多样化和差异化原则,积极推进中心镇的整合和升级,培育独具特色的产业中心、商贸重镇和备受瞩目的旅游名镇。强调对城市整体文脉风貌的延续、规划和管理,有序开展老旧城区的改造。树立智慧管理理念,由标准化管理向更为精致的管理方式转变,加强信息基础设施建设,补全城镇公共数据库,搭建城镇公共信息平台等,确保建设和管理相得益彰,全面发力,快速实现智慧苍南的目标。秉持"绿水青山就是金山银山"的理念,积极推进美丽乡村建设,以美丽民居建设为切入点,实施街区改造、整治拆迁,强化保护历史文化村落,加大农村垃圾污水处理治理力度,进一步优化农村的生活和生态环境,打造具有苍南特色的"山水农房、江南民宅、滨海渔居"。优越的城乡环境是人民群众的普遍期望,是经济社会发展的重要依托,同时也是区域综合竞争力的显著体现。攻克"五水共治"难题,专心创建达标的"清三河"(清理垃圾河、黑河、臭河)县,坚决执行"河长制",致力于将横阳支江打造成温州市的"第一美丽河道",恢复自然的一江清流,为百姓还原一片碧波。深入推进"三改一拆"①"四边三化"②"两路两侧"③整治以及农村垃圾分类等行动,持续打出组合拳,强力推动环境整治,确保攻坚有力、取得实效,切实实现全域治理、全面提升、全民共享的目标。

三、补改革创新之短,打造"活力南大门"

创新是人类利用智力和技术对已有的自然资源或者人类社会资源进行改良和思考,为人类生活和生产提供更有竞争力、更先进、更便捷的产品和服务的行为。事实上,创新思维是一种持续超越自我的主观能动性,创新思维就是不断地在自我否定中完成自我超越。科技需要创新,城市发展更需要创新。在城市发展中,创新思想给城市提供现代化的新兴产业模式基础、信息技术力量和人才资源活力,引导城市大中小企业产业模式体制的创新,构建城市新发展格局,大力发展现代化经济智慧城市,创新性决定现代城市经济发展的竞争性和生命力。

苍南县一直以创新意识强烈而著称,是"温州模式"的主要发祥地之一。县委提出"活力南大门"的口号,努力解放思想,通过推动政府体制、金融体制、农村综合等领域的改革,破除阻碍科学发展的体制机制因素。2014 年 12 月,龙港镇获国家批准成为浙江省唯一的镇级新型城镇化综合试点。随后,龙港镇充分发挥干劲,以摸着石头过河的决心,摸索出了创新的设市模式,塑造了全国新型城镇化的领军地位,为全国各地小城镇的新型城镇化提供了许多值得借鉴的经验。同时,苍南县也一直深入推进行政审批、金融和农村等方面的综合改革,坚持解决经济社会发展中的瓶颈问题和群众反映强烈的问题,努力消除体制和机制上的障碍,

---

① 指旧住宅区、旧厂区、城中村改造和拆除违法建筑。
② 指在公路边、铁路边、河边、山边等区域开展洁化、绿化、美化行动。
③ 指公路干线和铁路沿线两侧的区域。

争取成为浙江改革的典范。

发挥优势的互补性,实现资源的共享,通过合作实现共赢。苍南一直是浙江省与台湾开展合作方面的领军地区,被视为浙江对台经贸合作的主要桥梁和前沿阵地。根据"两区四平台"战略规划,苍南以高水平、高标准的方式推动"浙台(苍南)经贸合作区"的建设,通过多渠道、全方位地推进四个国家级平台的建设,即"国家级台商投资区""国家级海峡两岸少数民族交流与合作基地""更为开放的管理措施试点口岸""台湾农民创业园",致力于促进经济文化交流在多领域、深层次和全方位上的发展格局。

四、补思想文化之短,打造"文明南大门"

通过加强非物质文化遗产、古村落和重要文物的保护和传承,在传承独特的传统文化、红色文化、畲族文化、宗教文化和祖地文化方面,苍南积极引导并塑造了多元融合、开放包容和富有创新精神的文化新特色。

苍南县加强了对国家、省市级非物质文化遗产项目,如蓝夹缬技艺、单档布袋戏、提线木偶戏、点色剪纸和米塑的保护和传承,同时建立了非物质文化遗产保护工作的网络体系。此外,对古村落、古迹遗址和重要文物进行了整治和保护,积极推进金乡卫城的全面保护和开发、蒲城东门街区的改造,以及矾矿的申遗进程。

在提高社会道德素养方面,苍南县意识到中国社会潜藏的思想道德滑坡风险,通过文明创建行动不断推动文明意识宣传和道德审美教育,以培育城市文明风尚。通过"最美人物"和"道德人物"系列评选活动,不断提高城乡的文明程度和公众的道德素养。在农村领域,积极展开文明细胞创建,引导农村宗祠改建为文化中心,完善农村文化礼堂建设长效机制,努力打造独具特色的农村精神家园,培育健康文明的农村社会新风尚。

在文化体系建设方面,苍南县以全国文化先进县创建为主线,深入实施文化惠民工程,完善公共文化服务系统,使公共文化服务更广泛、高效、可持续发展。苍南县大力构建乡镇文化、村落文化、社区文化、企业文化、校园文化、机关文化和协会文化等多层次的网络体系。同时,建立公共文化服务社会多元参与机制,培育业余文化团队和文化志愿者队伍,积极引导和鼓励社会资本投入文化领域。

五、补平安稳定之短,打造"和谐南大门"

强化公共服务体系。提升公共服务供给是确保共享发展和提高民生福祉的重要途径。苍南县积极推进省级教育基本现代化县创建,全面提升苍南教育水平。深入推动医疗卫生体制改革,特别注重发展分级诊疗机制,致力于让城乡村(居)民享受更高质量的医疗卫生服务。同时,整合城乡规划、基础设施、产业布局、社会事业、生态环境等领域,加速构建覆盖城乡、实现均衡发展的基本公共服务体系,以改善苍南人民的生活方式和生活环境。

强化社会保障。社保是未来生活的重要保障,苍南县将加强社会保险扩面工作,全面推行全民参保登记,全面实施被征地农民养老保障政策,积极推动机关事业单位养老保险制度改革。同时,苍南县将实施更积极的创业和就业政策,支持创业,促进高质量就业。积极发展老龄事业和养老产业,提升养老机构的服务水平,建立以居家为基础、社区为依托、机构为支撑的养老服务体系。

强化社会治理。社会和谐离不开基础稳定。苍南县将深入推进平安苍南建设,进一步提高社会治理水平。加强并创新社会治理,强化体制机制、人才队伍和信息支持,加强农村基层组织建设,深入实施"红色细胞工程"①,提高基层社会管理和服务水平。建立调解、信访、治保"三位一体"工作机制,有效提升基层组织解决民间矛盾纠纷的能力。同时,加强公共安全体系建设,完善多层次社会治安防控体系,依据法律密切防范和打击各类违法犯罪活动,积极妥善应对公共安全事件,真正维护社会的和谐与稳定。

通过各方面的努力,苍南县在过去的几十年里成功完成了从建县初期到打造"浙江美丽南大门"的华丽蜕变。这是一部发展史,也是苍南县百姓共同书写的新的历史。如今的苍南县,已经由曾经的贫困县崛起为浙江省的"南大门",为全国小城镇的发展提供了可资借鉴的经验模式。

---

① "红色细胞工程"是指充分发挥基层党组织和党员推动发展、服务群众、凝聚人心、促进和谐的作用,构建起以镇(街)党委、政府为龙头、村(社区)为主体、基层邻里互助会为平台、广大基层党组织和党员共同参与的基层治理新机制。

第二章

苍南的社会主义市场经济实践

第一节 以新发展理念引领经济高质量发展

党的十八届五中全会提出了创新、协调、绿色、开放、共享的新发展理念。这一理念植根于新时代中国特色社会主义伟大实践,有助于针对性解决发展动力、发展不平衡、人与自然和谐、发展内外联动、社会公平正义等重大现实问题。苍南县坚持以新发展理念引领区域经济高质量发展,把新发展理念完整、准确、全面贯彻到县域经济社会发展全过程和各领域,切实转变发展方式,推动质量变革、效率变革、动力变革,实现更高质量、更有效率、更加公平、更可持续、更为安全的发展。

一、坚持创新驱动开新局

近年来,苍南县坚持创新驱动首位战略,成功落地浙大苍南中医药联合创新中心、华能(苍南)海上风电先进输电技术创新中心、中科苍南创新中心等高能级创新平台,浙南放射医学与核技术应用研究院顺利升格为市管县用。全县坚持贯彻实施"制造业发展双轮驱动"战略,以科技创新、转型升级为手段,大力推进"工业强县"建设,积极培育新兴产业,加快工业经济结构调整,不断提高全县工业经济的整体水平和发展质量。2022年,苍南大孵化集群建设有序推进,新增孵化空间6.2万平方米,建成新材料科技企业加速器,苍南"时代先锋"通过国家级众创空间备案;创新主体培育工程成就显著,新增高新技术企业29家、省科技型企业139家,规模以上工业研发费用增长16.5%。制定人才新政2.0版,创新实施央地合作核电人才联合培养模式,新招引大学生7097名,国家"引才计划"入选人数实现新突破;工业研发创新费用实现较快增长,全年规模以上工业研发经费支出7.84亿元,同比增长16.5%,增速高于全市平均2个百分点,居全市第5位;研发经费支出占规模以上工业营业收入比重为3.78%,高于全市平均0.46个百分点,占比居全市第2位;规模以上工业新产品产值67.95亿元,同比增长23.2%,增速高于全市平均5.1个百分点,居全市第5位。①

苍南县坚持把技术创新作为改善水质的驱动源,以五水共治为重大突破口,立足于走在前列、干出特色的建设要求,持续加强生态基础设施建设,不断改善人居生态环境,着力解决民众表达最集中的水质、垃圾处置等方面的环境诉求,满足民众对生态环境的更高要求,探索绿色生态发展之路,力争将苍南建设成环境优美、生活富裕、生态良好的省级生态县,还绿水青山于民。苍南县聚焦技术创新,探索无废行业发展,坚持以"不产废、少产废"为鲜明导向,以政策奖补为依托,以科技创新为切入点,以制定无废行业标准为关键点,积极探索建设无废行业,引导企业绿色、有序、健康发展。比如相继出台再生棉纺行业技改补助、自产自用补助和培育新动能等政策,政府主动为企业和高校搭桥牵线,针对高耗能涤口机等进行技改提升,引导龙头企业引进全球先进的德国特吕茨勒和瑞士立达等气流纺纱机,改造升级产线,跟同等产出相比,能耗下降20%以上,工人劳动强度降低,安全系数提高,助力经济高质量发展。

二、坚持协调驱动促均衡

苍南县坚持协调驱动发展战略,确定"大县大城"方针,不断促进城乡融合,着力解决城乡发展不平衡问题。在"大县大城"方针指引下,苍南大剧院等地标项目加快建设,老城改造一期A地块顺利结顶,苍南大道、人民大道、体育场路等道路综合整治高标完成,渎浦、苍城、上江、怡和、横阳等5个未来社区入选省级创建名单;迭代打造城市管理"一张图",常态化开展市容市貌巡查整治,持续加强工地扬

---

① 数据来源:苍南县人民政府网站. http://www.cncn.gov.cn/col/col1255445/index.html。

尘、交通秩序、公园绿地等管理,新增停车位 2549 个,市民对城市环境的满意度持续提升。合理把握土地出让节奏,推动房地产支持政策、房票安置政策精准落地,有力防范化解房地产市场风险。

在乡村振兴战略指引下,苍南县聚焦"三基三主"建设核心,持续推进美丽城镇、乡村、田园建设,完成 79 个行政村村貌整治,建成省级未来乡村 3 个,创成马站、桥墩等省级美丽城镇样板镇 7 个,望里、大渔等基本达标城镇 11 个,钱库小城市培育试点连续两年"省考"优秀;扎实推进中央、省委环保督察和长江经济带督察反馈问题整改,整治"看不见垃圾"问题点位 47.2 万处,"污水零直排区"基本实现建成区全覆盖,首夺"五水共治"工作"大禹鼎",连续两年获评"美丽浙江"优秀县;持续深化全域旅游,完成 168 生态海岸带建设总体规划、世界矾都旅游总体策划,温州矾矿、福德湾村分别入选"国家工业旅游示范基地"和"全国乡村旅游重点村",渔寮湾省级旅游度假区创建顺利通过资源评估。

为加速城乡融合,2022 年,苍南县以城乡综合交通基础设施建设为突破口,苍泰高速、瑞苍高速、104 国道、228 国道、观藻炎公路、矾藻公路等重点项目提速推进,温福高铁、烟墩山码头等前期工作有序开展,甬台温高速改扩建通过"工可"(工程可行性研究)审查,华东海上风电运维母港采矿项目完成前期论证。持续织密"四好农村公路"网络,实现 230 个建制村通双车道,168 黄金海岸线三澳至瑶洞段提名全国年度十大最美农村路,城乡综合交通运输水平达到最高 5A 级。

三、坚持绿色驱动提品质

苍南县把清洁能源产业作为经济高质量发展的主要依托,加快构建以"千亿核电、千亿风电"为引领的清洁能源全产业链,锚定"千亿核电",扎实做好三澳核电建设服务保障,加快一期工程建设,推动二期工程核准开工;锚定"千亿风电",目前 2 号风电已全容量并网,有序推进 1 号二期、2 号二期、3 号、5 号项目前期工作,力争 3 号风电于 2024 年开工建设,实现海上风电资源扩容;锚定"双千亿"清洁能源关联产业,攻坚推进"全球二维码迁移计划"(GM2D)示范区县域先行试点,加快建设 GM2D 研究院和码尚科技赋码中心,加快打造数字印刷产业核心区,以新能源集聚发展示范区为契机,抢占新赛道,勇当产业转型发展先行县,滚动推进腾笼换鸟,为增资扩产、谋大招强拓出新空间。2022 年"温州擂台·六比竞赛"中,远景苍南智慧零碳产业基地项目和百菲乳业液态奶生产项目夺人眼球,成绩斐然。远景苍南智慧零碳产业基地项目位于苍南县"全国清洁能源示范地"

绿能小镇,项目总用地 200 亩(1 亩≈666.67 平方米),总投资 21 亿元,以绿色能源装备制造为主题,打造风机全产业链生产基地;百菲乳业液态奶生产项目位于苍南经济开发区(简称"经开区")22-3 地块,总投资 3.3 亿元,由浙江百菲乳业有限公司投资建设,通过产权交易,原豪达包装闲置地块完成产权转移"腾笼换鸟",预计 2024 年 12 月竣工,投产后亩均税收可达 50 万元。①

近年来,苍南县不断壮大工业设计、检测认证、供应链管理等服务供给,全力支持本土企业扩投资、增产能、上规模,加快构建县域产业高端化、智能化、绿色化内循环价值链,打造绿色低碳循环经济产业集群,推动服务型制造业创新发展。针对传统褪色纺纱工艺环境污染严重等问题,苍南持续开展再生棉行业整治,相继出台《苍南县再生棉纺行业专项整治攻坚行动方案》等一系列政策,促进废棉尘等固废源头减量、最大化利用、就近处置,在源头上实施废布料按颜色分类,再生纺线直接利用,即白色废布料"重生"成白线,红色废布料"重生"成红线,不仅节约了成本,简化了流程,还从根本上解决了褪色带来的废水排放问题,助力全域"无废城市"建设。总之,苍南县立足再生产业基地地理位置优势,将废弃布边角料变废为宝、发展循环经济所取得的成效值得借鉴,有助于推动再生纺织产业由传统经济模式向绿色循环经济模式转变,引领全国乃至全球同行业的发展。

四、坚持开放驱动增活力

苍南县地处浙江"南大门"、与闽东北接壤,县域范围渔、景、港、涂、岛等海洋资源十分丰富且独具特色,是浙江省的海洋大县。海洋是苍南最大的特色、最大的资源、最大的优势。近年来,苍南县充分利用滨海优势,坚持开放,激发活力,高度重视海洋经济发展,大力发展港口经济、海洋旅游产业、清洁能源产业、海洋渔业,努力打造新的经济增长点;大力发展外向型经济,加快培育外贸竞争新优势,提升跨境贸易水平,加大外资引进力度,打造双向开放格局;努力构建亲清政商关系,进一步规范政商交往行为,努力打造营商环境新高地。苍南县商务局牵头县属企业充分利用各类国际性展会,广泛接触境外客商,外贸进出口各项指标稳步增长,市场多元化举措初见成效,持续优化外贸营商软环境,引导企业开辟新市场,推动全县外贸工作再上新台阶。

---

① 我县两项目亮相"温州擂台·六比竞赛"现场会 今年固定资产投资增速领跑全市[EB/OL]. (2022-11-10)[2023-11-11]. http://www.cncn.gov.cn/art/2022/11/10/art_1255449_59045179.html.

苍南县作为沿海城市温州的重要门户,站在新的历史起点上,充分挖掘地域特色和优势,紧密对接市域发展战略,全面融入长三角一体化发展,全面提升城市能级和集聚辐射力。"十三五"期间,苍南坚持以开放的理念推进融合性发展。深入实施"双海双区"战略,着力构建完善全域性的平台格局、全领域的招商体系和全方位的合作机制,将苍南打造成为浙台合作的桥头堡、两岸合作交流的示范高地。苍南坚定不移把创新深化、改革攻坚、开放提升作为基本路径,发扬优势、再塑优势、放大优势,大抓外贸经济、总部回归、交通建设、区域协作,积极参与"一带一路"和"海西经济区"建设,充分利用内外要素资源和市场,提升苍南在省级开放中的影响力和地位;构建更高水平对外开放格局,加快建设"浙江美丽南大门",实现"深化改革看苍南、创业创富在苍南、内外融通数苍南",推动苍南发生了全方位、系统性、深层次的精彩蝶变。2022 年,受新冠疫情、俄乌战争和中美贸易摩擦等的影响,外贸出口形势复杂多变,全县上下齐心协力,克难攻坚,全力实施"稳外贸稳外资促消费"攻坚行动,充分利用温州市场采购贸易、跨境电商综试区、义新欧班列温州号等政策红利,推动开放型经济迈上新台阶。全年实现进出口总额 33.9 亿元,同比增长 39.4%,居全市第 3 位;其中出口总额 29.4 亿元,同比增长 40.4%;进口总额 4.5 亿元,同比增长 33.2%。全年实际利用外资 5168 万美元,占全市的 8.4%,实际利用外资完成率为 94.0%,利用外资总量和完成率均居全市第 5 位。

五、坚持共享驱动惠民生

苍南县坚持以民为本,用心用情推动社会事业发展,让共同富裕更有质感。在深入问需于民的基础上,苍南不断优化民生实事推进落实机制,切实压实责任、强化督导、闭环管理,努力把一件件好事办好,把一桩桩实事办实,保障经济发展成果由人民共享,真正让人民群众早受益、能满意。

推进"扩中提低"改革。苍南大力实施先富帮后富"三同步"行动,城乡居民收入倍差缩小到 1.87 以内;加快搭建"共富型"高质量就业体系,集成实施创业扶持政策,探索推广轻成本创业模式,全年新增就业 6000 人以上,城镇调查失业率控制在 5.5% 以内;合力推进低收入家庭综合集成帮扶改革,构建"全面覆盖+精准画像"数据库,落实"一户一策""一人一方案",全面消除低收入农户家庭人均年收入 1.1 万元以下现象,加快实现每户低收入家庭至少 1 名成员较高质量就业,确保共同富裕道路上一个都不掉队。

完善社会保障体系。苍南县推进"医保纾困·携手共富"行动,推动温州益康保扩面,实现城乡居民医保参保基本全覆盖。完善"1+8+X"大救助体系,加强对孤寡老人、孤困儿童、残障人士等群体的关爱保护,乡镇级"助联体"覆盖率达70%以上。扎实做好"一老一小"工作,建成3个示范性老年友好型乡镇、20个老年友好型村(社区)试点,落实长者食堂常态化运营。营造育儿友好环境,实现儿童友好元素在公共空间基本全覆盖,完成20个儿童友好试点单位适儿化改造提升,新增婴幼儿托位400个,支持幼儿园开展托幼一体化服务。开展志愿助残"阳光行动",推进无障碍环境建设,促进残疾人事业高质量发展。深化国防动员体制改革,认真做好双拥共建、民兵预备役等工作,完善退役军人服务保障体系,争取省级双拥模范城"八连创"。

推动文化事业发展。苍南县坚持以文惠民,建好用活新时代文明实践中心等文化阵地,新增主题城市书房、特色文化驿站10家,打造"15分钟品质文化生活圈"50个。坚定实施"文化+"战略,优化提升霞关老街、桥墩碗窑等历史文化街区,精心打造余桥艺术村、盛陶文创村等文化产业平台,大力发展创意设计、文旅消费、影视文化等产业,文化产业增加值增长15%以上。加大文艺精品创作扶持力度,扎实做好文物安全保护,加快矾矿申遗步伐,争创中国海防文化之乡金名片。全面深化新时代文明实践活动,持续开展道德模范、"最美苍南人"等先进典型评选,加强家庭家教家风建设,全力争取全国文明城市提名资格。2022年,苍南扎实办好省市县三级民生实事项目,有力兑现政府承诺。①

第二节　以"四大举措"有序推进国有企业改革

近年来,苍南县国资系统深入贯彻县委、县政府决策部署,稳步推进国企改革,积极构建中国特色现代国有企业制度,探索完善国资监管模式,有力激发国有企业活力,国有资产总额从2019年末的279.2亿元增长至2022年末的683.9亿元,3年时间增长了144.95%。目前,苍南县共有县属国企7家,其中主体信用评

---

① 2023年苍南县人民政府工作报告[EB/OL].(2023-02-16)[2023-11-11].http://www.cncn.gov.cn/art/2023/2/16/art_1229242435_4150901.html.

级 AA＋企业 1 家、AA 企业 4 家,主营范围涉及城市投资开发、公共事业、农业水利、文旅康养、工程设计施工、交通港航、能源、矿山井巷等多个领域,在保障县委、县政府重大战略落地、促进全县经济高质量发展、服务改善民生、抗击新冠疫情等方面发挥了"顶梁柱""压舱石"的重要支撑作用。

一、深化国企改革,不断增强国企创新活力

苍南县坚持以改革为动力,出台《关于进一步理顺国资国企监管工作机制的实施意见》《关于进一步深化苍南县国资国企改革发展的若干意见》等系列政策措施,推动县属国企聚焦主责主业进行战略重组和专业化整合,形成城市开发、公共事业、文旅农康、建筑施工、交通港航、能源和矿山井巷等 7 家主业突出、核心竞争力强的国有集团公司。运用市场手段,集聚、盘活地下管网、公共停车场、广告物业及特许经营权等经营性国有资产,注入县城投集团、县公投集团和县旅投集团等 3 家县属国企;分类采取资源再配置、租赁、转让、对外投资等方式,推进苍南万城供水公司、平苍引供水公司国有资产接收、转让和客运西站改造,并对 69 处国有企业低效闲置资产进行盘活,壮大企业资产规模,国有企业自主创新活力和可持续发展能力不断提升。

在深化国企市场化改革过程中,苍南县按照"政企分开、政资分开、所有权和经营权分离"原则,通过整合、脱钩、剥离等方式,推进部门下属企业向 7 家国有集团公司整合,助力实现企业与行业主管部门"人、财、物"的完全脱钩,形成县国资监管部门行使出资人职责,各行业主管部门承担行业监管职能,各企业依法自主经营的国资监管体系。苍南县委、县政府要求进一步明晰政企权责关系,充分放手放权,科学界定监管边界,厘清政府与企业的关系,坚持权责清单管理,精简监管事项,将应由企业管理的事项归位于企业,将国资国企配合承担的公共管理职能归位于政府职能部门,支持国有企业大胆改革创新、自主发展,提升国有企业自主经营决策权。大力引导国有企业建立中国特色现代国有企业制度,完善法人治理结构,健全各项内部管理制度和风控制度,保障国企规范化运行。同时进一步优化国企发展机制和环境,严格任期管理和目标考核,探索实践容错纠错机制,在薪酬分配、绩效考核、员工晋升等方面建立更加科学的激励机制,激发国企创业创新活力。

为做好国企改革"后半篇文章",促进"国企区县"间更好更快地合作和发展,2020 年 10 月 3 日,时任苍南县县长张本峰率队与温州建设集团就组建苍南县新伟峰建设工程有限公司(简称"新伟峰公司")进行深入对接。双方围绕新成立的新伟峰建设工程有限公司内部管理、薪酬、用人机制、设备周转场地等方面进行了讨论,还对苍南医卫设施合作进行了进一步的探讨和研究。张本峰指出,这是苍南县首次与市属国企合作,苍南县政府高度重视,全力支持。下一步,新伟峰公司一方面要迅速推进招聘工作,建立灵活的聘任机制,"招进、用活、留住"人才,架构起公司组织框架;另一方面,"信任不能替代监督",要全面铺开纪检监察工作,将薪酬制度、奖励机制透明化,将权力运用在阳光下。温州建设集团全力配合苍南县政府和新伟峰公司的工作,分享施工经验,交流管理制度,选拔技术人才,共同推进新伟峰公司快速步入运营正轨。温州建设集团发挥企业优势,担起国企责任,助力苍南县医卫设施项目的合作尽早落地。苍南县新伟峰建设工程有限公司由温州建设集团、苍南建发集团合资成立,注册资本为人民币1亿元,主要承接房建、市政园林等各项工程的建设。该公司的成立,推动了各股东公司深化合作、资源互补、形成合力,有效推进了苍南县工程项目建设,共同助力苍南县"大城大县"发展。

二、加大投融资力度,不断壮大国企经营规模

苍南县历来注重对国有企业融资统计分析,加强企业投资前期对接和合规审查,主动参与污水治理工程、汽车西站改造、县城新区综合开发等项目投融资建设方案的谋划,规范企业投资行为。自2019年以来,全县国有企业投资项目357个,投资总额340.6亿元,其中在建项目208个,投资总额285.2亿元;投入运营项目149个,投资总额55.4亿元。2022年,组建苍南城投集团,盘活存量国有资产近230亿元,AA+主体信用评级企业实现零的突破,有力提升国有企业融资和运营管理能力。苍南县城市投资集团有限公司(简称"苍南城投集团")注册资本15亿元,于2022年12月30日获得远东资信主体信用评级"AA+"。截至2022年12月,该公司资产总额455.66亿元,负债160.63亿元,净资产295.03亿元。下一步,苍南城投集团将紧紧抓住全县深化国资国企改革机遇,加强对外部环境和内部条件的研究分析,吃透国家和省、市、县总体发展战略目标要求,主动出击、奋发作为,充分发挥城投集团"主力军"作用,为推动苍南县经济高质最发展贡献更多力量。

近年来,苍南聚焦国企主责主业,不断创新投融资模式,加大招商引资力度,支持社会资本投资或参股基础设施、公用事业、公共服务等领域项目,加大优质资

产注入、做大资产规模,提升国企市场经营能力和盈利能力,争取实现保本经营。同时鼓励国有企业积极延伸产业链条,主动谋划有效益的项目,建议县政府将殡仪馆、企业小微园、公墓建设等能够产生收益的项目和资源交由国有企业经营,作为国有企业公共项目投资补偿,以实现投入和收益的平衡,优化国有资本布局。苍南县委要求将全县党政机关、事业单位管理的闲置资产和经营性资产以无偿划转等方式持续注入国企,实现国有资源向优势领域、优势产业、优势国企、优势环节的集中;盘活国资存量,参照房地产企业资产处置办法,建立更为灵活高效的住宅、店面房、商务楼等存量资产处置机制,提高利用率,加快变现速度,实现保值增值。为降低国企融资成本,国有企业要创新融资渠道,开展竞争性谈判,争取最大优惠,最大限度地降低融资贷款利率;同时根据当前国家利率调整政策,及时更换融资渠道,减轻利息负担。为化解债务风险,苍南县委高度重视国有企业负债率过高的问题,要求做好债务风险评估,提前谋划资金来源,优化举债结构,注入优质资产,增加企业现金流,防范债务"爆雷"影响企业正常运转。为减轻国有企业负担,苍南县委要求一些长期处于亏损状态、债务负担重的经营性项目,主动剥离退出,减轻债务负担;同时对照权责清单,排查清理一部分不应由国有企业承担的公共服务事项,减少国有企业非经营性支付。2022 年,苍南县坚持项目为主,招大引强精准发力,组建 7 个驻点招商分中心和国有招商公司,累计招商亿元以上单体制造业项目 15 个,实际利用外资完成率全市第一;成功与华能集团签订央地结对合作协议,与中电建华东院、中国银行浙江省分行、省建投、省农发等央企、省属国企建立战略合作关系;积极做大总部经济、税源经济,新引进总部项目 7 个,全年实现回归税收 7.4 亿元。

三、凝聚监管合力,不断提升国资监管能力

苍南县委和县政府紧盯国企领域存在的突出问题和廉政风险,常态化开展专项治理,对 13 个国有投资运营项目开展内部绩效评价,抓好巡察、审计发现问题的整改落实,建立国有企业采购管理、财务监督管理、投资备案审查、国有资产交易监督管理等长效机制,严格规范资金存放、采购监管、产权监管和投资管理等行为,防范国有资产流失。苍南县委、县政府着力构建"国企自查＋国资检查＋纪检督查"机制,落实"三查三保"措施,深入整治国企领域突出问题,优化企业发展环境和政治生态,助力国企改革发展。

做实企业自查自纠,确保问题快速高效处置。落实省市县国企领域突出问题

专项治理工作精神,由县属国企"一企一策"制定具体实施方案,不定期召开推进会、研判会,凝心聚力推进工作落实落地。分级成立由纪检监察、财务审计、产权投资等人员参与的工作专班,聚焦国有资产损失等8个方面的内容,梳理排查各类事项近2000项(次),全覆盖摸清底数。建立企业领导牵头负责、专班人员集中研判、责任部室具体处置的工作机制,落实问题、措施、时限、责任人员"四张清单一张表"工作法,确保问题得到快速高效处置。

做足国资跟踪检查,确保问题改彻底改到位。切实履行国资监管机构的出资人职责,借助OA办公系统、微信办公群、动员部署会等载体,实时传达上级有关文件会议精神和工作任务,详细解答报表统计口径和治理工作要求,动态督导企业做好梳理排查工作。建立健全工作动态实时报告机制,落实专人实时收集、汇总企业各阶段工作开展情况,确保治理工作有序推进。组织专班人员对企业问题梳理排查、整改落实等情况逐家进行走访核实,集中研判分析重难点问题10余项(次),促使企业查清事实、问明原因、落实措施,确保问题整改到位。

做强纪检督查问效,确保整治工作见行见效。加强纪检监察、财政国资沟通交流,不定期对各阶段的治理工作进行研判分析,及时查漏补缺。发挥企业内部纪检监察组织作用,全过程参与治理工作,促使企业压实责任,细化工作措施,为推动整改、完善制度打下基础。坚持"问题不查清不放过、原因不搞清不放过、责任不落实不放过"原则,由纪检部门指定工作组开展督查问效,促使企业边核查、边处置、边整改、边建章立制,形成长效机制,确保专项治理工作取得实效。截至目前,共发现、处置问题线索47件,立案19件,党纪政务处分11人,第一种形态处理23人。

四、完善考评体系,不断优化国企绩效水平

坚持以国有资产保值增值和重点工作推进等为目标,科学合理设置考核指标体系,制定出台《苍南县县属国有企业负责人经营业绩考核办法》及配套的年度业绩考核内容与评分标准,并将考评结果与企业负责人、企业员工薪酬、选拔任用直接挂钩,建立以绩效为导向的薪酬激励约束机制,有力激发了国企干事创业激情。

加强投资决策科学化管理。建立健全国有企业投资管理体系,加强国有企业投资监督管理。国有企业投资实行计划管理,县国资监管机构负责审核汇总国有企业年度投资计划,其中国有企业承接的政府投资建设项目由县发改局纳入全县政府性投资项目计划管理。细化项目可行性论证工作,可行性研究报告要经多方

多层次讨论,项目业主企业牵头负责项目可行性论证,并出具可行性审查意见。

强化薪酬激励约束。由县国资监管机构牵头修订完善苍南现行国有企业负责人和员工薪酬管理制度,建立健全与经营业绩考核结果挂钩的薪酬激励约束机制。严格国有企业工资总额管理,规范国有企业收入分配制度,合理拉开工资分配差距;其中,县属国企负责人执行年薪制,员工一般执行岗位绩效工资制度。县属国企负责人年薪包括基本年薪、绩效年薪和任期激励收入。

严格绩效考核管理。科学制定县属国企经营管理考核评价制度,强化考核结果运用,企业负责人业绩考核评价结果与负责人薪酬和职务任免挂钩。突出质量效益,下达年度责任状,统筹自主经营发展和非自主经营发展的考核权重,优化市场化绩效考核、薪酬激励等机制,进一步搞活生产经营,解放和发展企业生产力。

第三节　以体制机制改革助力民营经济新飞跃

浙江民营经济发达,苍南县出台包含 6 个方面 32 条举措的《苍南县聚力新时代"两个健康"先行区创建推进民营经济高质量发展的实施意见》(简称《实施意见》)等政策文件,彰显了县委、县政府以体制机制改革全力推动民营经济高质量发展的决心。根据《实施意见》,苍南将深化市场法治机制改革,积极融入温州国家自创区建设,逐步扩大民营经济投资领域,鼓励社会力量进入公共服务领域,拓展扩大开放新平台,推动苍南人经济与苍南经济互动发展。比如:通过开发推广良性互动的金融产品和金融服务,重点解决民营企业融资难融资贵问题;通过深入实施科技企业双倍增行动计划,构建中小微科技企业梯次培育机制;积极推动"非禁即入"普遍落实,在市场准入、审批许可、经营运行、招投标等方面为民营企业打造公平竞争环境等。这些措施聚力改革开放两轮驱动,激发了民营经济发展活力。

一、全力培育民营经济,加速产业转型提升

苍南县以打造产业大平台为抓手,加大高质量产业招引力度、实施小微园(小微企业创业园)建设新三年行动计划、支持民营企业"四化"改造、提升"三强一制造"水平,通过谋划"万亩千亿"产业平台,为民营经济发展提供更大空间支撑;深

入开展招商引资"三百四千"行动,大力实施省"152"工程,3年内力争招引50亿元产业项目1个或20亿元产业项目2个,力争引进10亿元以上单体制造业项目1个,引进3亿元以上单体制造业项目3个、1亿元以上高新产业项目5个、投资5000万美元以上外资项目1个;按照"主导化集聚、标准化产出、综合化配套、智慧化管理、物业化运营"的要求,近3年再建设9个小微园、引导1000家小微企业入园,让小微企业"进得起、留得住、发展得好",聚力平台项目科创支撑,牵引民营企业做大做强。立足苍南县制造业转型升级、村(居)民消费结构升级和新型城镇化建设要求,加快构建休闲旅游、健康服务、电子商务、文化创意等现代服务业产业体系。同时,为促进城乡基本公共服务均等化,更好地改善民生,大力发展文化、教育、体育、卫生等基本公共服务业。①

苍南全力加快龙港新城、台商小镇等产业平台建设,进一步强化产业平台支撑。总投资达100多亿的江南海涂围垦工程,已形成了龙港新城4.34万亩的发展空间,工业用地达1.08万亩。首批入驻的64个产业项目和4个产业园区已经进场开工,一批传统产业的优势项目将陆续建成。把"亩均论英雄"作为推进新旧动能转换的重要载体,将年用电量超50万千瓦时的工业企业全部纳入综合评价范围,完成了对329家规上企业和783家规下企业共计1112家企业实施"亩均论英雄"综合评价。同时强化评价结果应用,开展"亩均税收万元以下"企业整治工作,完成180家自有用地企业整治,完成率150%。还与浙江大学共建温州首家创新飞地——"苍杭创新驿站",依托浙江大学的科技、人才优势,破解县域技术、人才等创新要素集聚能力不足难题,首期建设面积1700平方米。与清华长三角研究院共建海西智能包装公共服务平台,努力建设大众创业基地、高新技术转移和产业化基地,已有13家高新技术型企业签约入驻。与猪八戒网共建印刷产业创新服务综合体,共建"八戒印刷"全球总部,进一步解决印刷包装、塑料制品等传统制造业小微企业创新能力弱的问题。

二、全力完善体制机制,夯实"两个健康"创建基础

强化机制保障,确保工作有序推进。建立部门联动机制,印发"两个健康"创建工作责任清单,实行责任单位牵头负责制,明确单位一把手为第一责任人,要求

---

① 苍南县产业发展"十四五"规划[EB/OL].(2022-01-11)[2023-11-11]. http://www.cncn.gov.cn/art/2022/1/11/art_1229566222_4013371.html.

建立问题化解专班和销号制,确保工作有力推进。健全督考机制,把"两个健康"创建工作纳入对各部门、乡镇的综合考核,作为干部考核考察的重要依据。由县纪委牵头开展创建工作效能监督,推动政策落地生根。完善执法机制,开展涉企审批、执法、用地、金融、司法政策落地"五项联督",全力查处损害企业利益的突出问题。出台实施县乡财政体制分成激励方案,进一步激发乡镇抓税源、抓增收主动性。积极推进"双碳"领域改革,完成碳汇先行基地造林抚育1532亩,促成全省首宗海洋渔业碳汇交易落地苍南,成功入选全省第二批低碳试点县创建名单。

加强宣传造势,营造浓厚创建氛围。大力开展主题宣传,挖掘苍南弘扬企业家精神、改善营商环境等方面的亮点和先进经验,点面结合地推出一批典型服企、助企案例,一批成长型企业培育、带动性强的招商引资项目、符合高质量发展导向的好项目,并予以大力宣传,营造浓厚氛围。

提升营商环境,促进民营经济发展。率全省之先推行"一站、一网、一库、一端"的"四个一"创新工程,全面简化小微企业办事审批手续,形成了企业投资项目"简易项目50天、一般项目82天"的"苍南标准"。苍南以思想再解放推动市场大开放、鼓励支持大众创业、尝试有限度自由经营、做好"小创业微服务"等措施,聚力激活"草根经济",焕发大众创业勃勃生机,并将通过开展基层站所执法队伍集中整顿行动、涉企政策"刚性兑现"行动,开展政策落地"五项联督"等行动,持续推进"最多跑一次"改革,切实解决损害企业和群众利益的突出问题,营造更加优质高效的政务环境、营造更加公平正义的法治环境、营造更加和谐有序的社会环境,打造营商环境高地,厚植民营经济发展沃土,让民营企业增强获得感。

三、全力打造助企、惠企工程,为企业发展排忧解难

在助企工程方面,2022年苍南县开展万名干部进万企、"三服务"等系列活动,县四套班子带头挂钩、走访企业,36名县领导结对36个重点工业企业、重点招引项目,并联系相关片区服务组;选派850名骨干力量,成立4个片区服务组,由乡科级干部担任小组组长,选取850家企业(项目),落实"一对一"结对帮扶,确保该项工作一抓到底,帮助企业排忧解难,问题化解率达95%,市里交办的重点问题全部化解。在惠企工程方面,苍南按照省政府关于建立健全惠企政策落地"五个一"机制的精神,全面实施惠企政策"直通车"工作,全面整合形成全县统一的"5+X"产业政策框架体系,并整合归并财政专项奖补资金,统筹制定全县统一的产业政策奖补资金兑现管理办法,优化编制各奖补项目申报指南。2022年

10月,全面启用产业政策兑现系统,形成全县统一的网上刚性兑现系统,实现企业申请兑现奖补资金"零距离"与"零跑腿",狠抓政策清理,确保惠企政策直通企业。

全力化解企业债务风险,让企业轻装上阵。苍南县深化助企服务活动、加大降本减负力度、着力破解企业用地难题、加大金融风险防范化解力度、引进培养"四型"人才、积极妥善处置历史遗留问题,通过选派850名优秀干部与企业"一对一"开展结对帮扶,进一步降低企业税费负担和企业用能、用工、物流、融资、用地成本以及涉企中介服务收费、制度性交易成本,积极推行以"标准地""先租后让""租让结合"等方式供应产业用地,对符合苍南产业导向的优先发展且用地集约的工业项目实施优惠。建立企业三级排查机制,核实企业融资、债务风险等情况,了解企业帮扶需求,建立出险企业数据库,对列入预警名单的企业负责人进行约谈和提醒。在全市率先开发金融信息管理系统,对重点困难企业实施精准帮扶。创新金融纠纷"行政调解+赋强公证"处置模式,建立专业调解队伍,目前已成功实施5例。按照"一企一事一行一策"方式,多次召开银企协调会议,2023年以来,共出具工作联系单33份,使用政府应急转贷资金3.38亿元,为37家暂时性困难的企业提供有效帮扶。同时建立企业"白名单"制度,将主营业务良好、暂时遇到困难的企业列入"白名单",上半年首批5家"白名单"企业已全部化解。

关心关爱,增加企业家幸福感。通过邀请企业家参加政府组织的"中华一家亲·共画同心圆"苍南第三届海峡两岸少数民族风情文化节暨欢度"三月三"活动等重要活动,共同见证"苍南改革开放40周年十大人物"及提名奖颁奖的荣耀时刻,极大提高了企业家的社会地位和幸福感。结合"玉苍大讲坛",为民营企业家开设讲座,如邀请浙江大学教授魏江作"民营企业创新驱动发展与政策取向"的专题报告。实施新生代企业家政治和事业"双传承"计划,从2019年开始择优选派9名非公经济人士到市县机关部门"挂职"锻炼,推荐6名新生代企业家参与省市"红色传承"或"红色接力·寻根旅"活动,并聘请6名优秀企业家为名誉导师,助力新生代企业家健康成长,助推县民营企业代际传承。通过强化对企业家政治引领、引导企业家主动履行社会责任、依法保护企业家合法权益、提高企业家社会地位、弘扬苍南民营企业家优秀精神、培养企业家队伍等措施,聚力关爱企业家健康成长,彰显"义利并举"苍商力量。

第四节　以招引机制创新推进高水平对外开放

对外开放是我国的基本国策,党中央、国务院提出坚定不移地推进对外开放,构建对外开放新格局的总体战略部署,浙江省委、省政府提出坚持"一带一路"、"长三角一体化发展"、高水平开放强省的区域战略目标。苍南自觉服务对外开放总体战略部署和地方发展现实需求,统筹做好高水平"引进来",多领域"走出去"的文章,不断加大经贸、科技、文化等领域对外合作,以招引机制创新推进高水平对外开放,保持惠企政策稳定性和连续性,积极培育外贸竞争新优势,致力于建设更高层次的开放型经济。

一、探索创新招引项目承接落地服务机制

(一)建立招商领导机制

成立招商引资工作领导小组。成立苍南经开区招商引资工作领导小组(简称"领导小组"),由主要领导任组长,其他班子成员任副组长,各科室负责人、招商小分队为成员,凝聚全单位工作合力,营造全员招商氛围。领导小组下设办公室,招商引资工作分管领导兼任办公室主任,办公室设在招商服务科,具体落实招商引资工作的统筹协调和推进。

建立一把手招商引资工作机制。坚持招商引资一把手工程,一把手作为招商引资主要责任人,亲力亲为研究部署,带队招商,参与重大项目洽谈。一是建立主要领导听取招商项目进度工作机制,每月召开招引项目推进会,听取各分管领导、招商科、招商小分队招商项目进度汇报,及时协调解决项目招引过程中遇到的困难和问题。二是坚持招商引资"一线工作法"。对重点招引项目的落地、投产、运营,有针对性地提供个性化、专业化、全过程服务,完善重点招商项目集体决策机制。

建立分管领导招引项目承接机制。各分管领导领办招引项目承接落地服务,充分发挥分管领导的带头引领作用、分管科室的职能作用,为项目的落地提供全方位服务。

（二）建立项目承接机制

梳理招引项目承接落地标准流程。从招引项目首次洽谈开始一直到项目开工为止，全面梳理招引项目承接落地标准流程，明确各流程任务内容、时间节点、责任单位（科室），力求让初次接触招商的人员通过熟悉标准流程，对招商引资有总体的了解，能马上进入招商状态，更好地开展项目招引工作。

成立招引项目承接专班。成立苍南经开区招商引资工作承接专班，设立专班一组、专班二组、专班三组、专班四组，由各分管领导分别任各组组长，各科室负责人任副组长，科室成员为各组专班成员，构建全员招商格局。各组根据具体招商项目情况，对项目进行洽谈、考察、研判、报会等，助力招商引资工作全面开花。

成立招引项目服务专班。成立苍南经开区招商引资工作服务专班，专班设在招商服务科，专班成员为招商服务科全体成员、企业服务中心全体成员，协助承接专班开展项目承接落地各项工作。同时，为招引项目提供全过程服务，不断优化经开区营商环境。另外，服务专班根据项目业态建立项目流转机制，将符合落地苍南但暂不具备落地苍南经开区核心区的项目流转到经开区其他区块，并对项目落地承接情况进行及时回访，确保优质项目落地。

（三）建立项目研判机制

建立项目分类管理机制。对县投促中心以"小派单、大派单"形式派发的项目进行再次研判，对项目进行内部分类管理，根据招引项目投资规模、用地需求、产业类别进行分类，共分6类，分别为S类（投资20亿元以上）、A类（投资10亿～20亿元）、B类（投资5亿～10亿元）、C类（投资2亿～5亿元）、D类（投资1亿～2亿元）、E类（有成长空间的高新小微企业）。以上项目均指的是单体制造业项目，其他产业项目和总部回归项目根据县里有关要求另行分类。

建立项目月度研判机制。建立招引项目评估承接推进联席会议制度，每月由主要领导主持召开招引项目月度研判会，听取项目承接专班、服务专班对洽谈项目基本情况、当前进展、存在问题等方面情况的汇报，对项目可行性提出意见建议，提高项目落地效率。评估研判时，需承接专班和服务专班提供项目可研、备案、环保、土地、产业、金融等方面的信息，便于主要领导对项目进行初步研判并分类管理。

建立项目分级协调机制。加强与各职能部门、乡镇的协同合作，实现项目信息共享，对招引项目存在的困难和问题实行分级分类协调。服务专班针对承接专班上报的困难和问题进行研判,划定等级。承接专班可直接协调的,由承接专班召开会议自行协调,并报服务专班备案;承接专班无法协调的,报领导小组召开会议协调,服务专班记录备案;领导小组无法协调的,由服务专班汇总堵点问题,报县政府协调解决。A类以上项目建立重大招引项目领导直通车制度,直接报主要领导协调解决。同时,借助县"五包一专班"①各项目挂钩领导力量,协调解决项目招引难点与堵点,推动"洽谈项目早签约、签约项目早落地、落地项目早投产"。

(四)建立项目督报机制

建立信息通报机制。实行招商引资周信息、月通报、季评选制度,每周发布招商引资工作动态,每月通报招商小分队、承接专班、服务专班工作情况,每季度评选最佳招商专员、最佳承接专员、最佳服务专员,对招引项目实行全流程跟踪服务,对进展情况进行通报。对获评"最佳专员"的荣誉者在单位个人年度评优评先中优先考虑。

建立工作提示机制。服务专班定期汇总招引项目堵点问题、化解时间节点、责任单位(科室),及时更新堵点问题化解工作提示单报综合科(考绩),由综合科(考绩)报主要领导审阅,列入单位工作提示单,由综合科(考绩)根据时间节点进行提醒督办。

建立服务代办机制。服务专班要充分发挥各科室、企业服务中心作用,为招引项目提供全程代办服务,并定期通报代办情况、存在问题,必要时主动将代办工作提示单报综合科(考绩),由综合科(考绩)实时督办。

(五)建立考核保障机制

完善考评考核。发挥考绩指挥棒的作用,对承接专班、招商小分队进行考核。将县里下达的任务指标合理分配到承接专班和招商小分队,结合年度任务完成情况和过程督办情况进行考核。鉴于招商引资工作的特殊性,过程督办情况考绩比重不低于20%。在完成年度任务的基础上,超额签约项目,市级项目1个加1分;县级项目1个加0.5分,总加分不超过3分。超额落地项目,S类项目,每个加5分;A类项目,每个加3分;B类项目,每个加1分;C类项目,每个加0.5分,总加分不超过3分;D类项目,每个加0.2分,总加分不超过1分。签约类和落地类项目加分均按从高从优原则,不重复计分;由两个以上科室人员承接的项目,均摊加

---

① 指包乡镇村社、包招大引强、包企业服务、包重大信访事项、包重点项目,领衔一专班。

分。以上项目均指的是单体制造业项目,其他产业项目和总部回归项目根据县里赋分情况另行加分。为充分调动承接专班和招商小分队的积极性,将任务完成情况纳入科室考绩。

强化要素保障。为确保招引工作顺利开展,综合科要做好后勤保障工作,为承接专班和招商小分队开展工作提供资金等保障;规建科要协调灵溪镇做好土地征用、政策处理、围墙施工、三通一平等工作,为项目落地提供土地等保障;经发科和应急科要充分发挥科室职能,为项目落地投产提供用电用能等保障。

优化营商环境。着力提升企业满意度,严格按照专班承接、专班服务要求,不断创新服务载体,全力为企业发展、项目落地做好全方位保障,让企业家能够专心创业、放心投资、安心经营。着力提升企业便利度,在项目洽谈、签约注册、报批报建、开工投产过程中提供前置指导和全天候保姆式服务,让企业"最多跑一次"或者一次都不跑,力求打造一流营商环境。推项目、抓招商、优环境是贯彻落实中央和省市县各项决策部署要求,推动苍南经开区高质量发展的重要抓手,要树立单位全员招商理念,不断完善招引项目承接落地服务机制,为招商引资工作献力献策。[①]

二、鼓励企业开展境内外投资并购

支持本土跨国公司发展。苍南县立足全球化经济大格局,整合境外优势资源,多渠道开拓国际贸易市场,积极支持本县域民营企业通过并购等方式,开展境外投资,实现优势产业回归。苍南县对列入省级本土跨国公司的企业给予100万元奖励。对经市商务部门认定列入跨国公司重点培育对象、营业收入10亿元(含)~100亿元的企业给予5万元奖励,营业收入100亿元(含)以上的给予10万元奖励。对列入跨国公司培育库的企业因股权变更实现合并报表所产生的中介费用给予80%的补助。苍南县商务工作以着力推进商贸流通改革创新,推进外贸转型升级,创新引进外资方式,培育本土民营跨国公司,培育对外贸易新动能,打造开放高地,实施电商换市,提升服务水平等8个方面为主要抓手,完成各个领域指标正向增长,实现商务工作的全面推进。

做大做强主力金融。吸引主力金融机构入驻,积极争取各类银行、证券和保

---

① 苍南县人民政府关于进一步促进招商引资工作的若干意见[EB/OL].(2018-04-13)[2023-11-11].http://www.cncn.gov.cn/art/2018/4/13/art_1229416649_1958195.html.

险机构在苍南县设立分行或分公司。完善激励机制,鼓励各类型银行进行金融产品创新,推动形成符合苍南县基础设施建设、民营经济发展、农村经济发展等经济社会发展的业务模式。重视证券期货和保险的积极作用,拓宽证券期货机构支持地方经济发展的业务领域,做大资产证券化和资产管理业务,推动各类企业在各类资本市场上市融资。积极发展农业保险、责任保险、信用保证保险等各类险种,加大保险抵御风险、支农惠农作用。2022年,苍南积极组织开展持续深化融资通畅工程,加强推进企业上市工作,防范化解后疫情时代金融风险,加强"7+2"类地方金融组织监管的试点工作,确保完成各项既定绩效指标,提高财政资金使用绩效,全力、精准支持实体经济发展,促进苍南工业经济高质量发展。

鼓励设立境外研发机构,对苍南企业在境外新投资设立研发机构,实际投资达到50万美元(含)以上的,给予30万元人民币补助。支持企业赴境外投资,对开展设立工厂、资源开发与开采、收购兼并等活动,实际投资额50万美元以上的,每万美元奖励500元人民币,每个境外项目奖励金额最高不超过50万元人民币。支持苍南企业开展境外承包工程和劳务合作,对首次在商务主管部门取得境外承包工程项目备案的企业,给予一次性奖励10万元。对开展境外承包工程且当年完成境外承包营业额30万美元以上的企业,每万美元补助500元人民币,单个项目最高补助不超过30万元人民币。①

三、加快培育外贸竞争新优势

鼓励企业开拓国际市场。鼓励企业参加国内外线上展会,对参加省、市重点线上数字展会目录内展会的企业给予线上参展费80%的补助且单次不超过2万元的补助(同一展会已享受线下展会补助的不再享受线上展会补助)。对参加省、市商务部门下达的任务性境外展和县商务主管部门组织的列入苍南县境外重点展的展会的企业,给予展位费80%的补助,同个展会最多补助2个展位,单次展会不超过4万元,每家企业全年累计接受补助不超过8万元;对参加苍南县境外重点展的企业的人员费用,给予70%的补助,每家企业一次不超过1.5万元,全年累计接受补助不超过3万元。对参加境外展会列入一般展的企业,给予展位费50%的补助,单家企业同一展会最高不超过3万元,每家企业全年累计接受补助

---

① 苍南县关于进一步加快开放型经济发展的若干政策(送审稿)[EB/OL].(2023-03-14)[2023-11-11].http://www.cncn.gov.cn/art/2023/3/14/art_1229416649_2021158.html.

不超过 8 万元。对在国内参加国际性展（博）览会的企业,给予展位费 50％ 的补助,每家企业全年累计补助资金不超过 2 万元。外出参展均需提前到商务部门预登记。

支持新型外贸公共服务平台建设。对苍南新获省级和市级外贸转型升级基地（试点）,分别给予总额 50 万元和 30 万元的奖励,用于扶持基地内公共服务平台和重点转型升级项目。鼓励苍南外贸集装箱对接“义新欧”班列,具体政策参照温州市政策执行,不再另行制定。支持对外服务贸易发展,对经商务部注册认定的服务外包企业,年度离岸服务外包合同执行额 10 万美元以上的,每 1 美元奖励人民币 0.1 元,每家最高不超过人民币 30 万元。加快服务贸易发展基地培育,对入选省级服务贸易发展基地的,奖励 50 万元。积极培育重点外贸企业,根据企业对外贸易贡献度,每年评选出 10 家重点外贸企业,由县政府授予“苍南县重点外贸企业”称号,每家给予 5 万元奖励。

支持企业开展产品境外营销、扩大进口。对企业进行出口产品对外宣传推广的视频、画册等宣传品的制作费,给予 50％ 的补助,每家企业全年接受补助最高不超过 1 万元。对企业在中国制造网、环球资源网等国际网站开展对外贸易业务进行产品营销活动的入网费,给予 50％ 的补助,每家企业接受补助最高不超过 2 万元。对各行业协会、商会组织会员企业开展外经贸相关政策宣传、业务培训、境外市场推介等活动的资料费、场地租金和专家授课费,给予 80％ 的补助,最高不超过 5 万元。对参加商务部门统一组织的国际性展会采购对接活动的企业,按每家企业省外 2000 元、市外省内 1000 元给予差旅费、包干奖励费。鼓励企业扩大进口,对年度进口达 100 万美元以上企业,进口额按每 1 美元奖励人民币 0.02元,最高不超过 50 万元。

第五节　以智慧平台重塑数字产业发展格局

近年来,苍南县坚持探路先行,充分发挥数字化改革牵引作用,聚焦“1612”体系跑道,贯通重大应用 113 个,争取省市试点 27 个,数字化改革创造“双月一晋级、十月摘五星”佳绩。坚持管用好用、实战实效导向,升级“平台＋大脑”,搭建全县统一公共数据平台,“全球二维码迁移计划”应用获评全省最佳,“数字门牌·一码到家"入选全省数字社会系统最佳应用,水域监管、私屠乱宰"一件事"和公路与地面危货停车位联动全省推广,"红獴"应用精准打击涉海违法犯罪实效获央视点赞。

根据《2023年苍南县人民政府工作报告》,苍南要深入实施数字经济创新提质"一号发展工程",充分发挥"全球二维码迁移计划"示范区县域先行试点优势,新增智能化技改项目60个、机器人应用120台、云上企业10家,技改投资增长15%以上;加快布局工业互联网等"新基建",新建5G基站300个,加快推进云计算中心落地。[①] 苍南正以平台经济重塑数字产业发展格局,着力攻坚数字经济,实现区域经济跃升发展。

一、打造数字贸易拓展平台

建设数字贸易平台。发挥浙江省际贸易集聚区的优势作用,加快电子商务发展,打造数字贸易产业链和生态链。针对浙闽台水产贸易、苍南参茸市场等省际专业市场,结合浙福边贸水产城扩建工程等9个商贸市场,开展线上线下的一体化建设,打造集餐饮、办公、购物于一体的新型数字贸易平台,促进实体专业市场数字化提升。打造以"海西经济"融合"高铁经济"的互联网发展模式,发挥电商科技全产业链集群互补效应,免费提供创业培训、创业能力测试、创业指导、政策咨询、信息服务和融资服务,造就完美的网络经济集聚区航母群,为创业者保驾护航。营造良好的商贸品牌发展氛围,加大对商标、商号及商业老字号的保护和培育,提高商贸老字号品牌产品的市场竞争力,强化品牌对电商的促进作用。

推进跨境电商服务。根据苍南县发展跨境电商的实际需要,积极营造跨境电商良好氛围,建设跨境电商孵化园,理顺从开店到收结汇的全流程服务,确保企业可以快速开展跨境电商业务;提供从知识普及到品牌培育的全套服务,快速提升苍南县跨境电商市场规模的发展水平;建立跨境电商管理手段,提供从报关报检到数据统计等行业的管理服务;导入跨境电商各类资源,逐步建成跨境电商生态体系;建立跨境电商产品供货体系,包括参加跨境电商采购会、苍南县专场采购会等;落实集中培训、定制班、人才定向输送和人才招聘会等措施,建立苍南县的跨境电商人才培养和输送体系;建立跨境电商管理和监测系统,确保商务部门掌握

---

① 管洋洋.浙江省苍南县政府数字化建设中信息共享存在的问题及对策研究[D].成都:四川师范大学,2023.

跨境电商实际发展情况;举办各类峰会、论坛、沙龙、大赛、投融资路演等活动,营造良好氛围。

打造最优网络市场治理平台。一方面,坚持包容审慎、以网管网、多元共治的原则,把握好监管与服务、规范与发展的关系,努力构建政府监管、社会共治、政企协同"三位一体"的网络市场信用体系。另一方面,以贯彻实施《中华人民共和国电子商务法》为契机,进一步强化政企协作和社会共治功能。加强对电子商务经营者及其发布的重点商品和服务信息的监测,探索建立对苗头性风险隐患的预警预判机制,完善重大网络交易风险快速处置和多元化风险化解机制;支持网商自律组织发挥其在网络经济领域的自我约束、自我管理作用。督促落实网络购物7日无理由退货制度,鼓励支持"购物放心"网店建设,进一步共建安全放心的网络消费环境。

二、打造智慧旅游升级平台

建设智慧旅游平台。苍南区位交通优势明显,旅游资源相当丰富,全域旅游发展潜力巨大,前景良好。一是建设苍南智慧旅游大数据平台,以及优化建成的"1+N"业务应用系统,包括"一云多屏"的旅游全媒体平台,旅游行业运行监测平台等,通过信息技术来提升旅游管理、服务能力和游客旅游品质。二是完善信息服务平台的应用,为游客提供景区、线路、酒店、民宿、美食、快速攻略、虚拟游温州、自驾游苍南、视频展播、语音导览、电商、旅游投诉等旅游服务,真正实现"一部手机游苍南"功能,让游客能尽情享受"山水诗之旅""玩转山江海"的乐趣。三是加快新媒体平台融合发展、互联互通,提升旅游政务新媒体聚合传播能力,构建旅游联盟的大宣传格局。

创新智慧旅游产品。苍南在智慧旅游产品建设方面主动加强与省市的沟通,加强数据的共享共建,充分发挥大数据在智慧旅游产品运行监测、行业监管、舆情监测、智慧服务、智慧营销等方面的应用价值。一是强化特色旅游文化商品的研发,支持对碗窑、矾山、福德湾等传统产业基地的开发,通过"互联网+"视频推广,打造旅游新产品。二是利用互联网技术,通过共享模式,规划和促进民宿产业发展,为旅游者提供休闲度假、风俗文化体验。三是提供农产品、工业产品的个性化体验,旅游景区的VR(虚拟现实)体验,培育商贸共享旅游等新业态,对苍南旅游资源进行深度开发。

强化智慧旅游服务。一是完善智慧旅游市场监管机制,通过线上线下市场统一监管,进一步保障良好有序的旅游市场环境,提高游客满意度。二是在渔寮、玉苍山、碗窑、福德湾等重点景区,对沙滩、登山步道等重点区域,通过传感器、监控设备等物联网设施,对景区安全、环境质量和旅客秩序等进行有效监测,创建良好的景区旅游环境。三是加强旅游行业管理,制定智慧旅游新业态服务规范,形成网络旅游质量服务评价体系,建立旅游企业信用第三方评估机制,规范和促进旅游行业的健康发展。

三、打造智慧物流服务平台

打造智慧物流产业平台。结合温福高铁、甬台温高速、甬台温高速复线、104国道和228国道等重点交通枢纽及产业布局,通过信息化技术,建设提升海西物流园、马站物流园区、龙港新城物流园区等重点园区。按照物流共享共建的原则,打造浙南闽北综合物流服务平台,形成浙南和闽北的智慧仓配中心,支撑产业发展的需求。鼓励物流园区和物流企业运用大数据、北斗导航、物联网、射频识别等新技术,建设智能化仓储体系和配送系统。推进物流标准化,推广标准化设施设备应用,采用标准化的物流计量、货物分类、商品标识、装备设施、工具器具、信息系统和作业流程,提高物流标准化水平。加强物流信息共享和互联互通,支持物流综合信息服务平台建设,对线下运输车辆、仓储等资源进行整合优化,实现运输工具和货物的实时跟踪和在线化、可视化管理,鼓励依托互联网平台的"无车承运人"发展。

建设智慧货运综合服务中心。依托崇家岙港区、霞关港区建设以及苍南高铁港建设,打造浙南闽北智慧货运综合服务中心,提升区域智慧物流服务能力。引导苍南塑料制品、印刷、纺织以及特色农产品与物流信息综合服务中心的信息对接,形成"互联网+产业"的综合物流生态服务体系。结合交通枢纽及产业布局,在重要的物流节点加快整合与合理布局物流园区,重点建设浙闽物流配送中心、苍南冷链物流园、龙港新城物流园区、龙港城西物流园区、钱库物流中心、马站物流中心以及浙南海西公铁物流园,推动崇家岙港区、霞关港区建设,完善货运场站体系,促进物流企业集聚、物流功能集成。积极推进各物流园区、企业之间的信息对接与互通,构建物流节点之间的功能协调和互联共享机制,提高物流资源利用率和企业服务效率。加快推进物流园区水、电、路、通信设施和多式联运设施建设,完善周边公路、铁路配套。

创新智慧物流产业模式。积极结合苍南山海特色农产品的优势,通过个性化定制,开展生鲜物流、绿色物流等新型物流模式;完善信息化物流计量体系建设,对货物分类、商品标识、作业流程等进行信息化、标准化提升;完善物流信息网络,开展城际配送,提高城际配送的专业化水平。实施工业制造与电商融合行动,进一步加大制造业电子商务应用,鼓励包装印刷、塑料制品等领域优势企业开展"电商换市",强化与阿里巴巴及行业电商平台的合作,放大阿里巴巴·苍南产业带品牌集聚效应。积极推广电子商务代运营,为各类中小制造企业提供第三方运营服务。推动依托专业市场、分销网点等工业品传统分销商积极发挥线下渠道优势,探索网上订购,实体店支付、提货及售后服务等模式。支持龙头骨干企业优化配置研发、设计、生产、物流等优势资源,有条件的可自建电商平台开展全流程的电子商务,培育发展跨境电商。鼓励企业发展以需定量、定时、定价的电商消费新模式,探索建立在线定制、网络预售、众筹团购以及个性化、定制化销售。

四、打造数字文创发展平台

推动文化遗产保护和文化艺术发展。一方面,苍南着力抓好文化遗产保护传承,重点加大对文物保护单位的保护力度,加强对革命遗址旧址、名人故居的保护利用,统筹推进城乡建设与历史文化保护传承,分级分类加强文物保护。另一方面,苍南着力推动文化遗产活化利用,实施"宋韵文化在苍南"项目,擦亮历史文化名片,加快区域特色文化与现代文化、时尚文化的碰撞融合,持续探索"文化+"新业态,为高质量发展注入文化新动能。苍南强化宣传发动,营造浓厚氛围,充分利用多种形式、多种平台、多种场合,广泛宣传历史文化遗产知识和文物保护法律法规,增强全民文物保护意识。特别是利用"苍南六言谭"等历史文化系列宣传平台,进一步挖掘特有的非遗民俗资源,展示带有苍南元素的文艺作品,推动传统文化与现代艺术、信息技术有机融合,大力发展满足年轻人文化需求的新兴文化,加快打造具有苍南辨识度的文化精品,讲好苍南故事。

强化文化传播产业的发展。一是做好文化遗产的传承传播,依托数字传播企业和数字文化创意企业,利用"互联网+VR""互联网+影视"的作用,推动矾山国家矿山公园申报世界工业遗产,推动以名镇名村以及名人故居、文化祠堂等历史建筑的保护和推广工作,宣扬苍南独特人文文化,推进苍南传统文化艺术繁荣。二是发挥国家民族事务委员会授予的"海峡两岸少数民族交流与合作基地"的平台作用,结合"苍南文化艺术节"和畲乡文化遗产,邀请名人走进苍南,积极创建线上线下文化艺术交流活动,助推文化产业发展。三是依托苍南印刷产业的发展优势,引导印刷、礼品、台挂历、文具用品等顺应新时期数字网络发展的趋势,引进"网红＋电商""网红＋VR"等新业态,促进印刷文化产业向数字网红经济和文化传播产业发展。四是整合苍南各类文化阵地、内容等资源,充分利用苍南山水旅游资源优势,招引一批网络文学、微电影、短视频、网络教育等产业,并建立起统一的公共文化数字服务平台,打造服务全县百姓的"云端文化基地",全面提高苍南文化的共享和远程服务能力。

五、打造数字经济管理服务平台

加强金融风险监管。一是全面落实浙江省"天罗地网"监管体系,深化地方金融监管体制改革。落实地方金融监管协调机制,依托综治管理系统的"四个平台一张网"深化地方金融监管网格化管理试点工作。二是运用大数据、人工智能、云计算等信息技术,把来自电商平台、银行贷款、个人消费、政府大数据等各类消费和经营的海量数据用于信用评估、客户分析和风险识别,建立融"风险预警、信用评价、风险监测、数据分析"于一体的大数据综合服务平台。三是建立黑名单机制,加强对非法集资、P2P等处置力量,形成全方位、多层次"构建诚信、惩戒失信"金融生态环境。①

强化社会综合治理数字化服务。一是建设基层社会治理综合信息平台,对乡镇的治安事件,按照网格要求,及时进行汇总、归口、派单,提升治理效率。二是大力推动"雪亮工程"建设,对重点公共区域实现视频监控和联网全覆盖。三是建立县乡村三级应急响应工作流程,形成全县统一的社会综合治理应急指挥体系。四是完善网信基础信息数据平台,统筹协调网络内容管理工作,建立健全互联网信息内容协调工作机制。

加强文化产业市场管理。一是完善网上审批和电子监察系统,实现文化产业市场的线上、线下同步审批。二是进一步创新网络执法手段,加强网络文化市场的网上监管,开展"扫黄打非"各类专项行动,加大对违法经营行业的打击力度,力促文化市场平安健康发展。三是利用区块链、大数据等新兴技术,全面加强对文化知识产权的管理与保护工作,并加大对广播电视有序播出的监管力度,确保相关节目安全文明播出。

推进智慧城市信息惠民服务。一是加快推进智慧政务集约化建设。完善电

---

① 邓雅.苍南县智慧化城市管理平台建设研究[D].咸阳:西北农林科技大学,2022.

子政务网络,强化智能运维管理和监控,不断提升电子政务网络安全防护和各平台协同支撑能力。全面推广无纸化办公,完善移动办公系统,提高信息流转效率和政府工作效能。二是推进重点领域民生智慧项目建设。促进《温州市智慧城市建设总体规划》全面实施,建成居民健康信息服务、医疗转诊协调服务、教育信息服务、交通信息服务、养老信息服务等一批信息化集成系统,为社会民生提供便捷化服务。

第三章

苍南区域协同开放合作交流实践探索

第一节　站位"南大门"，更好融入
长三角一体化进程

　　苍南县位于浙江省最南端，与福建省福鼎市毗邻，与宝岛台湾遥遥相望，素有浙江"南大门"之称。苍南城区距温州市区 81 千米，距离省会杭州 432 千米，104 国道自北而南穿越城区，地理位置和交通条件十分优越。随着浙江"两富""两美"①建设和温州"三大转型""三个城市"②系列举措加快实施，种种利好，都为苍南县的未来发展带来新的动能。过去几年，在一批批包括灵龙大道、灵沙大道、甬台温高速复线苍南段、104 国道苍南段改建等重点项目的强劲带动下，苍南这个浙江最南端的城市，正抢抓机遇、乘势而上、转型发展，成功迈入温州第一梯队，加快建设"浙江美丽南大门"，为更好融入长三角一体化奠定坚实基础。

---

　　① "两富"指物质富裕、精神富有。"两美"指建设美丽的浙江、创造美好生活。
　　② "三大转型"指经济转型、城市转型、社会转型。"三个城市"指民营经济创新发展示范城市、东南沿海重要中心城市、迈入全面小康社会标杆城市。

一、积极融入浙江海洋经济发展示范区

相比国内其他省份,浙江的协调发展水平较高,但相对而言,省内区域之间依然存在"北强南弱"的发展不均衡问题。比如,浙江海洋经济发展示范区是浙江承接"一带一路"的主平台,其中舟山作为示范区的核心区,绿色石化基地项目等一批重大项目相继落地,进入高速发展的快车道;作为示范区的两翼,北翼的环杭州湾产业带已成为引领"长三角"海洋经济发展的重要平台,而相比之下,南翼的温台沿海产业带的"海洋生产力"并没有得到有效释放。从这个角度来看,温州以及苍南发展海洋经济,还有很大的潜力可挖,有不少的文章可做。

温州陆地海岸线长 514 千米,是浙江及至国内沿海地区滩涂资源最多、围垦条件最好的地区,拥有 90 多万亩可围垦的海涂资源。但从目前来看,温州沿海经济带还缺乏大项目的支撑和带动。因此,要把温州沿海经济带摆在更加突出的位置,既要明确差异化、特色化的沿海产业功能布局,也要在招引大产业、大项目和建设大平台、大交通上,给予政策、要素和资金等方面的大力倾斜和支持,当前特别要大力支持并尽快启动温福高铁等项目建设。

支持长江三角洲区域一体化发展、支持加快建设海峡西岸经济区(简称"海西区")、建设好浙江海洋经济发展示范,三者都是国家战略,温州地区正处于三者的交会地带。从更高的视野来看,要从省级层面谋划温州在三区叠加优势下合作发展的战略举措,发挥其在浙南闽北区域强有力的辐射作用,以提升浙江在东南沿海地区的战略地位。其中,苍南地处浙江的最南端,是浙江的"南大门",海洋是苍南的最大优势,海洋经济兴则苍南兴。近年来,苍南在深入践行"八八战略"新征程中,着力打造的向东面海、贯通南北的沿海经济带,逐渐成为浙江发展的新增长点和温州发展的新增长极。

二、县城新区:打造浙南美丽门户新城

苍南作为温州"东扩西引"的桥头堡,正积极融入长三角,成为温州都市区南部副中心。如今,苍南县城新区正以奋进之姿,以核心区为中心,全力提速站前区、东扩区和南扩区建设,打造生态新区、魅力新区、幸福新区、未来新区,展现浙江"南大门"的闪耀光采。

自 2001 年启动建设以来,县城新区已累计投入资金 300 多亿元,基本完成核

心区的建设。以苍南行政中心为标志的一批大型公建项目拔地而起,文化馆、博物馆、图书馆等依次排开;教育、医疗等各项配套齐聚,如苍南县人民医院以及苍南县外国语学校、江滨小学、苍南中学、民族中学等;以大型商业综合体银泰城为核心的商业中心人气渐浓,同时还拥有和茂华美达酒店、苍南国际大酒店、万顺大酒店等多家星级酒店。区域内交通便捷,公共设施完善,居住和商业氛围浓厚,一个集行政办公、商贸金融、文化体育、休闲娱乐和生活居住等功能为一体的现代化核心区已然展现出成熟的一面。

精心筑花园城市,宜居山水画卷徐徐展现。温福铁路苍南高铁站,是苍南城市的一个连接点。县城新区作为建设"浙江美丽南大门"的点睛之笔和引领之帆,正徐徐展开绚丽而有力的翅膀。2001年,苍南县城新区启动建设。根据规划,县城新区总面积33.88平方千米,其中核心区6.78平方千米,核心区规划居住人口12万;2007年9月,苍南县行政综合办公大楼启用,意味着以核心区为中心的苍南县城新区建设迈入全新阶段。经过20多年的建设,如今一座集行政中心、商业中心和文体中心的宜居山水之城正焕发出独特魅力。

近年来,苍南县城新区依托高铁优势,不断加大配套投入,建设高铁站前广场及多种城市综合体、公共设施等。新区还积极创建高等级景区城,把历史河岸公园、中心湖公园、塘河生态公园和状元公园等公园景观融入城市,与中心湖畔及公园沿线的体育中心、非遗体验馆和苍南乐园等场馆交相辉映,形成一个宜居、宜业、宜游的区域"大花园"。特别是占地560余亩的中心湖公园,与苍南行政中心相连,形成了贯通南北的城市中轴线,大大提升了新区形象。

新区的发展也吸引了中梁、绿城等知名品牌房企的进驻,在带来先进开发理念的同时,还进一步推动区域人居品质迈上新台阶。中梁中央公馆、绿城玉兰花园、天和家园等高档楼盘林立,与公园、绿道等周边景观构成了一幅幅和谐的宜居画卷。县城市建设中心有关负责人介绍说,随着核心区日渐成熟,县城新区发展空间也在不断向外拓展延伸。苍南县以"大县大城"战略为引领,以"大建大美"全面提升县城首位度,打造精美有序、时尚大气、充满活力的发展"核"。

向东重点推进县城新区和苍南工业园区建设,依托县城新区中心湖公园打造县域行政中心、区域性商业商务中心和文化交流中心,依托苍南工业园区"扩容提质"和台商小镇创建,打造区域性创业创新高地、战略性新兴产业基地和对台合作交流中心。向南则重点推进县城新区南扩区、江南新城和藻溪康养小镇建设,实现中心城市南北向框架拉开。同时,充分发挥浙闽省际的区位优势,积极推动浙南闽北协同发展,全面参与温州都市区建设,建成新时代"浙江美丽南大门"。

三、打造浙江共同富裕示范区县域样板

2021年底,苍南县第十次党代会曾提出三个"苍南之问":"以什么拼抢、靠什么突围"的动能之问,"建设什么样的南大门、共享什么样的新生活"的品质之问,"提升什么样的能力、交出什么样的答卷"的能力之问。为了答好这"三问",未来苍南将以"锚定'1+5'赶考共富路"为主题,以"五个迈进"为路径,全力打造更富经济实力、城市活力、生态魅力、改革动力、治理能力的苍南,奋力实现新时代"浙江美丽南大门"新跨越。

以"五个迈进"奋战赶考征程,苍南制定的经济社会发展总体目标是:全面完成"十四五"目标任务,预计到2026年地区生产总值突破600亿元,年均增长7.5%左右;财政总收入70亿元,年均增长8%左右;城乡居民人均可支配收入分别年均增长9.1%和10%。目标催人奋进,实干绘就蓝图。苍南以打造浙江共同富裕示范区县域样板为契机,加快建设新时代"浙江美丽南大门",努力在浙江实现"两个高水平"和温州打造全省"铁三角"的生动实践中贡献更多的"苍南力量"。①

锚定"浙南闽东独具特色的滨海花园城市",向"浙闽省际首位大县"迈进。深度接轨国家和省市战略,放大全国规模最大的县级高铁站、华东地区领先的专业市场群等优势,提高苍南在浙闽省际的首位度和影响力,加快打造浙南闽东交通枢纽、消费枢纽、公共服务枢纽。

锚定"现代新型产业成长地",向"温州南部产业创新发展新增长极"迈进。全力以赴推进"工业强县"战略,积极发展以"五大百亿产业""五大成长型产业"为核心的现代产业集群,重塑产业竞争新优势;依托绿能小镇,加快布局核关联与清洁能源产业链,全力打造全产业链风机制造研发基地,加快建设"中国核谷"。

锚定"华东山海沙滩旅游目的地",向"国家全域旅游示范区"迈进。深化全域旅游,高品质打造168生态海岸带、世界矾都国家地质公园、大玉苍山生态康养旅游胜地等滨海旅游产业集群,加快建成一批高端酒店、滨海精品民宿,培育一批文旅融合大IP,力争2025年创成5A级景区城,创建国家全域旅游示范区。

锚定"全国清洁能源发展示范地",向"浙江服务双碳新标杆"迈进。深化生态

---

① 苍南锚定"1+5"赶考共富路 高质量建设新时代浙江美丽南大门[EB/OL].(2022-02-25)[2023-11-11].http://www.cncn.gov.cn/art/2022/2/25/art_1255449_59031771.html.

核电与地方融合发展模式,全力服务保障三澳核电项目推进,加快海上风电、抽水蓄能等多种清洁能源项目建设,打造清洁能源"千亿强县"、浙江服务"双碳"的新标杆。

锚定"浙闽协同发展先行地",向"双循环区域重要节点城市"迈进。充分发挥省际区位优势,打造辐射浙南闽东的区域物流枢纽、全国知名的专业市场集聚区,探索开展跨省域山海协作,加强与福建毗邻地区在清洁能源、生态旅游、商贸物流等领域的合作,当好浙闽省际协同发展的桥头堡、浙南闽东合作发展区建设的排头兵。

"五个锚定"奋笔赶考答卷,"五个迈进"吹响奋战号角! 苍南将以"五个坚持"——实施"双轮驱动、多链融合""一城引领、全域统筹""四战联动、五城联创""系统集成、协同高效""人民立场、人民至上"等行动全力冲刺呼应,打造更富经济实力、城市活力、生态魅力、改革动力、治理能力的"浙江美丽南大门"。①

三大强化促经济实力提升。未来苍南将强化创新赋能、强化产业聚能、强化投资蓄能,着力构建现代产业体系。苍南启动"招大引强"攻坚行动,派出全市人数最多的招商队伍、成立全市首家专业招商国有企业、特聘 11 位在外优秀企业家担任"招商大使",成功签约项目 60 余个、落地亿元以上产业项目 33 个,为苍南发展强化投资蓄能。

三大抓手促城市活力提升。未来苍南将坚持新型城镇化和乡村振兴双轮驱动,通过以区域枢纽释放活力、以城乡融合撬动活力、以精建精美彰显活力三大抓手,推动城乡统筹一体化发展。比如苍南县城在建工程星罗棋布、施工态势热火朝天;海塘安澜工程(北片)海堤修筑、水闸建设"固防"工程紧张有序;县城新区东扩区春水路暨玉苍路延伸段综合整治提升工程路面翻新、景观塑造等"焕颜"工程已过大半;大剧院、宝龙广场等地标建筑建设提速,扮靓"品质县城"门面。

三大举措促改革动力提升。未来苍南将坚持以数字化改革为引领,撬动社会各领域改革,通过打造数字化改革新成果、创出特色改革新品牌、打开对外开放新局面三大举措,全面激发跨越式高质量发展的强大动力。2021 年初苍南作为温州市唯一县(市、区),入选浙江省首批"肥药两制"改革综合试点县,这得益于苍南正在使用的农业生产数字化监管服务平台。该平台可为农户"个性化"生成化肥农药施用公式、农业生产计划等,从源头把牢农产品安全关,带动农业技术效率提高约 10%。

---

① 苍南锚定"1+5"赶考共富路 高质量建设新时代浙江美丽南大门[EB/OL]. (2022-02-25)[2023-11-11]. http://www.cncn.gov.cn/art/2022/2/25/art_1255449_59031771.html.

第二节 冲刺"新高地",携手
温台经贸合作高质量发展

当前,温州正把对台开放作为新一轮对外开放的重要方向,加快实施"东引台资"提质增速工程,全力推进海峡两岸大健康产业园和"台青筑梦家园"建设,为温州对接台湾产业提供先行先试创新平台,推动两岸民营企业和民间资本深度融合发展。苍南地处浙江海洋经济发展示范区和海西经济区的黄金交会处,是大陆距离台湾最近的县域之一,具有对台贸易的基础和优势。苍南抓住机遇借海峡西岸城市群之力,发挥自身优势,加快项目招引,创新招商模式,开展资金、技术、理念等全方位对台合作,有利于加快苍南城市化建设步伐,提高经济发展综合实力,为温州高水平建设"浙江美丽南大门"贡献更多"苍南力量"。

一、顶层规划紧密对接"浙江接闽连台先行区"

2020年,温州市召开长三角发展大会,吹响全面融入长三角一体化发展战略的号角,表示将加快打造长三角南大门区域中心城市、长三角联动海西区的桥头堡。苍南作为温州这个"南大门"的南大门,"桥头堡"的桥头堡,具备接闽连台的独特地理人文优势。苍南与台湾隔海相望,境内的霞关港到台湾基隆港的距离仅120海里(1海里=1852米),是浙江省与台湾距离最近的地方,全县有闽南语人口70多万,妈祖庙近70座,台胞台属2万多人,苍南与台湾存在着很深的历史渊源。近年来,苍南以打造"浙江接闽连台先行区"为目标,主动融入长三角,联动海西区,切实打造对台经贸合作的苍南样板。

一是平台做大做强。全面启动国家级平台申报创建,先后获批设立了台湾农民创业园、对台小额贸易点、海峡两岸少数民族交流与合作基地等三个国家级对台平台,为加强两地交流合作提供了有效载体。苍南台商小镇是当前浙江省唯一以两岸合作为方向,以对台招商为内容的特色小镇。该项目的实施有利于在苍南形成海西地区台商聚集区,促进两岸文化、商贸的密切交流合作。

二是服务提速提质。先后成立全省首个浙台经贸合作研究中心、全省首个台湾居民服务站和温州市首个县级台协会服务处,出台《关于扶持台商投资与台资企业发展的若干意见》,在服务收费、财政金融、用地优惠、发展环境等 4 大项 16 小项给予台商倾斜优惠。比如,苍南对台资项目实行全程代办制、保姆式动态跟踪服务制、模拟审批制"三制联动",结合苍南"最多跑一次"改革,大大简化台资项目注册程序,做到让资料跑,让快递跑,让政府人员跑,台商"一次也不跑"。

三是项目招精引优。坚持全方位、宽领域、多层次开展对台经贸合作,既引台资项目,也引技术人才,把扩大利用台资作为新一轮开放型经济的突破口,以台湾先进的生产方式、管理模式、经营理念促进苍南转型发展。截至 2019 年 9 月,苍南已注册或正在建设、经营的台资项目 69 个,总投资 56.9 亿元,总注册资本超 14 亿元,项目涉及现代农业、养老照护、医疗健检、幼儿教育等。其中总投资 11 亿元的台湾风情街是全市规模最大的台资项目,总投资 1.5 亿元的苍南海西太阳人国际幼儿园是全省规模最大、档次最高、功能最全的台资幼儿园。

二、奋力打造高水平浙台(苍南)经贸合作区

近年来,随着海峡西岸经济区建设的全面推进和两岸经贸合作日益紧密,苍南区位优势进一步显现,成功申报浙台(苍南)经贸合作区,成为浙江省参与海峡西岸经济区建设的先行区、开展对台经贸合作的示范区。苍南在整合国家级台湾农民创业园、省级苍南工业园区、沿海临港产业基地、大渔湾产业基地、沿浦湾产业基地、对台农业观光园、霞关对台贸易物流园、后世博创业基地等多个区块的基础上,按照"一区多园"的空间布局,高标准建设浙台(苍南)经贸合作区。

苍南以创新体制、拓展空间、提升产业为目标,严格按照苍南土地总体规划和县域总体规划,编制浙台(苍南)经贸合作区发展规划,并与海洋功能区规划、生态环境功能区规划和港口交通、产业布局等规划相衔接。苍南着眼全县范围来进行整体规划,合理布局发展空间,高标准编制经贸合作区的发展战略规划和相应配套体系规划。加快推进新型城镇化进程,促进人口、产业、资源向中心集镇、向平台园区集聚,提高县域空间资源的配置效率。

苍南把引进台湾现代农业、先进制造业、现代服务业作为承接台湾产业转移的战略重点,依托台湾先进技术和管理改造提升传统产业,推进产业结构优化升级。加快建设对台经贸合作平台,提高承接台湾产业转移能力。通过整合提升国家级台湾农民创业园、浙江苍南工业园区等平台,加快建设园区配套的水、电、路、排污等基础设施,科学划分园区功能,分类承接台湾产业。

创新政策服务机制,吸引台商投资创业。建立健全与海峡西岸经济区相关县

市和部门的定期联系和沟通制度。建立与台湾主要行业和主要县市的定期联系和沟通制度。鼓励企业和社会团体加强与台湾地区在交通、产业、市场、口岸等方面的协作。制定经贸合作优惠政策,实行税收减免、金融支持、通关便捷、利益保护等政策制度,吸引台胞台商投资创业。

推动海上对台直航,打造对台经贸交通物流通道。用活两岸交流合作先行先试政策,开展海上对台直航,落实苍南霞关口岸对台报关点,引导海关、商检等部门在霞关设立办公点,实行对台贸易"一站式"服务。开发霞关深水港,建设对台贸易专用码头和专用市场,建设一批对台物流出口监管仓库和保税仓库,配套完善简单加工和增值服务、进出口贸易、转口贸易、物流信息处理等功能,打造对台贸易物流中心。

促进两地往来交流,增加交流合作的广度和深度。发挥苍南籍台胞的作用,以探亲寻根、旅游观光、宗教文化、经贸投资为纽带,定期举办交流活动。与台湾有关县(市)镇以及各行业协会、团体、单位积极开展友好结对活动,不断提高苍南在台湾的知名度和美誉度。比如苍南县台侨联界政协委员纷纷聚力履职,充分利用自身优势,找准履职切入点和着力点,积极在对台招商和经贸文化交流中献计出力。他们充分发挥个人优势,做到高效履职,多形式、多渠道、多领域地宣传和推介苍南,积极牵线搭桥,吸引温台各界有志之士来苍南投资兴业,为促进苍南高质量发展汇聚各方智慧和力量;充分调动工作热情,做到精准履职,及时了解在苍南投资兴业的台商、侨商及台胞台属、归侨侨眷的意见和呼声,紧紧围绕团结和民主两大主题,助推苍南经济社会高质量发展。

苍南以"对接台湾、融入海西、领跑浙江"为己任,全面参与海峡西岸经济区建设,以承接台湾现代农业、先进制造业和现代服务业为重点,以平台设施建设为支撑,探索创新浙台经贸合作机制,全方位、多层次、宽领域开展对台经贸合作、文化交流和人员往来,把浙台(苍南)经贸合作区建设成为浙江省参与海峡西岸区建设的先行区、开展对台经贸合作的示范区。

三、台商小镇全力打造对台经贸合作新高地

苍南台商小镇是浙江省唯一一个对台合作的特色小镇,致力于为本地产业融入更多"闽商元素""台湾元素",全力打造温闽台经贸合作新高地。该项目位于县城苍南大道以东、成功路以南、兴园路以西、玉苍路以北,总规划用地 23.62 亩,建筑面积约 2.178 万平方米,共 6 幢建筑,建筑一层为步行街,楼层之间采用室外楼

梯连接,二层以连廊串联,形成空中立体步行街,建设机动车位 148 个,非机动车位 806 个。该项目已完成建设内容并通过相关验收,可以投入使用,已开始面向全国招引创意设计、工艺美术、影视传媒、互联网信息服务、非遗传承、文化传播、文化商务、文化金融等文化企业。

苍南台商小镇重点推进台湾青年创业园、水岸风情街、小镇客厅等十大项目,努力打造浙台"产城人文"高度融合的生态科技新镇。台湾青年创业园总投资1.145 亿元,由 3 幢标准厂房和 1 幢综合楼组成,用于吸引台商带科技成果创业、成果转让创业或成果投资合资创业,促进当地特色智造产业培育和发展;水岸风情街总投资 1.7 亿元,与投资约 12.5 亿元的台湾特色创客街区连成一个街区,形成一个集文化创意、休闲购物、旅游观光为一体的城市综合体。建设台商小镇创客街区水岸特色风情街项目,是进一步完善台商小镇配套设施服务的重要举措,联合台湾青年创业园、苍南书城等新青年聚集地,项目将不断推进人气聚集,使产业与人文、休闲与旅游完美融合,致力打造别具一格的城市文化休闲特色街区。①

苍南台商小镇工程建设指挥部专职副指挥施成义介绍,近年来小镇参照浙江省"31 条"、温州市"90 条"等系列惠台政策,聚焦产业招大引强,多次赴台湾以及北京、上海、厦门等地专题招商推介,先后签订台湾地区优质项目 25 个,总投资约21.8 亿元。县工业园区建设中心招商服务科相关负责人介绍,对于报名入驻的企业,招商方将组织审查、落实方案,根据报名比例和文化企业不同属性,分类确定出租、出售价格并给予优惠,满足政策性文件要求条件的人才、文化企业,可申请相应补贴,入驻企业可根据自己的需求,申请购买或租赁。

音乐教师张乐民来自台北,2015 年旅游途经苍南台商小镇后决定在此落户安家。3 年后,他注册了一家民营音乐培训机构,开始了他在苍南的创业生涯。"大陆出台系列台胞创业就业优惠政策,为我们开辟了一条宽阔平坦的'创业路'。"张乐民介绍,比如当地提供企业所得税"三免两减半"优惠政策②,为台胞创业减轻了负担。和张乐民一样,围棋教练林虹冰于 2016 年从台南来到台商小镇创业,2021 年已经在大陆成立 4 家棋院分院。"未来我们打算继续扩大围棋培训事业,通过我们的努力,让更多两岸小棋手互相切磋交流。"林虹冰说。

---

① 全力打造接闽连台经贸新高地 台商小镇启动新一轮招商[EB/OL]. (2021-12-03)[2023-11-11]. http://www.cncn.gov.cn/art/2021/12/3/art_1255449_59027001.html.

② "三免两减半"优惠政策是指企业可享受从获利年度起三年免征、两年减半征收企业所得税的待遇。这是国家为了鼓励特定行业或地区的发展,通过税收减免的方式给予企业的一种扶持。

林虹冰等台胞的宽阔"创业路"背后,是苍南台商小镇深耕高质量发展平台的持续发力。苍南台商小镇累计投入资金54亿元,入驻企业191家,其中小镇客厅、台湾特色创客街区等7个大项目目前已完工。人来人往的繁华商圈灯光璀璨,别具风情的水岸景观迷人眼球,在这里,文艺范和烟火气交织交融,可谓相得益彰。承载文化、休闲、生态等多种功能于一体,台商小镇创客街区水岸风情街把这一画面呈现在广大苍南群众的面前。

苍南台商小镇将通过深耕产业经济、深化产城融合,着力打造国家级的台商集聚区、台湾优势产业的集聚区、台青创业创新的新平台。苍南台商小镇项目全力打造台湾优势产业集聚区、苍南创业创新新平台、接闽连台经贸新高地。

第三节　打造"增长极",助力实现
长三角经济新的增长

2023年9月5日,在商务部指导下,上海、江苏、浙江、安徽等省市相关部门在京签署《深化长三角区域市场一体化商务发展合作协议》。根据合作协议,三省一市商务主管部门将重点在推进市场规则制度共通、商业基础设施共联、商贸流通体系共享、农产品产销协作共赢、供应链区域合作共促、市场消费环境共建等6个方面深化务实合作,助力全国统一大市场建设。目前,在长三角一体化发展战略中,温州市的战略地位显著提升。"敢为人先、特别能创业创新"的温州人精神,是温州这座城市走过艰难曲折、创造"温州模式"的最强动力,也是苍南蝶变腾飞、实现历史性跨越的最强引擎。苍南站在"两个一百年"奋斗目标的交汇点,加快科技创新、动能转换与市场培育,奋力打造长三角经济新的强劲增长极。

一、加快科技创新,推动工业经济高质量发展

引导企业加大研发投入。当前,苍南持续开展企业走访服务,引导企业加大研发投入,提供产品研发方向建议,帮助企业争取更多政策支持,有效促进企业技术进步,推动产业结构调整和产业层次不断提升。苍南提出建立企业科技创新"一票否优"制度,对年度研发投入为零的规上工业企业取消评先评优资格,鼓励企业加强技术创新工作,积极引导企业加大技术创新投入,充分调动和引导各类

科技力量进入企业,推进科技成果转化和产业化,不断提高产业发展层次和核心竞争力。苍南按照"梯队培育"政策方针,强化科技服务,深入实施创新主体培育。为强化业务指导服务,加大创新政策宣传力度,调动企业研发工作的积极性,对申报省技术创新中心、省新型研发机构的高新企业,按上级文件规定报县政府常务会议一事一议予以配套支持。实施创新券制度,支持企业充分利用省内外创新载体的科技资源开展研发活动和科技创新,以及向科技服务机构购买科技服务。

加大科技成果转化力度。苍南以加快创建省级科技强县为主线,以优化科技创新公共服务为举措,充分发挥科技创新在生产力提升、经济社会发展过程中的重要支撑作用,认真落实科技工作目标任务,查找和补齐科技工作短板。为紧密对接浙江省共同富裕示范区建设,苍南出台山区五县共同富裕专项,项目通过验收后分别按照国家、省、市补助金额的25%给予配套奖励。苍南还着力于创新专利工作方式,积极谋划知识产权示范县建设,强化企业创新能力培育,健全科技大市场建设,加快科技成果转化产业化,强力推进苍南产业转型升级。

二、加快动能转换,大力培育产业新动能

推进企业"机器换人"。苍南对规模以上工业企业实施技术改造(机器换人)项目给予财政资金奖励补助,不少企业顺利步入投产一批、研制一批、储备一批的良性循环轨道,为促进产业转型升级提供强有力的保障。比如,工业企业技术改造项目核准、备案后,苍南对第一年实际投资额(不包括土地款及土建投资金额,不含增值税)在200万元以上(纺织服装、服饰业实际投资额在100万元以上),项目验收后24个月内达到规模以上的,按设备购置、信息化软硬件购置等固定资产投资总额的10%~30%,给予不超过1200万元的补助;苍南对亩均A类、市领军企业、市高成长型企业、高新技术企业、战略性新兴产业、全员劳动生产率增长等实行补助加点政策,被认定为省"未来工厂"、列入省"未来工厂"培育名单的企业,分别给予500万元、100万元奖励;对新认定的省级、市级"数字化车间/智能工厂",分别给予100万元、30万元奖励。苍南在加大宣传力度基础上,还依托浙江政务服务网,推进实体政务大厅信息化服务建设,取消法律法规没有明确规定的申报材料,减少非实质性审查材料,对政务服务事项进行程序优化和环节简化,对技术改造项目率先实施网上申报、网上办结,实现"跑零次",为企业顺利实施项目

创造了宽松环境。①

鼓励开展绿色制造。近年来,苍南深入贯彻绿色发展理念,以绿色制造体系建设为载体,聚焦转型升级这一突破口,以智能化、绿色化为主攻方向,加大传统制造业在节能、节水和清洁生产等方面改造提升,全面推进企业实现产品绿色化、生产清洁化、能源高效化。苍南正着力构建以绿色标准、绿色产品、绿色工厂、绿色供应链和绿色平台为主体的绿色制造业体系。②

推进大孵化器集群建设。苍南以补齐完善"众创空间—孵化器—加速器—产业园"全链条、打造创新型产业集群为抓手,系统提升全域创新水平,按照扩大孵化规模与提升孵化能力相结合、孵化载体建设与专业园区相结合、孵化品牌建设与人才队伍建设相结合、创新孵化平台管理体制与孵化运行机制相结合的原则,着力新建一批、整合一批、提升一批,全面扩大各类孵化平台规模,努力在清洁能源、生物医药、数字经济、智能装备、时尚轻工、现代农业等领域形成孵化集聚效应。苍南对新认定(备案)的国家级、省级、市级科技企业孵化器以及新认定市级示范孵化基地一次性给予 20 万元奖励。苍南主要围绕产业发展需求部署打造差异化、专业化、集约化的众创空间、孵化器、加速器、产业园,系统构建大孵化集群体系,以孵化集群作为苍南实施新一轮创新驱动发展的重要载体平台,为建设科技强县,打造全国清洁能源发展示范地、省级时尚轻工产业创新基地、浙南闽北数字经济先行区提供平台支撑,带动全县整体孵化效能提升和创新资源配置优化,为苍南打造跨越式高质量发展建设共同富裕示范区县域样板注入澎湃新动能。

三、加快市场培育,支持本地企业做大做强

支持企业加速上市。近年来,苍南县委、县政府始终高度重视资本市场工作,按照省、市关于加强资本市场建设的工作要求,积极推进企业对接资本市场,将培育企业上市作为重点工作,不断调整和完善上市后备企业资源库,持续引导企业深入了解并利用资本市场实现高质量发展。苍南加大对上市企业、拟上市企业土地等生产要素支持力度。上市企业、拟上市企业新增募投项目供地价格按工业基准地价的 70％执行,具体按工业项目有关规定执行。符合绿色化、清洁化生产标

　　① 苍南县人民政府关于全面加快科技创新推动工业经济高质量发展的若干政策意见[EB/OL].(2020-09-22)[2023-11-11]. http://www.cncn.gov.cn/art/2020/9/22/art_1229472263_1824459.html.
　　② 林思思.苍南"双千亿"培育绿色发展新引擎[N].温州日报,2022-11-25(2).

准的上市企业、拟上市企业在用能、排污总量等指标予以保障。苍南鼓励企业股份制改造及场外市场挂牌,对改制股份有限公司的企业给予 10 万元奖励;鼓励企业新三板挂牌,对完成新三板基础层挂牌的企业给予 200 万元奖励,对完成新三板创新层挂牌的企业给予 400 万元奖励;鼓励企业浙江股权交易中心挂牌,对完成浙江股权交易中心成长板挂牌的企业给予 30 万元奖励;对完成浙江股权交易中心科创助力板挂牌的企业给予 50 万元奖励。

苍南通过规范企业融资中介机构乱收费行为,进一步降低企业融资成本;同时加强税收优惠政策宣传、政策解释和业务辅导,进一步减轻企业税收负担。苍南出台一系列普惠金融政策,并开展了多样化的活动,致力于解决企业"融资难、融资贵、融资繁"难题,推动苍南本地企业再创新优势、实现新飞跃。

苍南持续深入开展质量提升行动,并部署推进"浙江制造"品牌培育试点工作、针织品电子商务质量提升工程等,着力提升产品、工程、服务、产业发展、区域发展、生态环境质量,做到以高水平对外开放带动质量提升,以全面创新驱动质量提升,以企业为主体落实质量提升,以"最多跑一次"改革助力质量提升,以品牌建设引领质量提升,以全面监管维护质量提升,以强化质量基础保障质量提升,以质量人才培育促进质量提升。

第四节　构筑"大枢纽",加快建成区域性综合交通枢纽

千古百业兴,先行在交通。交通一直是城市崛起的重要因素之一,关乎地方经济发展和社会民生。交通运输是促进经济发展,实现区域一体化,改善百姓民生的先导性行业。苍南作为浙江"南大门",在建设"重要窗口"的实践中,逐步构建起现代综合交通运输体系,力破内外交通瓶颈,奋力打造浙闽省界交通枢纽,深度激发苍南独特的区位优势。

一、以史为鉴,从"交通末梢"迈向"交通枢纽"

建县 40 多年来,苍南从最初仅有 1 条国道、1 条省道和 5 条县道,到现在拥有四通八达、纵横交错的现代化交通网络,发生了翻天覆地的变化。"建县前,村里

很多人没出过县,就是从钱库到金乡,坐船也得四五十分钟,走路近一个半小时。""那时候交通条件是很差的,基本上是泥巴路,哪里像现在,又是高速,又是高铁,去趟北京上午出发下午就到了,以前根本不敢想。"说起建县以来的交通变化,老一辈的苍南人感慨颇深。交通道路的不通畅曾一度让百姓"行路难",如今"出门就能坐车"也让大家切身体会到了苍南交通发展带来的便利。

2003 年,苍南首条高速公路——甬台温高速公路瑞安至苍南分水关段完工通车,苍南正式步入高速时代;2009 年,首条公路隧道 78 省道鹤顶山隧道完工通车;除此之外,龙金大道、环海公路等项目相继通车,苍南公路建设势如破竹,县域路网结构不断完善。苍南公路建设的快速发展和道路运输市场的全面放开激活了道路客货运输,带动当地市场经济跨越式发展。地处浙江沿海最南端,苍南航运条件优渥,境内共有港口码头 9 座,内河航道 4 条,大部分境域属鳌江水系,通江达海。20 世纪 90 年代,苍南水路客运达到鼎盛。而随着公路建设快速发展,水路客运渐渐落寞。2006 年,苍南港更名为"温州港苍南港区",成为温州港"一港七区"的重要组成部分。

2009 年 9 月 28 日,温福铁路苍南段开通运营,苍南人民"铁路出行"的梦想成功实现。同年 12 月 20 日,随着 D5586 次苍南站至上海南站始发动车通车,苍南成为全国首个县级动车始发站。在之后多年时间里,苍南紧抓高铁快速发展新机遇,着力推动和配合高铁建设,融入高铁沿线城市圈,强化高铁对苍南经济社会发展、提升城市化水平的辐射带动作用,依托交通项目建设,全力构建新的"交通换乘枢纽中心"。2017 年 11 月 20 日,浙江第一列复兴号列车在苍南站首发,苍南站成为全国首个县级高铁始发站,总体旅客发送量连年攀升。[1]

2011 年,浙江省政府批准设立浙台(苍南)经贸合作区,苍南迎来重大发展机遇。凭借浙南闽北交通区位优势,苍南充分发挥"桥头堡"和"通道"的重要功能,打开"南大门",融入新海西,吹响新一轮交通运输发展号角。2020 年苍南综合交通投资量突破 28 亿元,完成率 123.3%。温州首例——苍南县智慧交通中心正式获批。国内规模最大县级高铁站——杭深铁路苍南站正式启用。核电连接线、海西物流园等重大交通项目陆续开工建设,公路在建规模超 200 千米,浙闽省界交通枢纽建设再上新台阶。

---

① 苍南从"交通末梢"迈向"交通枢纽"[EB/OL].(2021-10-28)[2023-11-11].http://www.cncn.gov.cn/art/2021/10/28/art_1255449_59022435.html.

与此同时,以"建好、管好、护好、运营好"农村公路为总目标,全县深入开展168生态海岸带、矾藻公路、观藻炎公路、桥莒公路等一批高水平农村公路品质提升工程。建制村"村村通"公交、全域城乡公交一体化、城乡班线票价下降三分之一等一批交通惠民举措,让百姓出行环境获得极大改善,交通发展迈出新步伐。苍南县集成苍南高铁站、苍南汽车北站、浙闽边贸物流中心、沈海高速互通等,建成浙南闽东省际物资集散中心和旅游集散中心,紧密对接21世纪海上丝绸之路核心区。

截至2021年2月,苍南县公路总里程超1634千米,瑞苍高速苍南段、104国道改建、228国道等对外交通项目取得大突破,浙闽省界交通枢纽骨骼脉络不断延伸拓宽。未来,"一环两纵、三横四通、两空三铁"的综合交通运输体系,"一港三区、四园多点"的现代化客运物流枢纽,集美丽通道、美丽航道、美丽航线于一体的"三美"交通示范县将呈现在苍南人民面前,不断书写新时代"浙江美丽南大门"交通建设全新篇章。①

从"交通末梢"迈向"交通枢纽",苍南坚持新发展理念,推动本县域交通运输高质量发展,紧扣推动共同富裕和促进人的全面发展,全力贯彻落实"一带一路"、交通强国建设战略部署,按照浙江省建设高水平交通强省和温州高水平建设全国性综合交通枢纽的发展要求,对标"人民满意、保障有力、世界前列"的国家发展目标,紧扣"高质量""现代化""一体化",打造区域中心城市,紧密融入长三角,联动海西区,以"五个聚焦"为主要目标努力打造共同富裕示范区,高水平统筹规划,加快补短板、大干交通、干大交通,全面改善和提升温州对外干线交通、城际交通、都市圈交通、城市交通、枢纽站场。

二、把握发展原则,加快交通架构战略性转变

对接上位规划,落实战略策略。以"一带一路"、长江三角洲区域一体化发展等国家战略和交通强国建设战略部署为贯彻目标,全面开启第二个百年奋斗目标新征程为指引,不断推进建设高水平交通强县和现代化综合交通运输体系为要求,站在一定的高度进行交通战略谋划,加快苍南交通架构的战略性转变,借助现代化科技手段统筹规划,有序合理地完成交通基础设施建设成网贯通,在"十四

---

① 陈永光.苍南:聚焦聚力"十个干"以奋战奋进之势开创苍南高质量发展新局面[N].温州日报,2021-02-27(2).

五"期间对苍南交通"查缺补漏",全面促进运输服务系统升级,持续放大综合交通网络效应,实现交通便捷化和全程化服务,立足打造高质量、现代化、高水平的立体综合交通运输体系。

加快开放融合,提倡适度超前。交通运输是城市发展的基础性行业,对经济、产业的发展具有引领性作用。以支撑引领苍南县加快现代化经济体系、新型城镇化、全国性综合交通枢纽建设为发展目标,坚持建设、运营、维护并重,对标全省、全国先进水平,以更大的投资力度、适度超前的规模和标准,积极融入温州市"一小时交通圈",综合协调发展公路、铁路、水运等运输方式,实现各种运输方式的统筹规划、合理布局、有序建设和集中管理,大力完善服务体系,形成与长三角、海西经济区紧密一体化发展新格局。进一步发挥交通的支撑引领作用,加快温州枢纽地位和发展能力跃升,增强对人才、资本、产业等各种资源要素的吸引集聚,有力支撑温州建成长三角南翼具有重要影响力的区域中心城市,为实现共同富裕提供温州示范。

发展立体交通,提升服务能力。苍南县地处长三角区域,是海西经济区和长三角经济区的重叠地带;位于浙闽边界,也同时受长三角经济区、珠三角经济区、杭州湾大湾区和粤港澳大湾区辐射影响。在交通层面,一方面需要巩固苍南县作为浙闽省界交通枢纽的地位;另一方面需要苍南县逐步从以中心城区、发达地区为重点向以农村、欠发达地区为重点转变,提高路网的综合效率,增强综合交通运输服务能力。苍南需要统筹各种运输方式、城市交通、综合交通枢纽一体化发展规划和建设实施方案,加大供给侧结构性改革,打造高质量、高水平的综合立体交通网,建设立体高效、一体化便捷衔接转换的综合运输服务体系和多层次、基本交通服务均等化的供给体系,实现人享其行、货畅其流,满足人民日益增长的美好生活需求。

践行绿色集约,打造智慧交通。交通运输的打造需要坚持绿色发展和环境协调,苍南加大力度优化交通运输结构和交通规模化集约布局,提高通道、岸线、土地资源集约、节约利用;加大技术贡献,提高技术装备水平,减少污染排放,日益完善本县域交通运输生态文明制度体系,不断增加环境友好程度,因地制宜地打造美丽交通风景线。

三、坚持高起点规划,全力打造综合交通运输体系

积极参与全省四大建设,交通强县建设迈出新步伐。苍南按照对外联通、对

内循环的构想,坚持高起点规划路网,超前谋划交通重大项目,努力实现"两空三铁"前期研究、"一环"高速公路、"两纵三横"骨干路网、"四连""四好农村路",全力打造"一港三区、四园多点"交通枢纽,致力于建成"安全、便捷、高效、绿色、经济"的现代综合交通运输体系。大湾区、大花园、大通道、大都市区建设,既是浙江参与长三角一体化的主要抓手,也是现代化浙江建设的主战场和大平台。苍南在综合交通运输体系构建、交通服务能力提升、智慧交通系统建设、"四好农村路"高质量发展等多点发力,着力打通"大动脉"、畅通"微循环",为全县经济发展创造良好交通环境。

深入拓展多种交通潜能,运输服务能力获得新提升。为顺应中国特色社会主义进入新时代的新要求做出重大决策部署,充分挖掘公路、铁路、水路和航空运输以及旅游交通、智慧交通等服务潜能,积极谋划多式联运发展,提高农村地区交通通达深度,提升公共交通服务水平,提高多种交通方式的运输效率和服务能力。苍南以信息化、智能化引领交通运输业现代化发展,充分运用物联网、云计算、人工智能、自动控制、移动互联网等技术,整合公路运输、公路养护、交通执法、公交、出租等相关交通信息资源,建成经济、集约、安全、高效的交通数据资源中心,实现全县范围内交通行业数据资源的交换与共享;深化交通行业业务应用,实现交通信息资源的最优配置,全面提升苍南县综合交通运输管理水平和应急救援能力。①

逐步完善物流园区布局,物流产业经济实现新增长。新兴产业将成为我国县域经济的发展新引擎,并有望在浙江省形成若干新兴产业集群。苍南是温州南部大都市圈的第一副中心,在仪器仪表、塑料、棉纺、印刷、箱包、食品等产业具有多年的发展基础,是浙南闽东产业链的重要纽带。苍南正加快推进海西物流园区建设,积极谋划苍南县江南物流中心、浙南海产品加工现代物流产业园、浙闽果蔬综合体建设,构建以"干、支衔接型物流枢纽、公共配送中心、末端配送站"为支撑的货运配送三级网络体系,促进物流园区、农村物流、邮政快递和电子商务融合发展,着力打造辐射浙南闽东区域重要物流节点和温州南部重要物流基地。

---

① 苍南县交通运输局 2023 年上半年工作总结和下半年工作思路[EB/OL]. (2023-06-28)[2023-11-11]. http://www.cncn.gov.cn/art/2023/6/28/art_1229242434_4179987.html.

第五节　当好"桥头堡"，增强长三角与海西区联动效应

海峡西岸城市群是以福州、泉州、厦门、温州、汕头五大中心城市为核心，由包含福建省的9市、浙江省的3市、江西省的4市、广东省的4市等20个地级市所组成的国家级城市群。加快海峡西岸经济区建设，可以推动浙闽台协同发展水平更快更好地迈上崭新的台阶。《苍南县国民经济和社会发展第十四个五年规划和二○三五年远景目标纲要》提出新"1＋5"发展定位，其中5个功能定位中，已把"浙闽协同发展先行地"作为重要定位确定下来，提出打造更加协同高效的浙南闽东综合交通枢纽，不断加强与福建毗邻县域在经济发展、生态保护、政务服务、社会治理、清洁能源开发与应用等领域的协同合作，打造浙闽省际协同发展的新高地，全面融入长三角一体化发展战略。近年来，苍南正努力当好浙南"桥头堡"，不断增强长三角与海西区的联动效应。

一、强化角色意识，高水平高质量融入长三角新征程

苍南坚持和落实新发展理念，落实创新共建，下好转型发展先手棋，集成优势、扬长补短，推进长三角高质量一体化发展。[①]

苍南不断强化长三角一体化发展的角色意识，把苍南事业置于全市全省全国大局中来谋划来推进，努力在推动长江经济带发展中彰显苍南担当、贡献苍南力量；要全面落实大保护。坚持问题导向，重点开展2023年长江经济带生态环境"突出问题"清单排查，逐一细化整改方案，举一反三，确保整改坚决彻底，并形成自主发现问题及预警机制，对环保问题主动整改落实。完整准确全面贯彻新发展理念，围绕国家和省明确的长江经济带高质量发展重点任务，深入实施"八八战略"，强力推进浙江省委三个"一号工程"[②]，奋力实现创新深化、改革攻坚、开放提升新突破，全力跑出跨越式高质量发展加速度。

---

① 陈裴裴.苍南：多措并举　实现传统行业"美丽蝶变"[J].中华环境，2021(1)：54-55.
② 指数字经济创新提质"一号发展工程"、营商环境优化提升"一号改革工程"和"地瓜经济"提能升级"一号开放工程"。

二、制定"苍南行动",打造浙闽边界协同发展"桥头堡"

2021年,苍南制定《浙闽边界区域一体化协调发展苍南行动方案》,确立指导思想、基本原则、战略定位以及行动目标的总体要求,有序推动浙闽边界区域协同开发建设。重点任务是强化浙闽边界区域基础设施互联互通、共建浙闽边界区域科创产业协同平台、推动浙闽边界区域文旅休闲产业融合、完善浙闽边界区域商贸市场网络体系、促进浙闽边界区域绿色农业融合创新以及强化浙闽边界区域公共服务共建共享;实施路径是主动对接温州浙南闽北赣东进口商品集散中心,积极参与温州市新时代"两个健康"先行区建设,协同推动温州与宁德共享共建浙闽边界合作发展区。

苍南深入贯彻落实《长江三角洲区域一体化发展规划纲要》,以"基础设施互联互通、科创产业协同发展、文旅休闲融合发展、商贸物流网络整合、绿色农业合作创新、公共服务共建共享"等为重点,深入推进浙闽边界区域(苍南—福鼎)一体化协同发展。

强化浙闽边界区域基础设施互联互通。推动内外畅达的区域交通网络建设,聚焦苍南打造浙南闽东综合交通枢纽的战略定位及目标,与福鼎以"一城、一山、一港"城市发展特色构筑门户枢纽、区域一体、生态旅游的交通运输系统战略相对接,打通"断头路"、拓宽"卡口路",补齐浙闽边界区域一体化交通基础设施建设短板,着力建立沟通浙闽边界区域的高速铁路、高速公路及国省道交通网络,形成支撑浙闽边界区域一体化联动发展内外畅达的现代综合交通体系。[①]

推动浙闽边界区域文旅休闲产业融合。构建浙闽区域智慧生态休闲旅游经济圈,树立浙闽边界区域"大山海、大生态、大景区、大旅游"理念,发挥浙闽边界区域闽台、瓯越文化深度融合多元发展的优势,共同挖掘整理优秀历史文化、革命老区红色文化,协同推进浙闽边界区域(苍南—福鼎)生态休闲旅游发展合作。以苍南湾168黄金海岸带及福鼎延伸线、大玉苍山、世界矾都、福鼎环太姥山生态休闲区四大生态休闲区块为依托,打造浙闽边界辐射长三角联动海西区的山海养生休闲度假胜地,共建共享浙闽养生休闲旅游大市场,不断提高浙闽边界养生休闲旅游知名度和影响力。

---

① 苍南县发改局关于县政协十届五次会议第154号提案的答复函[EB/OL].(2021-12-30)[2023-11-11].http://www.cncn.gov.cn/art/2021/12/30/art_1229611494_4006024.html.

完善浙闽边界区域商贸市场网络体系。推动浙闽边界区域（苍南—福鼎）物流网络建设，进一步完善区域物流基础设施。推动浙闽边界区域市场群建设，以浙闽边贸水产市场、苍南中药材市场、中国人参鹿茸冬虫夏草集散中心，以及苍南4S店汽车专业市场、苍南二手车市场为依托，推进浙南（国际）农产品加工园及福鼎市闽浙现代农贸市场等建设，谋划建设亚热带果蔬交易市场、矿山井巷机械设备市场、新能源汽车交易市场及五金市场等专业市场，增强浙闽边界区域市场群在浙南闽东区域的辐射带动力。

促进浙闽边界区域绿色农业融合创新。积极推进浙闽做精做强绿色农业，加强与福鼎及宁德在农业科技、农业产业发展及农产品加工领域的合作创新，共同创建浙闽农业协同发展科技园、示范区、加工园区等浙闽省际农渔业协同发展平台。积极推动与福鼎在农业综合开发、特色农产品生产经营、农产品精深加工、农产品物流业与渔业转型发展，以及休闲农业、农家乐旅游等领域，开展行之有效的合作创新。

三、加强战略互信，坚定不移走开放创新之路

苍南县地处浙江最南端，是长三角联动海西区的重要枢纽。县域常住人口84.7万，城镇常住人口59.5万，县城常住人口38.4万，城镇和县城常住人口位居山区26县和浙闽边际8县之最。2022年全县实现地区生产总值427.6亿元，增速4.9%，GDP规模居全省山区26县和浙闽边际8县前列。固定资产投资增长36.1%，增速全省第一。

近年来，东南沿海的发展速度有目共睹。纵观发展历程，东南沿海城市因开放而兴，因创新而盛，最终走出了有各自特色的发展道路。借着长三角一体化的东风，宁波前湾新区这块昔日的滩涂地，成为宁波产业集群建设的重点区域，并是被赋予代表浙江建设沪浙高水平合作示范区使命的新区。海西区战略背景下的福建省也正加快形成中国经济新的增长极。宁德时代、上汽集团、戴姆勒公司、青拓集团、东南汽车等百亿级科创巨头的先后落地，锂电新能源、新能源汽车、不锈钢新材料等具有国际竞争力的主导产业集群在八闽大地迅速形成，都助推福建加快迈向高质量发展。尤其是宁德时代新能源时代股份有限公司，抓住"铁锂—低端三元—高端三元"三次技术升级机会，2017年起成为全球锂电池行业龙头。

加强战略互信，不开放不行，不创新不行！苍南要充分利用地缘优势，落实新发展理念、构建新发展格局，以科技创新驱动生产力变革，以开放创新推动高质量

绿色发展。长三角、海西区这些地方的很多经验完全可以与苍南发展融合对接,苍南也可以充分发挥自身优势,坚持域内域外大联动,打造发展大平台,集聚发展大要素,推动产业大发展,在新一轮发展中赢得新优势、实现新跨越。

乘长风而奋起,应大势而作为。苍南接轨长三角、融入海西区的征程必须立足于本地的高质量发展,以忠实践行"八八战略"、奋力打造"重要窗口"为使命担当,以聚焦"重要窗口"学习实践活动为动力,全面对接全省大湾区、大花园、大通道、大都市区建设,提升都市能级、改善人居环境,促进产业发展,突出用好跨山统筹、创新引领、问海借力三把"金钥匙",奋力激发"一路两化"澎湃动能,打造"重要窗口"的苍南崭新篇章,共享新时代温州发展新机遇,展现苍南新作为。

第四章

苍南的特色产业建设

党的十九大报告指出:"实施乡村振兴战略。……必须始终把解决好'三农'问题作为全党工作重中之重。"①苍南县突出自身发展优势,发展特色产业,助力农业农村现代化,为乡村振兴注入强大发展动力。

第一节　聚焦主导产业提级扩能

苍南县聚焦主导产业,多方面多角度入手,激活主导产业发展的强劲动力。为了进一步推进县域经济的发展,苍南县集中力量不断推进"工业强县"战略的实施,优化调整"四大新型平台"为载体的产业空间布局,着力推进以"五大百亿产业"为核心的现代产业集群建设。苍南县也注重新技术在制造业和新兴产业中的应用,从而促进主导产业从传统走向数字化和高端化,逐步增强苍南县产业竞争力。

一、旅游产业

苍南县本地具备优良的山海、文化与生态优势,发展旅游产业的潜力巨大、前

---

① 习近平.决胜全面建成小康社会 夺取新时代中国特色社会主义伟大胜利[N].人民日报,2017-10-28(1).

景广阔。苍南拥有 168 千米长的生态海岸带,有着丰富的旅游资源和悠久的历史文化遗产。当前苍南县政府秉持"全县大花园、全域大景区"的发展理念来推进旅游行业的建设。

苍南县将旅游业与制造业相结合,依托地理优势与区位优势,推出海滨休闲游、山水生态游、工业遗产观光游等多种旅游形式,主动参与浙江、福建、江西、安徽等多个省份的旅游区域合作和长三角旅游一体化发展,推进"大旅游"产业集群建设。苍南县也不断研究数字旅游产品的发展,努力建成地方性文旅品牌,使得苍南的旅游产品体系更加完善,以提升苍南文旅的知名度。苍南县还积极推动旅游产业的数字化、网络化和智能化,构建为游客服务的智慧旅游服务体系。

苍南县明确旅游产业的定位与目标,制定中长期发展规划,制定明确的工作重点和实施方案。不断推进文化与旅游更好结合,发掘旅游资源背后的文化元素和历史价值,用文化来丰富旅游景点的内涵,与此同时,加大对文化资源的登记与保护力度,引进专业的团队,开展项目开发、品牌推广等工作,将县域文化资源的优势发挥到最大,提高其文化品质,推动其传承与创新。苍南县充分发挥重大项目的引领、示范和支撑作用,使苍南文化旅游业得到可持续发展。着重支持具有强大核心竞争力的文化旅游业项目,合理配置资源,打造重点、优势产业,从而提升综合实力,并增强核心竞争力,提升产业价值。以苍南寮金沙滩为例,苍南县积极推动大渔寮景观提升和景区村庄有机更新两大工程,加快推进浙南海滨旅游枢纽的改造升级,打造半山半岛的旅游综合体,极大地带动了周边地区的发展。

总之,苍南县必须利用和发挥好自身具备的特色资源,创新文化旅游产品,挖掘旅游产业的潜力,使旅游业发展为苍南县现代服务业的重要组成部分之一。预计到 2025 年,苍南县旅游产业的总收入将突破 250 亿元。苍南县将成为知名的华东山海沙滩旅游目的地,力争成为国家级全域旅游示范县。①

二、清洁能源及关联产业

苍南县风能、水能、太阳能、海洋潮汐能等清洁能源资源丰富,具备发展清洁能源及节能产业得天独厚的优势。因此,苍南县政府坚持"核风光水蓄氢储"的新能源产业全链条发展思路。

---

① 苍南县产业发展"十四五"规划.[EB/OL].(2022-01-11)[2023-11-11].http://www.cncn.gov.cn/art/2022/1/11/art_1229566222_4013371.html.

核电是一种清洁、高效的能源,兼具生态效益与经济效益。近年来,苍南县着重推进核能开发。作为国家重点能源项目的三澳核电站是苍南单体投资最大的项目。苍南县政府与中广核苍南核电有限公司在央地融合的多元效益上达成一致。在此基础之上,苍南绿能小镇成为清洁能源产业集群发展的主阵地,使得央地双方能够发挥出各自的资源优势。苍南县着力推进核能的安全高效发展,改进和提升核安全水平,降低风险。公众对核能的接受度也是影响核能持续发展的重要因素。目前苍南县公众对核能的接受度普遍较高。近几年,多家核电企业在保证自身安全的前提下,坚持开展与公众的交流与科学普及,组织学生、专家学者、社会公众等群体深入了解核电,不断提高公众对核电的接受程度,为今后的核能工程建设创造了良好的环境。风能方面,浙江省内最大的海上风电项目"苍南玉海风电"并网发电。苍南县正在努力争取更多的海上风电项目,并且推进风机、电缆、齿轮箱等产业链上下游企业入驻,打造完整产业链条。

苍南县着力推动各种清洁能源协调发展,在大力发展核能的基础上积极发展其他可再生能源,将核能与风能、太阳能、水能等有机结合,优化能源结构。苍南县正向全国新能源产能中心和应用示范城市迈进,预计到 2025 年,全产业链年产值达到 100 亿元,不断助力高质量发展。

三、海洋产业

苍南县位于浙江省沿海最南端,东部与东南部濒临东海,拥有丰富的海洋资源和优良的港口条件。苍南海洋渔业具备全产业链,涵盖海水养殖、海洋捕捞、水产品加工、海洋渔业批发零售等环节。

苍南县为全国唯一渔船管理改革试点地区,推行小型渔船"三权分置"综合改革、渔船租赁及优化服务改革和"船证不符"渔船整治。苍南县借此次改革的机会争取到 350 艘海洋小型捕捞渔船及捕捞工具。这些渔船及工具由国有公司建造、专业机构管理、渔民租赁使用,其所有权、经营权和使用权分离,从而减少"三无"渔船禁而不止和"船证不符"的现象发生。

苍南县大力发展新型海洋产业,着力打造完整的产业链,不断提升其增值能力,提升其综合竞争力。大力推广工业化的循环水养殖技术,精心打造大渔湾、沿浦湾两大现代渔业产业集聚区,促进新老水产市场的资源整合,促进海洋生物医药、海洋设备制造、海洋环境保护等新兴海洋产业的发展。苍南县立足于其海洋资源的特色与优势,对其进行科学、合理的开发,防止对海洋资源的过度开采和破坏,进一步加强对海洋生态环境的保护与恢复。苍南县建立完善的海洋环境监测与预警系统,强化对污染源的控制与恢复,以确保生态系统的健康与安全。苍南县加大对海洋科技的投资力度,促进企业与科研院所的合作,促进海洋科技的发展与成果转化。在此基础上,苍南县加强对海洋人才的培训,构建健全的人才引进与培养机制,为我国海洋产业的发展提供有力的人才保证。

苍南县正通过政府、企业、社会各界的共同努力,促进海洋产业的可持续发展,海洋产业预计在 2025 年前可达到 120 亿元的产值。[①]

四、时尚轻工

苍南县的时尚轻工产业具备良好的发展条件。浙江省正着力打造"时尚之都",不断加快时尚产业的发展。在此时代背景下,苍南县推进纺织服装、旅行箱包、塑料制品等传统行业转型升级,使其由块状经济向产业集群转变,从而为传统产业打造竞争新优势。预计到 2025 年,苍南县时尚轻工行业规上工业总产值将超过 120 亿元。

苍南县采取精准营销的策略吸引优质设计企业,推进针织产业品牌建设,打响产品知名度。苍南县强化企业的品牌塑造与营销,积极引导企业进行品牌创建,加大营销力度,提高产品的品质,提升产品的形象。其将重点放在构建线上、线下的销售渠道上,并加大对市场的宣传力度,打造品牌,提升产品的知名度和美誉度。苍南县推动箱包、塑料制品行业向高端化、智能化、绿色化转型,加大科技创新力度,加大研究与开发投资力度。苍南县大力支持企业的技术革新,加强科研投资,促进轻工业向高精尖、智能化、绿色化方向发展,努力推进内衣小镇、箱包小镇、文具小镇等特色小镇的建设,更好地推动新技术与传统轻工产业结合,重塑传统轻工制造业。同时,苍南县重视对高质量的人才的引进与培养,并构建完善的人才激励体系,为企业的技术创新与产品开发提供人才保证。

苍南县政府积极鼓励本土企业加大投资力度、增加企业产能、扩大企业规模。加大与台湾和香港的交流力度,积极引进工业设计和平面设计方面的教育培训和文化创意机构,建立文化创意园区。苍南县加强与世界各地的工业协同、区域合作,实现资源共享、互惠双赢;加大开放力度,引进国外资金、引进先进技术,使苍

---

① 苍南县产业发展"十四五"规划[EB/OL].(2022-01-11)[2023-11-11].http://www.cncn.gov.cn/art/2022/1/11/art_1229566222_4013371.html.

南县的轻工业在国际上有更大的竞争优势。

五、现代建筑

苍南县获批省级经济开发区,努力构建高端产业集聚地,这为现代建筑行业的发展创造了契机。苍南县正在推进现代建筑产业体系的构建,该体系涵盖了设计研发、施工设备、工程管理等环节,统筹布局仓储、物流、金融、教培等上下游产业设施,不断推进新型建筑工业化发展。

苍南县重点支持建筑施工装备制造业的发展。把矿山井巷企业的合法经营与安全生产作为指导方针,大力扶持具有一定综合实力的企业转型升级为大型工程总承包公司。苍南县的现代建筑业逐步向高水平、高层次发展。建筑企业对大型公共设施、超高层建筑、城市综合体等高端市场进行了积极的探索与开发,与此同时,在新材料、新技术、新工艺的应用上也有了长足的进步。苍南县还大力开拓国际市场,建筑业逐步走上了国际化的道路。比如积极参加国际工程项目的投标活动,并与世界上著名的大公司进行了广泛的交流与合作。但苍南县建筑行业的发展面临着市场竞争激烈、劳动力成本上升、环保要求提高等问题,必须进一步强化技术创新和管理创新,提升核心竞争力,才能与市场的变化和发展趋势相适应。

总之,苍南县贯彻落实"八八战略",注重发挥块状特色产业优势,不断引导和推进主导产业的集群发展,激发苍南县更好地发挥传统产业基础和优势资源转化的潜力,培育壮大旅游产业、清洁能源及节能产业、海洋产业、时尚轻工、现代建筑五大百亿产业,加快建设先进制造业基地,坚持走新型工业化道路。

第二节　聚焦专业市场提标扩面

苍南县经贸发达,苍南人走南闯北,面向全国铺设了一个巨大的销售网络,在自家门口搭建起来一条条链接全国各地的贸易通道,专业市场由此大量涌现。近年来,苍南县聚焦专业市场提标扩面,推动专业市场朝着特色化、规模化、品牌化和服务化的方向发展,也不断推动专业市场管理交易的现代化,助力全国知名的专业市场集聚区建设。

一、推动专业市场特色化规模化

苍南县专业市场的建设具有坚实的基础。浙闽省际专业市场位列第三批省级现代服务业集聚示范区,苍南县灵溪镇入选了浙江省级现代商贸特色镇。参茸市场、浙闽台水产贸易城、灵溪粮食市场等特色市场的建设与整合极大地提升了专业市场的特色化与规模化发展水平。

苍南县商务局以浙南、闽东地区为中心,以发展商贸为目标,以浙闽两省交界处为依托,在全县范围内建立了 11 个商品批发市场。从 2019 年末起,协助处理人参鹿茸冬虫夏草集散中心二期工程的不良资产;2021 年,成立苍南县市场集群化改造工作专班,研究制定浙闽地区集群化改造方案,学习义乌等地区集群化改造的先进经验;与此同时,积极推动商业领域的数字化改造,并以参茸市场为试点,策划了一个专业市场的数字化改造升级工程,推动参茸市场的发展和质量的提升。

苍南县的参茸市场在全国滋补品市场中占据重要地位。中国人参鹿茸冬虫夏草集散中心一期于 2005 年 5 月建设完成并投入使用,占地约 5 万平方米,主营人参、鹿茸、冬虫夏草、燕窝等超过千种滋补品、保健品和中药材。其市场覆盖全国各地及美国、加拿大、日本、韩国和东南亚等国家和地区。[①] 当前,中国人参鹿茸冬虫夏草集散中心二期工程逐步完善,较一期更具全面性和综合性,规划建设商品交易、养生保健、养生膳食、远程医疗、健康咨询等一体式的健康产业综合体,有助于苍南县参茸产业做大做强,增强影响力。苍南县大力支持参茸市场的转型升级,提出创建"健康滋补"特色小镇的畅想,推进参茸产业链的延伸。

加强高水平标准的引导。苍南坚持以市场为导向、以政府为主导,分类实施、整体推进的方针,大力推进专业市场的质量建设,提高产品与服务的质量与特色,加速形成一大批有竞争力的企业、产品与行业品牌。努力培育一批品质标杆企业,全面提升专业市场的标准化程度。支持建立行业技术标准创新联盟,形成行业标准体系。积极利用标准的手段来提高产品质量,不断地推动专业市场的标准化。

注重提高商贸集群竞争力。苍南县狠抓商贸基础设施建设,完善专业市场群

---

① 苍南县商务局.关于县十一届人大一次会议第 14 号建议的复函[EB/OL].(2022-07-25)[2023-11-11].http://www.cncn.gov.cn/art/2022/7/25/art_1229611494_4075265.html.

的配套设施,聚焦浙南闽东省际消费中心和商品集散中心建设,集中力量打造浙闽省际商贸枢纽型市场集群。苍南县引领专业市场群与"互联网"与"大数据"融合,推进商贸由传统批发向数字贸易转型升级,努力建设浙闽新型城市数字贸易服务中心。以参茸市场为试点进行商贸领域数字化改革,发挥特色产业优势,促进专业市场特色化规模化发展。

二、推动专业市场品牌化服务化

自"十三五"以来,专业市场品牌化服务化发展的趋势明显。随着苍南县专业市场的发展,如何打造特色品牌、提供优质服务成为亟待研究的问题。苍南县推动打响"苍农一品"等区域公共品牌、打造具有地域影响力的专业市场,扩大品牌影响力和竞争力。苍南县还推动建立质量诚信共治机制,使农业、工业等协会商会加入行业治理,从而建立和健全行业自律机制,引导以质量为标准的优胜劣汰竞争机制,助力质量强县建设。

加强品牌建设管理。强化现代农业品牌的培育,强化"苍南一品"公共品牌的经营,强化产品的包装和营销,并在线上和线下同时开展,以提高品牌的影响力;扶持龙头企业延伸产业链,培育品牌,尤其是具有地理标志的农产品品牌,如无公害农产品、绿色食品、有机农产品等。大力培育高端制造品牌,支持苍南县地区龙头企业与行业协会联手,创建"金名片"品牌,如挂历礼品、箱包等区域性品牌,通过"品牌连锁"等方式,与中小型、微型企业开展品牌共建共享、互惠互利的合作,加强对商标侵权行为的监测、查处,健全商标保护制度,提高商标的影响力和附加值;制定"品字标"产品的优先培育名单,引导企业积极参加"浙江制造"的"品字标"品牌创建,力争在 2025 年前发展为具有 10 家"品字标"产品。将商品市场、电商、民宿、餐饮、养老等作为主要发展方向,全面提高服务业的质量标准水平、行业自律能力、质量诚信意识等,并培育出一批具有特色的服务业品牌。

促进产品质量提升。继续实施质量提升工程,强化质量管理,树立质量标杆,鼓励企业争取获评省政府质量奖和中国质量奖。按照苍南县县长质量奖的评选和管理办法,对苍南各行各业的优质企业进行表彰。推进建立检验检测认证、售后服务监测等公共服务平台,在每个行业中选择一批企业,对先进的质量管理方法进行推广,强化企业全生命周期质量管理。要完善商品可追溯系统,强化商品和服务的监督,增强商品"黑名单"的震慑作用。深入开展服务业质量提升专项行动,鼓励企业做出优质服务承诺,推动服务质量信息公开,探索构建以"双随机、一公开"监管为基本手段、以重点监管为补充、以信用监管为基础的新型服务质量监管机制,优化公共服务质量监测结果运用。

三、推动专业市场管理交易现代化

为更好保障专业市场的发展壮大,苍南县积极推进市场管理交易现代化,委托浙江现代商贸研究院制定系统的建设规划,如《苍南浙闽省际专业市场群建设发展规划》。目前,苍南县多个专业市场已开展线上交易,如浙福边贸水产城。中国礼品城、嘉恒家居市场还专门设立了网商服务区,加速推进专业市场线上线下融合发展。

苍南县政府实施产业平台建设行动,推进重点产业平台的统一规划、招商和管理,从而加大专业市场平台管理力度,建设高水平融合型重点平台。确保专业市场发展所需的建设用地以及各类用地的协调,努力建成链条完整、配套服务完备的产业平台。加强基础设施建设,为专业市场发展提供更好的公共服务保障,健全资源要素配置机制。以浙闽省际专业市场群为例,苍南县争取最大化发挥其产业基础和省际交通枢纽的优势,积极完善现代商贸流通体系,以专业市场为载体,推进线上线下融合发展。该体系预计包括商品批发、精品零售、电子商务、旅游购物等内容。

全面引导产业项目集中布局。对交通、水利、电力等各领域的资源进行整合,对产业平台尤其是重点产业平台的基础设施进行优先安排,提升平台交通通达能力、市政设施运营维护水平以及基本公共服务保障能力,使平台基础设施建设运营水平和资源环境承载能力得到全面提升。加强资源要素的统筹调配,优先保证平台尤其是重点平台的建设用地、财政和银行融资。对重大项目的前期谋划和招商工作进行统筹安排,对重点平台进行项目策划、企业申报等各项工作给予优先支持,并积极引导招商项目向产业平台倾斜,引导重大产业项目向重点产业平台倾斜。

分层分类完善产业平台布局。结合苍南实际,分层次、分类别地布局各种功能平台,如开放平台、科创平台、工业平台、服务业平台、农业平台等。致力于建设以跨境贸易为特色的电商园区,并将重点建设霞关港区,主要提供大宗货物的仓储、运输、对台贸易等方面的服务。科技服务方面,着力打造塑胶产业、纺织服装产业、苍南温大研究院和苍南浙工大技术转化中心。产业建设方面,大力扶持苍南经济开发区,打造台商小镇、绿色能源小镇、科技孵化器、高科技产业园、矿山井巷特色产业园、青年创业园等"园中园",扶持金乡、钱库、宜山、沪山等小型园区,打造高质量企业成长平台。服务产业方面,建设海西物流园区、宜山电商物流园区、江南物流中心、苍南—龙湾生态旅游文化产业园区及文化创意园区、康养小镇、旅游风情小镇。农业方面,重点打造田园综合体、海洋生态牧场、现代农业园区、冷链物流园区、农村电商村和乡村振兴示范带等。

苍南县着力推动"苍南制造"转型升级,加快推动知识产权强县和质量强县建设,由知识产权工作联席会议与质量强县办公室牵头,努力提升苍南县知识产权的保护利用以及质量标准管理水平。作为"GM2D"示范区建设先行试点,苍南县积极推进"GM2D"关联技术相关产业发展,积极发挥数字经济产业园、包装印刷产业联盟等平台作用,促进传统产业转型升级。推进建立质量诚信共治机制,探索建立工、农、商等行业协会、商会等机构参与行业管理的方式,并与政府的经济调控、市场监管和公共服务等功能相结合,建立和完善行业自律体系,以质量和信用为基础,以优胜劣汰为导向,推动质量强县的创建。

打造良好的营商环境。苍南县深入推进"最多跑动一次""证照分离"等改革,继续推进审批程序简化,推进准营"一件事"办理,最大限度地保护和激发市场主体的活力。苍南县"五招破五难"激发"地瓜经济"内生动力入选温州市第一批"地瓜经济"提能升级"一号开放工程"最佳实践案例,创新直播电商"三智融合"服管模式同时入选温州市营商环境改革典型案例(第三批)、营商环境"微改革""一本账"S1,创新探索 GM2D 赋能山区县特色农业发展共富新路径入选温州市打造高质量发展建设共同富裕示范区市域样板第二批最佳实践。

总而言之,苍南县持续关注和推动专业市场发展,重点推进中国参茸集散中心提升等总投资 200 多亿元,着力打造销售额超 300 亿元的浙闽边际消费中心。苍南县专业市场不断整合发展,特色化与规模化发展水平提高,"苍农一品"等品牌的影响力和知名度逐渐增强。苍南县专业市场管理交易也朝着现代化方向不断迈进。

第三节　聚焦交通设施提质增效

交通运输是推动经济发展、实现区域一体化、提高人民生活水平的先行产业。

苍南是浙江"南大门",在打造"重要窗口"这一宏伟事业中,必须提高政治站位,肩负重任,表现出更强的担当。苍南县地处浙江省、福建省交界之处,位于"泛长三角"的南部,苍南属于温州处在大陆黄金海岸线的中段,地理条件十分优越。

一、建设美丽公路

苍南县要建成比例平衡的高等级道路体系,形成内外通畅、通达快速的公路网;建设布局合理、衔接高效的国省干线公路网络;建设高质量的"四好农村路",覆盖广泛、通村通组,努力使有条件的建制村修通等级公路,使规模较大的自然村修通双车道公路。苍南县要推动建设立体交通网络,巩固浙闽省界交通枢纽的地位,同时要逐步从以中心城区、发达地区为重点,转变到以农村地区、欠发达地区为重点,提高路网的综合效率,提升综合交通运输服务能力。

建设"一环"高速公路网。"十四五"期间,结合已建成的沈海高速及甬莞高速,加快推进瑞苍高速、苍泰高速的建设。苍南将打造绕县高速公路网,实现与周边地区高速公路网络的互联互通。推进苍南至瑞安、平阳、泰顺、福鼎等地区的高速公路通道的建设和升级。在此基础上,通过对既有高速公路进行改造,加速推进沈海高速改扩建项目的前期工作,提高浙闽两省交界处的交通流量,提升交通安全性。苍泰高速完成前期报批工作。其苍泰高速于2019年底开展线位研究,2020年完成线位论证,2021年相继完成工可、初步设计审查,2022年10月完成施工图批复等所有前期工作。其从开展前期工作到开工建设用时仅3年时间,跑出了浙江省高速公路前期工作报批新速度。同时,苍泰高速也是苍南县政府单体投资金额最大的项目,建成后苍南县可实现绕城高速公路网络覆盖,18个乡镇均可实现15分钟上高速,极大改善了苍南县群众的出行条件。

建设"两纵三横"干线公路网。普通国省道干线在公路网中处于主干位置,是除了高速公路以外的全省公路网的最高级别,其主要功能是帮助推动区域经济、提升公共服务和灾害应急水平。苍南在"十四五"时期,将建设"两纵三横"("两纵"指228国道、104国道;"三横"指219省道、326省道、218省道)的交通骨干网络,以进一步改善和提高一般公路的品质,构建一个顺畅的、高质量的公路体系。

建设"四通""四好农村路"网。共同富裕离不开乡村的富裕,"十四五"期间建成168黄金海岸线未开通路段、桥莒公路、矾藻公路、矾凤线,并适时实施168黄金海岸线已有路段(含马沙线、凤阳—赤溪段矾赤线)、"凤阳—赤溪段"、"慢车道"、"四好农村路"建设等,促进城乡连接,逐步实现共同富裕目标。

推进"美丽公路"建设。按照省委省政府"建设美丽浙江"的要求,深入贯彻"美丽公路"的设计理念,努力遵循"不破坏就是最大保护"和"资源节约、低碳循环"的原则,充分利用走廊带山水、环境、人文、景观资源,通过路线走廊带的设计创作,打造一条"路融于绿、人行于景"的可持续发展生态公路,通过公路沿线的环境保护与绿化建设,达到美化和改善公路的运行条件和环境质量、保护原有自然资源、带动公路沿线生态建设、扩大公路绿化面积和丰富生物多样性、实现经济建设与环境治理同步发展的效果。

苍南 168 黄金海岸线实现"交旅"融合创造经济效益共建共富模式。苍南 168 黄金海岸线风景公路起于炎亭镇,终于沿浦镇,全长 156 千米。公路一开通就以其独特的风景被冠以浙南"最美沿海公路"称号,获选省级绿化美化精品道路和特色精品道路。苍南通过将"交通+旅游"融合,打造景观节点,优化交通设施,提升改造路面,实现经济建设与环境治理同步发展,助力乡村振兴,创造经济效益,共建共富模式。

二、打造美丽航线

苍南着力打造美丽航线,对苍南通用机场建设进行前期论证,适时开展机场选址工作;推进苍南低空航空旅游直升机停机坪前期研究工作,充分利用和发挥苍南"168 黄金海岸带"自然资源和山海资源,结合山海苍南旅游发展需求,在玉苍山、渔寮、炎亭等景区建设直升机停机坪,打造低空航空旅游带。

在"十四五"时期,开展苍南通用机场的规划选址工作,按需布置和建造多个 A3 级的通用机场,主要用于应急救援和低空旅游。为推进浙江省"航空发展先行省"的构建进程,苍南县坚持新基础设施建设与传统基础设施建设共同合作,规划通用航空机场建设,通过航空来加强与周边城市的联系,缓解其他交通方式的运输压力,推动构建综合立体的交通枢纽。根据当前规划,苍南机场为 A1 级通用机场,配备停机坪、机库、综合航站楼、塔台和后勤保障等相关配套基础设施。A3 级通用机场建设由当地政府申报,并被纳入通用机场的布局规划体系,数量力争达到平均每千平方千米至少 1 个。

设计低空旅游起降点。在炎亭—金乡石坪旅游度假区、两湾(棕榈湾—凤凰湾)旅游度假区、大渔寮国家 5A 级旅游景区、霞关沿浦区域、玉苍山国家森林公园等地设置直升机停机坪,以满足旅游观光与应急救援的需要,充分发挥苍南山海自然优势,打开旅游交通产业新局面。

三、打造美丽航道

"十四五"期间,苍南县依托多个港区和码头,加快对港口、码头的升级改造,努力打造美丽航道。

以霞关港区为依托,对南坪、北关两个出海口码头进行升级改造,以适应近期的水运需要。根据港口市场化、多元化发展的总体要求,对烟墩山东侧岸线及南关岛、北关岛的岸线进行了合理的开发。以228国道建设和326省道建设为重点,加快交通运输通道建设。

以崇家岙港为依托,努力建设一个以散装货物和油气运输为主体,临港工业主导,同时还能兼顾城市货物运输的综合性枢纽港。提高港口入海通道的通行能力,港口入海通道能级将达到5万吨。

依托金乡抗倭卫城、炎亭景区、韭菜园旅游驿站、棕榈湾景区、渔寮景区、蒲壮所城、绿能小镇等旅游资源,以前屿岛、官山岛、老君岛、草屿岛、南关岛等为支点,积极推进沿海海岛旅游码头和航线建设,开辟苍南至沿浦湾的海上旅游航道,逐步实现旅游港口设施规划。

四、谋划铁路建设

"十四五"期间,加快温福铁路、温州—苍南城际铁路、S3城际铁路等项目的建设,构建"三铁"网络大格局。

在客运铁路网的规划上,温福高速铁路是我国"五纵五横"客运铁路网中的"一纵";这条线的设计速度为每小时350千米。苍南县已决定在已有的温福铁路廊道上修建高速铁路,与已有的苍南高速铁路并站,积极配合上级单位做好有关的前期准备工作,争取"十四五"期间全面启动。

在轨道交通规划上,"十四五"期间,对市域铁S3线二期瑞安—苍南段进行了初步研究,并及时开工。开展苍南站到霞关码头的铁路支线的前期研究工作,以形成"空、铁、港"三位一体的新型多式联运模式,为苍南县的铁路货物运输提供更为便捷、快速的通道,促进周边地区的经济发展。开始建设苍南—霞关专用线、苍南—泰顺专用线,完善苍南—泰顺铁路线,形成温福线、温武吉线连接线的一部分。[1]

在城际高速铁路规划上,以苍南高铁站改建为契机,结合温福高速铁路施工进展,启动苍南—温州城际高速铁路的前期论证工作,拓展轨道交通网络,吸引人流从公路自驾向城际高铁等公共交通转移。以完成苍南高铁站改扩建工程完成为契机,结合温福高铁的建设情况对开通苍南至温州的城际高铁进行前期论证。

五、优化公交服务

苍南县不断推进公交车辆及枢纽发展规划、公交线网规划和旅游公交系统规划,从而优化公交服务,加快公交现代化建设。

公交线网进一步完善。"十四五"期间,城市公共交通网络密度不低于每平方千米 2.5 千米;在县级市区,除步行外的公共汽车配送比例超过 30%,在城镇范围内的公共汽车配送比例超过 20%;中心城区公交中途停靠站 500 米半径站点覆盖率达到 100%,城乡公交 800 米半径站点覆盖率超过 98%;建设旅游公交专线串联苍南县境内的各景点,加速发展全域旅游业。

公交枢纽场站进一步强化。"十四五"期间进一步提升城乡公交一体化工程,建立城乡公交一体化公共服务网络,加快中途停靠站升级改造,在道路宽度允许的路段上建设港湾式停靠站,全面开展智慧公交站点建设,打造智慧公交示范线路;实现全县乡镇客运站、公交场站、公交首末站的建设,推进乡镇公交场站建设,逐渐取消路边临时停车场。

优化公交车型配置。苍南县内公交线路包括公交快线和公交常规线。其中公交快线用于满足快捷、大站运输需求,公交常规线根据不同线路需求来采用大客车、中巴车等车型。苍南县要增加新能源车辆的比重,发展"环保交通"和"绿色交通"。苍南县城乡公交线路的配置包括城乡线路和"村村通"线路。城乡公交主要根据线路地理环境和客流量来选择客车或中巴车运输,而"村村通"线路由于线路道路条件不足,只能使用五座轿车运营。在"十四五"期间应该在"四好农村路"建设的基础上,加快车型配置更新,减少轿车使用。

车辆运力配置进一步提升。加大对公共交通工具的投入和更新,将市区公共交通工具的万人拥有量提高到 6.7 标准台,将新能源汽车的比例提高到 45%。

---

① 浙江农林大学浙江省乡村振兴研究院.浙江乡村振兴研究报告:2020[M].北京:中国农业出版社,2021:5.

在"十四五"期间,将按照现有机动车淘汰率,对现有机动车进行更新改造,更换老旧车辆95标台。同时,根据目前公交车辆数和公交车万人拥有量6.7标台的最低要求,至少应该有55标台新能源公交车辆投入运行。预计到2025年,苍南将有461台公交车,其中包括208台新能源客车。①

规划建设旅游公交系统。苍南县要加快提升基于山海特色、运动休闲、健康养生、文化体验等的旅游交通能力,推进168黄金海岸带、重要基地、重要景区、特色农村等旅游交通网络的建设,以便更好满足旅客需求。当前苍南县现存公交线路主要是为了满足游客往返于城区与各个县域内主要旅游景点的需求,但还未有串联景区的公交旅游专线。为更好推进苍南县全域旅游的发展,需结合当前的城乡公交线路和公交场站,建设辐射苍南县各个景区的公交旅游专线,沿168黄金海岸带建设旅游专线。

六、促进物流园区发展

"十四五"期间,苍南将加快海西物流园区的建设步伐,不断完善物流园区布局,推动苍南县物流产业经济得到新增长。着力规划苍南县江南物流中心、浙南水产加工现代物流园区等重点项目,构建骨干物流枢纽、公共配送中心、末端配送站衔接货运网,促进物流园区与农村物流、邮政快递、电商等领域的深度融合,形成辐射浙南、闽东的重点物流枢纽,成为温州的重要物流基地。

加快建设完善货运物流枢纽站场体系。苍南海西物流园位于灵溪镇沪山社区周林村和后蔡村。该项目建设完成后,将形成一个辐射浙南、闽东地区的物流枢纽,以及温州南部地区的重要物流基地。依托钱库镇甬莞高速口、228国道、219省道,在钱库镇前吴高速口建设现代物流中心项目。在马站镇高速出口西侧建设浙闽果蔬综合体,该综合体具备物流服务果蔬交易原产地市场、商品化处理流水线、冷库等功能。

加快推进乡村现代物流公共信息平台建设。积极推进第五代移动通信技术和物联网的应用,加快构建乡村现代物流公共信息平台的步伐,将重点放在对移动应用功能软件的开发上,将物流供需信息发布、在线交易、信息查询、数据分析和跟踪追溯等服务整合起来,使乡村现代物流服务的效率得到大幅提升。大力推

---

① 苍南县综合交通运输"十四五"规划[EB/OL].(2023-09-14)[2023-11-11].http://www.cncn.gov.cn/art/2023/9/14/art_1229242433_4195543.html.

进农村物流公用化。将邮政、供销、商贸等物流资源进行整合,构建出一个乡村现代物流企业联盟,提供乡村公共化物流服务,对其进行合理组织和科学调度,与乡村物流服务的需求进行对接,从而提升乡村现代物流服务能力和专业化水平。乡村物流的物流点数量多,但各个点位的运载量较少,运营成本高,发展众包物流是其有效的解决方案,能够使得乡村兼职配送员自提和带货相结合。要有效提升乡村现代物流的效率和效益,就应协同组织乡村生活物资物流和农产品物流,实现双向融合,减少空载率和重复浪费,实现乡村现代物流的持续高效发展。

七、搭建智慧平台

打造统一化数字交通信息平台,建设具有苍南特色的交通数据库。通过统一租赁苍南大数据中心的计算、存储、安全服务等政务云资源,实现对其信息基础设施的统一配置和维护,推动其与苍南县交通运输部门的数据连接。

推动交通基础设施数字化赋能。在先进信息技术的基础上,逐步实现对基建设施全要素、全周期的数字化,建立交通信息的全息传感网络。以现有的交通数据采集网络为基础,在公路、铁路、水路、客运枢纽、公共交通场站、城区道路、交叉口节点等相关的交通配套设施中,推进交通感知网络全覆盖。促进交通感知网与交通基础设施和交通装备同步规划、建设、使用和维护,提升交通基础设施和装备的协同监控、精准预警和联动指挥能力。在此基础上,通过对苍南公路、铁路、港口、城市道路等的实时、有效的信息收集和处理,进而达到监控和管理的效果。

强化智慧交通多场景试点运用。以大数据技术、物联网技术、人工智能等新一代科技为依托,积极推进苍南的智慧交通建设,提升车辆定位、调度、监控、预警、应急救援等方面的能力。在此基础上,通过多源数据融合与多模式诱导,并以出行全过程的动态追踪为目标,融合路况、气象、停车位、公交到达时间、乘客感受等多种信息,实现对不同出行模式的集成化。通过对数字交通移动端框架的开发,对注册应用、控制权限、UI等进行规范和统一,建立起"一部手机行天下"的智慧交通出行服务系统,为人和货物运输提供可靠的网络化通行服务,为乘客出行提供个性化、精细化的服务。

总而言之,目前,温州市委、温州市政府高度重视苍南县城市化发展,强化温州南部地区在温州区域经济发展中的战略地位。苍南正处在一个新的发展机遇期,进入了工业化转型、城市化加速、向现代社会迈进的新阶段。苍南县是浙江省参与长三角一体化的重要抓手,也是现代化浙江建设的主战场。苍南县确定其职责使命和发展定位,在综合交通运输体系构建、交通服务能力提升、智慧交通系统建设等多方面发力,为全县经济发展创造良好的交通环境,为构建现代综合交通运输体系打下坚实基础,为共同富裕示范区建设添砖加瓦。

第四节　聚焦公共服务提档升级

苍南县努力建设高质量发展的县级示范城市,推动基本公共服务变得更均等、更普惠,在教育、医疗、养老、文化等方面为公众提供优质服务,增强人民幸福感。苍南县持续推进公共服务社会化改革,使得社会力量高标准办社会事业,积极鼓励国有企业、民营企业、社会组织等投资开办普惠性、非营利性服务机构。同时鼓励公办民办机构公平竞争、协调发展。

一、打造高质量教育体系

苍南县努力贯彻落实党的教育方针路线及习近平总书记关于教育的重要论述精神,坚持以人民为中心发展教育,坚持立德树人根本任务,以全国义务教育优质均衡发展县和全国学前教育普及普惠县等"两个创建"工作为抓手,推动学前教育更加普惠、义务教育更加优质、高中教育更有特色、终身教育更加完善,致力于构建优质均衡的现代化教育体系,打造"好学苍南"品牌。

在学前教育方面,苍南县深入实施学前教育提升工程,大力推进公办园建设,积极回应群众"上好园"的期盼。仅4年时间,公办园在园幼儿占比就从2019年的11.85%提升到2023年的62%,增幅近50个百分点。下一步,苍南县将进一步注重幼儿园办学品质提升,在强力推进公办园学位供给的同时,不断提升学前教师队伍建设,深化学前课程改革,力争2025年前,创成全国学前教育普及普惠县,公办园在园幼儿占比达65%,位居全省山区26县中等水平,普惠性幼儿园在园占比达90%以上。

在中小学教育方面,落实"双减"政策,持续深化县域校网布局优化调整,加快农村寄宿制学校建设,促进城乡教育一体化发展,着力破解教育发展不均衡不平衡问题。同时积极实施"大县大城"发展战略,着力破解中心城镇优质教育资源供给不足问题,快速推进苍南经开区中小学建设工程,实施县外国语学校和县站前小学改扩建工程,推进"危旧房"整治提升工程,以优质的教育资源供给积极服务全县发展战略,提升全县群众教育获得感和满意度。深入实施"县中崛起"计划,持续深化普通高中办学体制改革,全力推进普通高中多样化、有特色、高品质发展。大力提升教师待遇水平,落实教师礼遇优待政策,完善教师"引、育、留"相结合的人才队伍建设机制,营造尊师重教良好社会氛围。

在职业教育方面,实施中职学校基础能力建设水平和内涵质量发展水平"双提升"工程,打造一批优质品牌职校,积极推进"温台职教创新高地"建设,加快推动县级中等职业学校扩建和升级,快速推进苍南二职建设项目和苍南三职迁建项目,提升中高职一体化办学水平,积极打造服务区域经济发展的精品专业群,全面改善和提升职业教育办学水平。

二、完善医疗保障制度

苍南县深化"健康苍南"建设,持续推动"三医联动""六医统筹"等工作,建立紧密的县域医疗卫生共同体,建成并投用县三医二期工程,力争达到68%以上的基层就诊率和90%以上的县域内就诊率,基本达到"小病不出村,常见病不出乡,大病不出县"的目标。

苍南县推动建设全省基层卫生健康综合试验区和基层中医药改革先行县,"5+14"医疗服务体系建设提速,县人民医院二期、县中医院、县妇幼保健院主体结构全部竣工,县三医顺利通过二级甲等复评,10个乡镇卫生院、50个智慧健康站建成启用。协调温州医科大学附属苍南医院(县人民医院)、苍南海西中山医院、苍南县中医院等医疗机构差异化发展,配合中国智能核谷辐射医疗与防护研究院的建设,打造温州城区副中心的区域医疗高地。

加快完善乡镇卫生院、村卫生室、社区卫生服务中心的布局,提高标准化建设与管理水平,推动基本公共卫生服务均等化;通过对马站镇卫生院的建设和苍南县第三人民医院二期项目的建设,提升"两翼"的医疗卫生服务功能。实施"强县域、强基层"的医疗服务能力提升计划,高质量地进行县域医共体的建设,构建县域数字信息共享平台,健全医保对接机制和药品对接机制,努力提高基层医疗卫生服务能力。

苍南县重视中医的传承和发展。深入开展基层中医综合改革试点,创新中医师承县招乡聘村用模式,由苍南县负责统招,各个乡镇负责管理,在各村庄应用。继续增强"中国人参鹿茸冬虫夏草集散中心"的影响力、辐射力和带动力,引导中药材种植业做大做强。深入实施"中医普惠"工程,乡村卫生机构中医服务覆盖率超过80%。继续优化乡镇养老院及其他养老服务设施的布局,加快发展苍南福利院、天佑安康等养老服务工程。强化精神卫生服务,继续开展爱国卫生运动,推进全民健康检查,对重点疾病进行早期筛查、诊断和治疗。

三、打造全龄友好型社会

努力打造儿童友好型城市和青年发展型城市。苍南结合儿童友好城市建设要求,聚焦儿童全周期发展,为儿童提供全方位服务,动员政府、学校、企业等社会多元主体参与,全面提升儿童生存、发展、受保护与参与权利的保障水平,全力打造儿童友好城市"苍南样本"。建成童谣谷、青少年宫、儿童公园、体育馆、状元公园体验馆、文博馆、苍南少儿图书馆、青少年实践基地等公益性儿童校外教育基地,建成示范型儿童之家76个,建成妇儿驿站148个,在全县中小学门口实施"爱心斑马线"建设项目,共绘制117条彩色斑马线。2022年,苍南县13个试点单位100%通过三星级验收,2023年,苍南县完成20个试点单元建设。苍南县把妇女儿童工作作为经济社会发展的重要组成部分,积极推动苍南县妇女儿童发展"十四五"规划的实施。

苍南县积极出台儿童友好政策,培育各级各类儿童观察团,广泛组织儿童观察团活动。确保三孩政策配套举措落实到位,完善出生缺陷婴儿三级预防网络,加快建设婴幼儿照护服务多元供给体系,强化生育妇女就业、工资待遇等保障,降低生育、养育、教育成本。构建家校共育格局,开展家校联动的家风家教和心理健康教育活动。实施儿童友好公益服务,推出"明眸皓齿""雏鹰计划""彩虹计划""亲子营""代爸代妈""七彩童年""守护星星"等10项儿童友好公益服务项目,全年可提供1000余场次服务,惠及2万多人次。

苍南县推进青年发展型城市建设,让苍南对青年更友好,让青年在苍南更有为。不断优化就业创业环境。迭代完善"人才新政"25条和专项人才政策体系,联动实施顶尖人才引领行动和大学生"510+"计划,加强青年就业指导和职业技能培训,支持"知识经济""自由职业""零工经济"等多元发展。激励青年接续奋斗、建功立业,深入开展"我在窗口写青春"青年携手共同富裕先锋行动,鼓励青年勤劳致富、率先致富。苍南县紧扣"青年发展型城市建设"大抓手,以实施青年实事为牵引,以青年工作联席会议为统筹,谋划青年实事。坚持项目推动,紧贴需求优化服务。

苍南县继续推进公益事业的社会化。推动社会力量得到最大限度的发挥，以更好地满足人民群众的多元化需要，力争在社会力量高水平办公益事业方面成为先行示范。鼓励国有企业、大型私营企业、社会组织等在民生工程建设中出资开办普惠型公益事业。对政府购买公共服务的方法进行了创新，对公建民营、民建公助、委托代理服务等模式进行了探索和完善，从而使公共服务更加专业化。加强对非营利组织的监督管理，使其能够公平竞争、规范经营、协调发展。同时，高质量的医疗资源得到了更好分配。

四、提升公共文化服务

苍南县努力打造精神文明更加富足的县级示范城市。大力推进"文化苍南"建设，全面提高文化软实力。全域文明创建工作不断深化，全民素质、社会文明水平不断提高。进一步丰富了高质量的现代化文化产品，基本建成了城乡一体化的文化服务体系，实现了每万人拥有公共文化设施超过7743平方米、乡村文化设施覆盖达标率100%、居民综合阅读率93.1%的目标。①

苍南县统筹城乡文化资源，用好新时代文明实践中心等文化阵地，加快推进苍南大剧院、县文化旅游数字综合体等一批重要文化设施建设，规划建设好县群众活动中心和科学技术馆。加速推进新闻媒介的深度融合，建设全媒体的传播矩阵。坚持以文为本，用好新时代文明实践中心和其他文化阵地，新设10个主题城市书房和特色文化驿站，加快建设和改造乡镇的综合文化站，加强农村文化礼堂、农家书屋和文体娱乐广场的整合，提升基层文化的均等化服务水平。继续推进"书香苍南"建设，推动"城市书房"和"文化客厅"建设，推进图书馆和文化馆的总分馆建设。大力发展流动文化服务，多次开展文化下乡活动，维护特殊人群的文化权益，推动文化进社区、农村和校园。自1992年8月共青团苍南县委员会成立苍南县希望工程实施办公室以来，"希望工程"在苍南县持续实施。30多年来，"希望工程"为这里的许多贫困学子带来了希望的曙光。全面推动区域文明创建工作，开展"全域文明"创建活动，努力创建国家文明城市。积极推动文明城市的建设，打造一批文明村镇、文明单位、文明家庭、文明校园，促进新时代文明实践站

---

① 苍南县人民政府.苍南打造跨越式高质量发展建设共同富裕示范区县域样板行动方案（2021—2025年）[EB/OL].（2021-08-30）[2023-11-11].http://www.cncn.gov.cn/art/2021/8/31/art_1229664442_59039922.html.

建设全覆盖,促进新时代文明实践活动深入开展。深入开展"最美苍南人(苍南好人)"系列评选活动,对劳模精神、劳动精神、工匠精神进行了深入的宣传,强化家庭的家教家风,完善志愿服务制度,营造"我为人人、人人为我"的文明新风尚。

全县打造建成 65 个"15 分钟品质文化生活区",举办宋韵文化高峰论坛,霞关镇九凤老街被评为"中国华侨国际文化交流基地",苍南专题片亮相北京国际电影节。坚持"文化+"战略,对霞关老街、桥墩碗窑古村等历史文化区进行改造升级,着力打造余桥艺术村、盛陶文创村等文化产业,推动文化创意设计、文化消费、影视文化等产业的发展。苍南将继续支持文学和艺术的优秀作品的创作,加强文物的保护。

此外,苍南县不断激活高质量发展人才引擎,采取的具体举措包括:一是做实招引,持续壮大大学生人才队伍;二是做实培育,不断加强技能人才队伍建设;三是做实服务,有效突出人才保障先行。

总而言之,苍南县努力打造公共服务更加优质的县域样板:更高水平构建人的全生命周期公共服务体系,实现基本公共服务更加普惠均等可及;高质量普及学前到高中段 15 年教育,每千人口拥有 3 岁以下婴幼儿托位数达 4.6 个,高等教育毛入学率 70％以上。①

第五节　聚焦风貌品质提升改善

习近平指出:"中国明确把生态环境保护摆在更加突出的位置。我们既要绿水青山,也要金山银山。宁要绿水青山,不要金山银山,而且绿水青山就是金山银山。我们绝不能以牺牲生态环境为代价换取经济的一时发展。"②苍南县努力打造生态环境美丽的县域示范。经过长期奋斗,苍南县城乡生态环境状况不断向好,城市风貌品质持续得到改善。当前,PM$_{2.5}$的平均浓度超过了预期目标,空气质量的优良天数比例已高于 98％。苍南县着力推动环境保护、生态修复和绿色

---

① 苍南县人民政府.苍南打造跨越式高质量发展建设共同富裕示范区县域样板行动方案(2021—2025 年)[EB/OL].(2021-08-31)[2023-11-11].http://www.cncn.gov.cn/art/2021/8/31/art_1229664442_59039922.html.

② 中共中央文献研究室.习近平关于全面建成小康社会论述摘编[M].北京:中央文献出版社,2016:171.

发展,力争率先实现二氧化碳排放达到峰值,在国家层面上成为洁净能源发展的示范,在区域范围内基本建成"无废城市"。

一、实施绿色发展清洁行动

深入发展农业绿色生产。马克思、恩格斯认为:"人们首先必须吃、喝、住、穿,然后才能从事政治、科学、艺术、宗教等等。"[①]这突出体现了农业的重要作用。苍南县进一步完善对肥料农药行业的生产监管和产品追溯体系,对农资经营主体、农资产品的准入制度进行完善,打造一批放心农资经营的示范店,让农资的质量和安全能够做到全程可追溯。积极推进农业生产、养殖、农业、林业废弃物的综合利用,促进沼气的规模化和健康发展。大力实施肥料和农药的"零增长",以五凤茶园和马站设施农业为例,进行"蔬菜(茶)—沼泽—家畜"和"秸秆生物反应器"等新型肥料替代模式的研究,以达到降低农业成本和提高经济效益的目的。加大对农用地膜使用的全程监管力度,大力推广生物降解地膜。在此基础上,进一步完善养殖区域的标准化管理,适当减少沿江、大渔湾等沿海水域的养殖密度;在深海区大力推广深水插杆养殖技术,推动养殖区域向更深的区域扩展;在此过程中,发展工厂化循环水养殖、深水网箱养殖和生态牧场等健康养殖模式;建设标准化的竹材堆放场,建设废弃竹材的定点无害化处理基地,推动水生态养殖的健康发展。

探索推进服务业绿色发展。推动物流领域的全过程绿色化、低碳化发展,支持物流园区建设智慧物流系统,支持物流企业进行智能化改造,提升物流自动化、数字化和智能化水平;支持装备制造业企业在生产过程中,充分发挥物流全程追踪的作用,加强绿色、循环利用的作用。对大型商业网点、商业楼宇、大型公共设施等进行低碳节能改造,并为相关企业提供绿色、高质量的产品和服务。发展绿色、低碳的第三方服务业,发展节能、环保、生态管理、环境评估等环境服务企业,提升企业的绿色生产服务能力。支持金融保险机构,积极开发绿色信贷、绿色债券、绿色基金、绿色保险等产品,鼓励更多的社会资本投资到绿色产业,将绿色金融产业发展壮大起来。

培育壮大绿色循环产业。加强对固体废物的收集和回收系统的完善,规范再生塑料、再生纤维等资源再生利用产业的发展,支持建立对工业固废、城市污泥、

---

① 中共中央马克思恩格斯列宁斯大林著作编译局.马克思恩格斯选集:第三卷[M].北京:人民出版社,2012:1002.

建筑垃圾等废弃物进行专业处理的资源循环利用产业园。对森林康养产业进行培育,坚持林旅融合、医养并重,将一批以特色医疗、疗养康复、森林康养等为主题的康养旅游产品推向市场,构建森林康养综合体。在全省生态海岸带的谋划支持下,再加上自驾游、露营经济日趋火热的加持,苍南168黄金海岸线打响畅行四季的海洋旅游品牌恰逢其时。建设绿色生态、综合交通、历史文化、休闲旅游、美丽经济五条"赛道",为浙江及周边地区打造交通运输与旅游融合发展提供了珍贵的"五廊合一"新范本。

二、巩固提升污染防治攻坚成果

深入开展"五水共治"碧水工程,对沿河污水处理厂进行升级,全面完成"污水零直排区"建设。加大城市污水管网的建设力度,强化城市污水的截流与收集。继续加大对沿海水域的污染治理力度,深入实施三项重大工程,即:减少入海河流中的氮磷含量,规范排海污染源和沿海水域生态环境修复。进一步加强联合防治大气污染工作,使城市的空气质量得到持续稳定改善。继续推进"净土清废"和"肥药两制"改革。深入开展"看不见垃圾"整治行动,在城市和农村全面推行生活垃圾分类,推进建筑垃圾的减量化、资源化和无害化处理。严格执行"禁塑限塑"政策,大力推广垃圾回收利用、焚烧发电和生物处理等多种资源综合利用模式。

健全生态环境问题动态清零机制,落实中央、省委生态环保督察反馈的环境问题的整改工作,加大对易反弹河道的巡查控制力度,同时加大对大气环境治理的力度,保证县控以上断面的水质达标率为80%以上,空气质量指标的优良率位居全省前列。加快推进生态基础设施建设,推进静脉产业园、再生资源标准化分拣中心、垃圾资源化等工程,建成江南再生水主厂房和河滨污水处理厂的管网。

大力发展低碳高效产业,推动能源、工业、建筑、交通、农业、民生等六大产业的低碳发展,鼓励绿色低碳产品的开发、生产和应用,加速建立"零碳"政府机构,积极开展低(零)碳乡镇(街道)和村庄(社区)的建设。推行碳交易,并以此为导向,引导企业主动参与。推广低碳建筑、低碳交通、低碳环境,倡导绿色建筑、绿色施工、绿色装饰。提倡"绿色"的出行方式,推行公交优先。加速车辆结构升级,实施新能源汽车推广计划,推动交通运输站、停车场、小区地下车库的充电(加气)站等建设。

三、统筹推进生态保护和修复

苍南县不断增强生态空间控制、生态修复和生物多样性保护,努力创建国家森林城市和省级生态文明示范县,对青绿廊道脉络、自然保护地节点等进行保护与修复,对江河联结处进行优化与提升,打造苍南特有的山水林田湖水生态系统。在大渔湾、渔寮湾、沿浦湾等区域,加大对蓝海湾的治理与修复力度,加大对围填海工程的管理力度,打造海洋生态文明示范基地。加强对玉龙湖、玉苍山等生态功能区的保护,对山地生态的修复和对废弃矿山的综合治理。强化对生态公益林、沿海防护林的管理,对沿浦湾等地的红树林的保护和培育,扩大海岸湿地的面积,从而增强海岸的稳定性,提升防灾减灾的能力。

继续走绿色、低碳的道路。习近平总书记指出:"良好生态本身蕴含着无穷的经济价值,能够源源不断创造综合效益,实现经济社会可持续发展。"[①]人与自然和谐共生是中国式现代化的重要特征。苍南继续深入开展"蓝天、碧水、净土、清废、减碳"五大战役,持续加大污染防治力度,打造"绿色低碳"的名片。健全生态文明制度体系,建立完善的生态文明评价体系,深化河、湖、湾、滩长制,推广生态环境报告制度,实施生态环境状况报告制度,对领导干部的自然资源资产进行离任审计。在生态环境领域,加大"信用+双随机"执法检查力度,建立起职责明确、履责规范的监管模式。建立生态环境公众参与的监督制度,使社会力量有秩序地参与到生态环境的治理中来。

加强生态文明建设。完善绿色发展的制度和制度,完善电力、天然气、水、污水、垃圾处理等领域的价格和供应机制。积极开展"生态产品价值转换平台"的试点工作。建立完善的生态文明评价体系,深化河湖湾滩长制,推广并实施生态环境状况报告制度,对领导干部的自然资源资产进行离任审计。在生态环境领域,加大"信用+双随机"执法检查力度,建立起职责明确、履责规范的监管模式。建立生态环境公众参与的监管制度,使社会力量有秩序地参与到生态环境的治理、验收、监测和执法中来。

加强城乡环境改善。以"三基三主"为核心,全面推进"美丽城镇"、"美丽乡村"建设,已完成79个村的村貌综合整治,创建3个省级美丽乡村。扎实推进中央、省环保督察及长江经济带督察等方面的问题整改,完成隐形垃圾点47.2万

---

① 习近平.习近平谈治国理政:第三卷[M].北京:外文出版社,2020:375.

个,"污水零直排区"全部完成,获得"五水共治"大成功,并连年被评为"美丽浙江"优秀县。继续推进构建全域旅游生态,编制"168生态沿海经济带"建设总体规划、"世界矾都"总体规划,温州矾矿、福德湾村先后被评为"国家工业旅游示范基地"与"全国乡村旅游重点村"。

总而言之,苍南县率先探索碳达峰碳中和实现路径。加快三澳核电站的建设,大力发展新能源,争取在全国率先达到碳排放峰值。发展低碳高效产业,鼓励绿色低碳产品的开发、生产和应用,加速建立"零碳"政府机构。苍南县积极推动农业、制造业和服务业绿色发展,实施绿色发展清洁行动,巩固提升污染防治攻坚成果,统筹推进生态保护和修复。

第五章

苍南的城乡一体化和乡村振兴实践

习近平总书记指出,"全面推进乡村振兴","坚持农业农村优先发展,……加快建设农业强国,扎实推动乡村产业、人才、文化、生态、组织振兴。全方位夯实粮食安全根基,全面落实粮食安全党政同责,牢牢守住十八亿亩耕地红线,……确保中国人的饭碗牢牢端在自己手中"。① 苍南县在习近平新时代中国特色社会主义思想指引下,深入贯彻落实党的二十大与中央农村工作会议及省市一系列重要决策部署,围绕"产业兴旺、生态宜居、乡风文明、治理有效、生活富裕"的总体目标,以"浙江美丽南大门"为统领,以"美丽乡村"为核心,以"温州西部生态休闲产业带苍南"为主战场,持续推进苍南县城乡一体化,争做乡村振兴工作的"排头兵"。

第一节 攻坚发展高质量

乡村振兴是一项系统工程,产业兴旺是重点,生态宜居是关键,科技人才是支撑,深化改革是动力,乡风文明是保障,治理有效是基础,基层基础是前提,生活富裕是根本,必须统筹谋划,推动苍南县乡村产业振兴、人才振兴、文化振兴、生态振兴、组织振兴,加快苍南县城乡一体化和乡村振兴进程,推进高质量发展。

---

① 习近平.高举中国特色社会主义伟大旗帜 为全面建设社会主义现代化国家而团结奋斗:在中国共产党第二十次全国代表大会上的报告(2022 年 10 月 16 日)[M].北京:人民出版社,2022:30-31.

一、促进产业提升

第一,推进山海生态休闲产业带建设和农业产业集聚发展。重点做好山海生态休闲产业带的实施,推动一带全域发展。高标准推进一批重大工程,如沿江省级现代农业园区和赤溪农业综合开发试验区的生态循环农业等。重点打造省级特色农业强镇和森林健康示范基地。巩固粮食种植面积,推进粮食功能区提升。大力推进美丽乡村,苍南县深入实施"一村万树"行动,创建19个以上示范村、258个以上推进村。加快发展现代农业,如畜牧业、水产业、林业、种植业。发挥农机在农业生产中的替代作用,加速推动"平安农机"的创建工作。苍南县鼓励现代农业产业提升发展,为新植、"低改"茶园及名特优果园等提供补助。支持绿色食品和生命健康产业发展。对农产品产地环境净化等公益性研究项目,最高可按研究开发费的100%给予补助。实施绿色畜牧业示范县创建行动。以"藏粮于技"战略为目标,开展新品种、新装备、新栽培等技术的推广,推动苍南农业绿色发展,苍南县主要作物测土配方覆盖率达90.80%,秸秆综合利用率达96.29%,畜禽粪便资源化与无害化处理率达95%,以"苍南县"创建为主线,构建农产品质量安全监督管理平台,省级农产品质量安全例行检测合格率达98.50%,新增绿色食品18个。

第二,产业振兴是乡村振兴的重要基础,也是走向共同富裕的唯一途径。马克思曾指出:"农业劳动是其他一切劳动得以独立存在的自然基础和前提。"[1]苍南县以高质量发展农业农村现代化为目标,大力推进农业产业链、供应链、价值链重构与进化升级。苍南县聚焦主导产业提级扩能,从多个角度多个方面入手,刺激主导产业发展的强劲动力,集中力量推进"工业强省"战略的实施,优化调整以"四个新型平台"为载体的产业空间布局,着力推进以"五大百亿产业"为核心的现代产业集群建设。苍南现代农业产业园以规模化种植为基础,以农业龙头企业为先导,以农产品精深加工为支柱,以"生产+加工+销售"为核心,努力实现优势产业、绿色农业、智慧农业三产融合,打造"乡村振兴与共同富裕"的示范区。目前,茶叶种植基地、美丽茶园、五凤养殖核心区公路建设和种养融示范区等8个项目正在建设之中。积极培育新的农业经营主体,制定针对性的鼓励支持政策,推

---

① 中共中央马克思恩格斯列宁斯大林著作编译局.马克思恩格斯全集:第33卷[M].北京:人民出版社,2004:27.

动小农户融入现代农业。加强区域间、行业间的产业联合。鼓励规模以上经营单位通过品牌建设等形式,吸纳小农户加入。

第三,强化农产品质量监管和品牌建设。实施"生态农业"发展计划,实施绿色农业示范项目,推进生态农业提质增效。加强农业生产经营管理,建设"农安苍南"智能监管系统,实行"一证一码"可追溯,全市规模以上农业经营主体合格证执行率达到95%。实施农业品牌振兴工程,提高"苍农一品"的影响力,深入机关、社区、网络开展"苍农一品"活动,建立"苍农一品"农产品展销、体验中心和"公共仓"等。苍南县的现代农业产业园被列入"全国农业产业融合发展项目",苍南继续推进第一、二、三产业的融合发展,促进农业产业的现代化,力争建立起一条以茶叶和生猪为核心的现代化农业产业链。该产业园与休闲农业、美丽乡村建设相结合,将农业产业链延伸出去,促进农业与旅游产业等深度结合,使茶园变成公园,茶区变成景区,产品变成商品,带动农业产业链的升级;以生猪和茶叶两大主导产业为重点,对产业园的功能布局进行了优化,对基础设施和公共服务设施进行了完善,实现了"一核二区三园"的发展模式。加快苍南县国家农产品质量安全工程、紫菜产业发展示范项目、农村综合改革集成等项目的建设,实施产业兴旺行动,推动整个农业产业的发展和质量提升。同时,通过深化农业"双强"工程,强化院校地协作,加速农业适宜性改造,努力实现农业劳动生产率、科技含量、机械化程度和亩均效益的"四提升"。

第四,开展渔业转型发展先行区建设。积极发展绿色生态渔业,推广循环养殖、深水网箱、浅海贝藻立体养殖等新技术、新模式,开展围塘生态改造和尾水治理,实施"质量品牌"工程,推动渔业全环节升级,实现全产业链的增值。推动渔业与旅游、教育和文化的深度结合,支持和发展休闲渔业,如后槽海螺度假村等。在拓宽线下市场的基础之上,更好地推进农村电子商务的发展。积极开拓新的乡村电商销售模式和业态,将本地特产与旅游资源进行有机融合,推动"互联网+"、物联网等领域的发展。利用乡村电商平台等相关渠道,引导农产品网上销售、网上下单,加速农产品上行、县乡流通。持续开展乡村淘宝和产业带工程,建立"乡村淘宝苍南旗舰店",借助淘宝平台与当地商户合作,建立农产品淘宝商城,构建县域乡村电商服务生态,从而将本地产品更好地销往全国各地,扩大市场覆盖范围。

二、实施乡村人才培育行动

一方面,推进乡村振兴领军人才培养计划。在乡村振兴过程中,要正确认识农民主人翁的作用。苍南加快培养现代专业农民,通过挂职、兼职和志愿服务等方式,支持和引导一批优秀的专业技术人员到农村来。建立"乡村振兴指导员"制度,由县乡两级选派优秀干部驻村指导。要坚持把人才吸引到农村基层一线去,加大招商引资力度,健全科技特派员制度,推动各类人才"上山下乡",为乡村建设服务。健全城乡、地区和学校之间的协作和沟通机制。支持企业家、专家学者、医师、教师、规划设计师、律师等专业技术人员为乡村振兴服务,为乡村振兴争取更多的人才支持。

另一方面,开展乡贤人才回归工程。人才振兴是乡村振兴的重大课题。乡村与城市在享受公共服务方面存在不小的差距,吸引和保留优秀的人才很难,这在很大程度上限制了乡村振兴。苍南充分发挥海外侨胞、当地乡贤回村,以乡贤为纽带引进资金、引进技术、引进人才、引进项目的作用,充分发挥农村的生态和资源优势,发挥乡贤的技术、资本和项目等优势,实现高效的对接,通过发展特色产业,推动乡村美丽经济的发展,通过评选优秀乡贤,在乡村建设中营造"乡贤助力乡村建设"的良好氛围。近几年,苍南县充分利用海外人才资源,对海外华侨进行了广泛的调研,对一万多名海外华侨进行了全方位的了解,出台了特殊的优惠政策,积极扶持乡贤回乡创业等,并采取多种形式的项目推介,以海外华侨回乡探亲为契机,组织"走亲"大走访、"畅谈乡村振兴"等活动,积极引导乡贤回乡投资。苍南县委组织部建立了结对帮扶机制,筛选了150余名海外重要乡贤,并与县乡"一对一"结对,有效地促进了"乡贤回乡"和"乡村振兴"的发展。

三、推进文化兴盛

第一,加大农村公益性文化建设力度。习近平总书记指出:"优秀乡村文化能够提振农村精气神,增强农民凝聚力,孕育社会好风尚。乡村振兴,既要塑形,也要铸魂,要形成文明乡风、良好家风、淳朴民风,焕发文明新气象。"①苍南县夯实基层文化基础,健全乡村文化设施,实施千所文化礼堂改造工程。加大基层文化资源的供给力度,积极开展群众性文化体育活动,努力建设"半小时乡村文化圈"。开展"乡村文明建设行动",深入开展"星级文明户""文明村""文明镇"三级联创,力争在5年内创建省级文明村70个以上,苍南县县级以上文明村创建比例达到80%。苍南县推进移风易俗,提倡县城所在地等人口密集的地方集中由殡仪馆办

---

① 习近平.论坚持全面深化改革[M].北京:中央文献出版社,2018:405.

丧事,提倡节地、生态埋葬,提倡厚养薄葬,引导公众开展网上祭扫、鲜花祭扫、植树祭扫等文明低碳祭扫活动。简化婚礼,提倡新型婚礼,如集体婚礼和婚礼进文化礼堂,提倡通过村规民约等手段,对婚礼和葬礼等红白喜事的桌数和规格进行控制,减少参与人数和随礼金额,努力形成婚事新办、丧事简办、其他喜事不办或者少办的新风尚。

第二,努力推进文化旅游产业发展。苍南县着力发挥自身的地理优势,挖掘山海资源,发展海滨游、山水游和工业遗产观光游等旅游形式,为居民提供良好的旅游资源,丰富居民日常生活,增加审美体验。当前苍南县已搭建起以"1+2"县级文化场馆为中心,以镇级和村级文化场馆为依托的服务网络,为温州市文旅产业发展提供"苍南样本"。苍南县入选首批"浙江省文旅产品融合实验区",推进文化进景点,并发布了浙江省第一部"文化进景点"行业标准。苍南县也非常重视对文化资源的传承和保护,促进文化资源和旅游产业更好结合,深入挖掘旅游背后的文化资源和历史价值,使得居民在欣赏自然风光的基础上,也能体会自然美背后的人文之美,丰富精神世界。围绕"把核心景区做大做强,把生态旅游做优做美,把滨海旅游做响,把乡村旅游做精做特"开展一系列特色活动,创建浙江省全域旅游示范县,打造8个国家3A级及以上旅游景点。苍南县结合168黄金海岸线环境综合整治工作挖掘渔呈村军事堡寨文化、传统渔业文化、独特商贸文化,整修村居环境营造渔村氛围,对公路沿线房屋外立面开展整修,建设"乡贤馆""均瑶励志馆"。此外,对古城墙、古烟墩、古道、老街沿线等核心区典型古迹进行修复保护,优化还原古村落整体风貌。

第三,健全基础设施保障。苍南县大力推进"城乡书网"建设,形成了由1个单馆、18个示范馆、2个城市书房、7个社区图书馆、169个图书流通服务点、7个民营书屋等组成的综合立体化阅读网络。苍南书店的正式开放是苍南"城乡书网"建设的一个新节点。苍南书城占地5000平方米,集教育培训、文化体验、文创产品、文化讲座等服务功能于一体。苍南县大力推进"公共图书馆藏书倍增计划",通过多种方式对公共图书馆的馆藏进行优化,2020年,苍南县公共图书馆年度新增的图书数量超过11万册,人均年增新书量约0.12册次。① 苍南县按照"五个一点"——财政投入一点,部门调拨一点,乡镇自筹一点,社会众筹一点,企

---

① 2020苍南十大新变化! [EB/OL].(2021-01-02)[2023-11-11]. https://www.sohu.com/a/442197974_648518.

业捐赠一点——的办法加大对公共图书的投入,增强公共文化惠民力度。苍南县撬动3000多万社会资金投入文化建设,带动2万多名民间文艺骨干参加群众文化活动。通过社会自建和民建公助相结合的方式,建立了100多所乡村综合文化服务中心和3家民办场所。采取政策支持和政府购买相结合的方式,引导民营剧团参与文化惠民工程实施,邀请浙江省内的优秀艺术院团前来苍南县开展"周末剧场"等精彩的文艺节目。通过社会集资、社会团体参与等方式,成功建立浙江省第一个"非遗驿站"、温州市第一个"乡村全民读书联盟"、苍南县第一个"文化礼堂联盟"。通过志愿征集与职业训练,共吸收13295名文化志愿者、9个志愿者组织,对2万多人进行了统一的职业培训。

第四,推进文化发展与现代科技相结合。苍南县内主要公共文化活动场所包括文化馆、图书馆和博物馆,总面积达32600平方米。苍南县推动文化资源更好地与现代科技深入融合,提供更加"智能化"的读者服务。苍南县图书馆对12小时自助还书设施进行优化,打造网上的"微服务大厅",建立"数字阅读平台";创新"一体化"的网上服务,为广大读者提供更便捷的阅读服务。苍南县文化馆开展线上活动报名、公益培训、云展览、云剧场等数字化服务。苍南县博物馆不断提高"人性化"的服务水平,在全市率先推出场馆夜间开放,打造"博物馆之夜"等品牌服务,完善便民服务设施,强化志愿服务,使服务更加便捷和温暖。

第五,加大对传统文化的保护力度。苍南县深度挖掘"非遗+旅游"的市场潜力,为非遗"活"起来开创了一条全新道路。在苍南县的国家3A级景区范围内,全面推动非遗进景区。在玉苍山、碗窑古村落、日月潭、欧乐湾、炎亭、渔寮、五凤茶乡、福德湾等8个景区,以"享多彩非遗 迎八方来客"为主题,通过非遗表演、非遗作品展示、非遗体验、打造非遗民宿、打造非遗景区基地等活动推进非遗更好地融入景区。全县国家3A级及以上风景名胜区的非遗产业已实现全覆盖,设有21个非遗体验和展示活动处。苍南县积极与其他省市开展文化合作活动。苍南县文化和广电旅游体育局联合上海市徐汇区凌云街道办事处、上海梅陇文化馆举办了"苍南非遗专场文化走亲"活动。依托上海第一个大型非物质文化遗产重点展示品牌——"国乐雅韵",把苍南的"单档布袋戏""苍南正一派科仪音乐"等10多项非遗项目搬上了专业的舞台,40多名苍南的非遗传承人和演员,用他们独特的、精彩的表演,获得了上海文艺界专家和观众的一致好评。

四、建设美丽乡村

第一，提升农村人居环境质量。全面推进乡村环境整洁。大力推进生态公厕建设，全面普及农村无害化户厕。注重对农村生活污水治理的管理，逐步建成更为广泛的农村生活污水运维管理和信息化监管平台。按照"城乡一体化"原则，实施农村生活垃圾农户分类、回收利用、设施提升、制度建设、长效管理五大行动。2018 年苍南县农村生活垃圾分类处理建制村覆盖率超过 50%，2020 年超过 80%，2022 年达 100%。① 苍南县积极推进绿色防控示范区建设，培育示范性植保服务组织，开展农业农村节能与清洁能源开发利用示范项目、农作物秸秆等综合利用示范项目。

第二，完善污染治理管控体系。马克思认为："人靠自然界生活……人的肉体生活和精神生活同自然界相联系，……因为人是自然界的一部分。"② 苍南县加大对农业面源污染的整治力度，重点加强畜禽养殖业污染防治，落实秸秆还田等综合利用措施，彻底解决农村"脏乱差"的问题。以"美丽河湖"为抓手，深入开展"碧水"五水治理工程，强化湖泊生态修复，全面推进河（湖）长制，构建统一的信息管理平台，提高河长的工作能力和履职水平，巩固和提高治水成果。要加大对海洋生态的保护力度。重点建设 168 千米长的"黄金海岸"，重点实施滨海综合整治、沙滩优化整治、海洋公园、湿地公园、海洋保护区和海洋生物资源修复，推进"官山岛"和"七星岛"两个"产卵场"保护区建设。切实加强海洋生态保护，继续开展"一打三清"专项执法行动，加快浙南渔场的恢复和发展。全面推行"滩长制"，加强用海用岛的规范化管理。

第三，开展乡村振兴示范带建设。苍南通过"十村标杆、百村联创"的示范创建，围绕"点上精品、沿线成景、面上美丽"的目标，在 5 年内打造出"矾都休闲线路""七彩田园休闲线路""桥墩瓷韵文化线路""横阳支江绿道线""黄金海岸度假线""美丽南大门景观线""龙金大道""灵海与灵沙大道""挑矾古道"等 12 条县级乡村振兴示范带。努力培育特色精品村和美丽乡村，建设 64 个县级美丽乡村特

---

① 中共苍南县委，苍南县人民政府.关于全面实施乡村振兴战略高水平推进农业农村现代化的意见（2018—2022）[EB/OL].（2018-12-29）[2023-11-11]. http://www. cncn. gov. cn/art/2018/12/art_1229242433_3620275.html.

② 中共中央马克思恩格斯列宁斯大林著作编译局.马克思恩格斯全集:第 42 卷[M].北京:人民出版社,1979:95.

色精品村、74个环境优美村、培育了755户美丽庭院示范;实施354个农村生活垃圾分类处理村、行政村覆盖率达100%,培育13个省级高标准农村生活垃圾分类示范村;实施9个省级历史文化村落保护利用重点村,完成8个未来乡村创建。

第四,加强村庄特色风貌引导。加强和落实村庄布局规划、村庄规划、村庄设计和农房设计,新建房屋和对已建房屋的改造要严格按照规划设计进行。按照县政府制定的20座浙派住宅样板工程,打造一批具有瓯派元素、浙南风情和乡土特色的浙派民居。对主要道路两旁裸露的房屋进行了全面的整治,大力推行农村"平改坡"。对古村、古屋、古树、古桥等的传统民居进行深度发掘和抢救,加强对历史文化村寨的保护和利用。制定"美丽村庄"建设指导方针,对破坏村庄风貌、自然生态环境的行为进行严厉打击。加快小城镇的环境综合治理工作,使小城镇的工农业生产、生活、生态环境得到充分改善。

五、筑牢组织保障

第一,加强党对农村工作的全面领导。建立实施乡村振兴战略领导责任制,落实党政"一把手"第一责任人制度,三级书记抓乡村振兴。农村地区的乡镇党委书记是乡村振兴的"第一线指挥员"。必须坚持基层党组织在推进乡村振兴战略中的领导地位。深入开展"比学赶超"的农村振兴工作,每六个月组织一次农村振兴工作现场会。进一步完善党的农村工作机构,进一步优化组织结构,提高干部队伍素质。县政府成立乡村振兴领导小组,加强规划引领和示范带动。各乡镇要科学地制定农村振兴发展的总体规划,并制定相应的年度规划。推动试点先行、典型引领,扎实推进乡村振兴示范创建工作。领导干部要带头参与乡村振兴的重大项目。乡镇书记、乡镇长要牵头实施乡村振兴示范带,要把本辖区的乡村振兴示范带建设工作做好。对"三农"工作中的一批成功做法和典型的经验进行及时、细致的总结,努力营造良好工作氛围。

第二,加强财政支持和金融支持力度。完善落实乡村振兴战略的财政投入和保障体系,将农业农村作为财政重点保障对象,加大对"三农"的投入,努力使公共财政最大限度向"三农"倾斜,保证资金投入符合乡村振兴目标的要求。探索推行"大专项+任务清单"的管理方式,促进产业内部和跨部门之间的协调,建立完善农业农村资金统筹和整合的长效机制。要扩大筹资渠道,调整和优化农地出让收益的用途,加大对农业和农村的投资比重。调整和优化耕地占补平衡指标和增减挂钩节余指标,将调剂收益全部用于乡村振兴。探索以投资补助、资本金注入等多种形式扶持农业农村 PPP（政府和社会资本合作）项目,充分发挥政府作用。引导各类银行、保险等金融机构主动推动创建组织机构和创新产品,以满足乡村振兴需要。要加强对乡村振兴的中长期信贷支持,加强金融服务。加大对农户的小额信贷贴息力度。支持有条件的地方建立农村发展基金会。

第三,加强作风建设。要提高农村基层干部素质,建设一支懂农业、爱农村、爱农民的"三农"工作队伍,强化农业工程经费管理,完善相关制度。要坚持正风肃纪、严肃查处。对不能履行乡村振兴职责的,要严肃追究;对贪污侵占、截留挪用、骗取套取涉农资金的,要严肃查处。坚决防止和杜绝基层微腐败现象发生。加强考绩考核。调整"三农"工作考核,将客观量化任务评价和主观满意度调查相结合。构建农村振兴综合考评体系。强化项目、资源、平台、农户获得感四个方面的考评导向。建立实施"乡村振兴战略"的县级党政领导班子和主要领导干部绩效考评体系。每年对一批优秀的乡村振兴干部进行评审和表彰,充分发挥乡村振兴的作用,并把这一成果用于领导干部的选拔任用。

六、深化农村改革

第一,巩固和完善农村基本经营制度。苍南县全面开展农村土地承包经营权确权登记颁证,确保农村土地承包关系稳定并长久不变,推动确权成果的运用。健全农村承包土地"三权分置"的形式,鼓励农民通过入股、托管等方式开展各种形式的适度规模经营,保证农民能够分享到更多的利益。开展农业社会化服务试点,通过政府购买农业公益性服务,委托村集体组织管理等方式参与管理工作。

第二,深化农村土地制度改革。全面推进房地一体的农村集体建设用地使用权、宅基地使用权和农村房屋所有权确权登记颁证工作,更好地解决历史遗留的土地问题。探索宅基地所有权、资格权、使用权"三权分置"。在严格执行土地用途管制,严禁农村村民将宅基地用于乡村修建别墅院落和私家会所的同时,适当放开宅基地及农户住房使用权,支持、鼓励和引导村集体经济组织通过合作等多种形式对闲置农房进行盘活利用。完善土地利用与管理制度,确保第一、二、三产业融合发展用地。在不违反总体规划的情况下,对村级用地结构进行调整和优化,大力推进乡村综合整治,使零散的农村建设用地得到充分利用。大力发展低丘缓坡资源。

第三,深化农村集体产权制度改革。巩固农村集体资产股份制改革成果,深入有序地促进农村集体经济组织规范化建设。保障农民的土地承包权、宅基地使用权和集体收益分配权。完善农村产权流转与交易制度,完善农村产权交易制度。建立和完善农村土地收购制度;进一步健全和深化涉农乡镇农村产权交易平台,促进农村产权交易正常有序运行。深入开展渔业用海二次承包改革,推动渔业用海改革的法制化和标准化进程。深入实施《苍南县海域开发建设管理办法》,积极探索用海储备有关政策措施,努力在全县范围内形成一批具有特色的水产养殖业用海管理"苍南样本"。

第四,深化"三位一体"农民合作组织体系建设。要认真落实全国"三位一体"农业综合配套改革现场会精神,使"三位一体"的农村合作经济组织体系在苍南县率先建立和发展。支持农民合作社做大做强,扩大生产、供销、信用合作功能,整体推进"三位一体"的全方位合作。完善农合联组织运行机制和农民合作基金、资产经营公司等经营模式,建立一批区域性特色农业服务联盟。扩大农信机构等金融机构在信贷评估、信贷服务等方面的覆盖面。积极开展农村信用社"委托理财"试点,扩大农村信用社覆盖面。加强农村金融合作机构的建设。促进政策性农业保险的推广,积极推行农产品价格指数和气象指数等新的保险制度。

第五,开展农村用益物权的抵押贷款试点。完善我国农村住房抵押贷款的登记制度,构建农村住房贷款的补偿风险与减缓机制,健全农村住房抵押贷款的处置机制。引导金融机构结合本地区的经济发展情况和行业特征,制定专门的个人住房抵押贷款产品,在抵押率、额度、期限和还款方式上进行创新,积极开发新型的农村土地使用权抵押贷款,加强对土地使用权的统筹协调。健全土地使用权抵押的登记和估价机制,并制定相应的风险补偿机制。

总而言之,苍南县正不断加快产业振兴、人才振兴、文化振兴、生态振兴、组织振兴进程,推进苍南县城乡一体化和乡村振兴,着力推进高质量发展。

第二节　攻坚服务高品质

实现基本公共服务均等化是共同富裕的内在要求。习近平总书记指出:"教育、文化、医疗卫生、社会保障、社会治安、人居环境等,是广大农民最关心最直接最现实的利益问题,要把这些民生事情办好。"①苍南县致力于实现基本公共服务普及普惠,通过统筹推进以改善民生为核心的社会事业发展,加速社会事业由满足基本生活需要转向保障整体发展需要,使全县居民的生活品质和社会福利在更大程度上得到提高,进而推动经济与社会的和谐发展,加速城乡一体化的进程,使全县人民迈向共同富裕。

一、实施农村民生事业行动,改善农村发展条件

第一,加强农村基础设施建设。实施交通发展基础工程,实施"四好农村路"示范县和示范乡镇创建行动。重点支持"三网"建设,即对外交通网络、旅游通道网络和"慢游"网络。发挥中央财政补助资金的重要作用,减轻农村客运经营者的负担,推进城乡交通运输一体化发展。建立健全农村客运服务质量考核制度,增强考核结果应用,从而推动经营者不断去改进安全管理和提升服务水平。开展农村水电增效扩容工程,大力推进新农村电气化、乡村水利设施标准化建设。实施"数字乡村"战略,推进农村宽带网和移动通信网建设。增加了灾害防治的投资力度,创建了一批气象减灾规范化社区。建设水利惠民工程,加快江南垟和江西垟平原的主干排涝工程建设,使两大平原的洪水和涝渍得到基本缓解,使城市的整体防洪和排涝能力保持在20年一遇的水平。加快农田水利、高效节水灌溉、农村饮水安全改善等项目的实施。

第二,推进农村社会事业发展。健全城乡居民基本养老保险、基本医疗保险和大病保险制度,推进公办养老服务设施社会化改革。统筹城乡社会救助体系,完善最低生活保障制度,做好农村社会救助兜底工作。健全低保制度,切实做好农村低保工作。深入推进"双下沉、两提升"行动,加快县域医共体建设,实施新一轮基层医疗卫生机构提标达标工程,确保每个乡镇有1所公办标准化卫生院。加强薄弱学校的基础设施建设,逐步实现标准化98%以上。

二、不断增收致富,农民富裕富足

第一,促进农民收入增收。继续推进农业供给侧的改革,提升农民产品质量和劳动效率,扩大农户的家庭经营净收入范围,同时还要发展一些富农乡村产业,

---

① 中共中央党史和文献研究院.习近平关于"三农"工作论述摘编[M].北京:中央文献出版社,2019:37.

让他们能够更好地就业和创业。此外,还要继续推进农村改革,让资源变成资产,资本变成股金,农民成为股东。在灵溪镇余桥社区陆续建成了一批老年食堂、社区卫生院、现代农业科技服务中心、卫生服务站等项目,未来乡村的"一统三化九场景"正在一步步呈现。在建设"未来乡村"的进程中,苍南将数字技术和"未来乡村"结合起来,规划了 26 个项目,其中苍南西红柿新品种新技术集成创新产业园,计划引入国内先进的农业企业,修建 60 亩的西红柿育苗中心,60 亩的配套设施,新建一个大棚西红柿示范基地 200 亩。

第二,巩固脱贫攻坚成果。通过扛牢政治责任,持续部署推动,加大部门联动和投入力度,强化工作举措,推动巩固脱贫攻坚成果取得新成效新提升,苍南县 2022 年实现低收入农户人均可支配收入 16998 元,增幅达 15%;出台《苍南县先富带后富"三同步"行动方案》,乡村振兴重点帮促村工作组覆盖率 100%,完成 5 个省级美丽乡村示范精品村、11 个县级美丽乡村示范精品村建设,创城 342 个省级新时代美丽乡村达标村、1 个省级美丽乡村示范镇,低收入农户"一户一册"扶贫干部帮扶覆盖率、风险及时消除率、需求及时化解率全部达到 100%;从 2023 年 10 月 1 日开始,将最低生活保障标准由每人每月 886 元调整至每人每月 1110 元,即年标准达到 1.42 万元。此外,提高了城乡低保、城乡特困供养金、城乡残疾人两项补贴、城乡临时救助。

第三,保障公共服务供给。加大对乡村公共服务的投资力度,不仅要注重"硬件"方面的建设,还要注重"软件"方面的投入,包括人才和管理等,双管齐下,促进乡村公共服务的发展。稳步提高城乡居民的基本养老保险保障水平,增加村卫生室的数量,使基本医疗保险的参保人数不断提升,全民参保率达到99.36%。对一批标准化残疾人之家进行了升级改造,并通过了一星级评定,农村一、二级幼儿园在园幼儿占比达 75%。苍南县提升教育教学水平,努力打造"学在苍南"品牌,着力提升教师队伍的质量,推进校园网络布局优化,推进民办义务教育规范化发展。苍南县政府大力推动医养结合,健全养老服务体系,推进专业化、社会化运营,提升养老服务的供给能力和供给水平。苍南县继续推进公益事业的社会化,进一步深化社会力量在养老方面的改革,以更好地满足人民群众的多元化需要,力争在社会力量高水平办社会事业方面成为先行示范。

三、加强要素保障,突出优先发展

第一,财政投入有支持。乡村振兴要靠人才、靠资源。如果乡村人才、土地、资金等要素一直单向流向城市,长期处于"失血""贫血"状态,振兴就是一句空话。[①] 要充分发挥农业金融支持和政策性农业保险的"支农"功能,加大对农业农村的有效投入,保证财政投入达到标准。苍南县积极推进农业农村现代化,实施多条财政补助政策来推进农业农村转型发展。支持农业品牌建设,设置龙头企业奖励、示范性合作社(家庭农场)奖励、参展补助及奖励、农产品认证奖励等财政支持,推动示范企业优先发展,率先引领。支持农产品质量安全建设,设置农业标准化建设奖励、农产品快速检测服务奖励、农产品质量安全诚信奖励等,提升农产品的质量,保障农产品的安全性。支持农业"双强"行动,推进粮食绿色高产创建,加快推进"机器强农",推行农机购置补贴等优惠政策,促进农艺农机融合,促进农业"机器换人"示范创建。

第二,乡村人才有发展。创新人才工作体制机制、充分激发现有人才活力,大力培育高素质农民,2022 年全县培训高素质人才达 1131 人次,其中农村实用人才培训 714 人次,高素质农民 417 人次,出台农创客培育政策,新培育农创客 160 名,组建农创客发展联合会,培育优秀农创客典型成绩突出,组织农创客活动、培训、宣传等,完成联动派遣科技特派员 48 人次,大力实施"乡贤回归"工程,建立乡贤人才数据库,招引 560 名新乡贤回乡参与家乡建设,撬动社会资金 3.2 亿元注入乡村振兴事业。

第三,用地指标有保障。安排新的建设用地指标,确保农村重点产业及项目用地的比重达到 5.3%。苍南县将以"1+4+5"为重点,重点打造"山海田城"数字乡村,新建和扩建钱库来谊、桥墩八亩后一南山头、灵溪余桥和矾山埔坪 4 个未来乡村,并培育"钱库项东""金乡梅峰""赤溪信智""沿浦龙澳""桥莒片区"等 5 个未来乡村。当前,各未来村庄都已经完成了 70%~90% 的建设,接下来还将继续在资金保证、人才引进、产业提升等方面下功夫,让农业高质高效、乡村宜居宜业、农民富裕富足。

四、狠抓乡村建设,提升乡村风貌

第一,全力实施新时代美丽乡村建设。围绕"十村标杆、百村联创"和"十线百村"美丽乡村建设要求,大力推进新时代美丽乡村、未来乡村建设和打造新时代美丽城镇省级样板,完成溪心、鹤山、石塘、下在、福掌 5 个省级精品村创建工作,完

---

① 习近平.论坚持全面深化改革[M].北京:中央文献出版社,2018:395-396.

成桥墩镇省级美丽乡村示范镇创建工作,按照"服务均等化、环境生态化、生活智慧化、文明现代化"的未来乡村建设工作要求,通过"五美联创",搭建"乡村管理一张图"平台,全力提升马站山海田城片区未来乡村,新建续建钱库"归去来兮·谊在乡野"未来乡村、灵溪"恋之郊野·花园余桥"未来乡村、桥墩"红色南山·茶香五凤"未来乡村、矾山"美食美客·舌尖埔坪"未来乡村,培育钱库"江南水乡·状元故里"未来乡村、赤溪"碧海金滩·山海石舍"未来乡村、沿浦"海港渔乡·紫菜之乡"未来乡村、桥莒"炊烟袅袅·山水智谷"未来乡村。以"田园美、村庄美、生活美"为工作要求,成功打造钱库镇项东村、莒溪镇大坪村、大渔镇渔吞村、沿浦镇龙澳村等4个省级美丽宜居示范村。

第二,大力推进人居环境整治提升工作。以"看不见垃圾"专项行动为切入点,科学、细致地设定"两最"评比方法,使村容整治有章可循、目标明确。目前,全县农村生活垃圾的分类处置覆盖率已经达到了100%,村内生活污水得到了有效的治理,处理设施的出口水质合格率达到了97.23%,采取了"赠苗""基地造林""四旁造林"的方式,新造林面积18833亩,完成了123%的任务,增加了0.04%的森林覆盖率。实行"一村一联系领导一挂钩单位一整治专班"的要求,建立联系县级领导、县级相关单位、属地乡镇、村社书记四级责任捆绑,推动村容整治"双月双百"工作取得实效;以产业共建为纽带,构建一个统筹规划、功能互补、设施共享、社会共建的农村综合整治示范区。

第三,大力推进数字乡村建设工作。以"数字促进农业生产"为契机,加速农业转型升级,"数字化改善民生"的数字化应用场景,将互联网+政务延伸到农村。"浙农经管""浙农富""浙农优品""浙农助"等省级重点应用,已全部实现市县贯通。构建了农业信息化管理体系,利用"浙农码"实现了农产品的全过程可追溯,并成功打造了"温州意达"未来农庄。做大做强,打造旺东电子商务产业园"苍南一品"网络直播分享基地,以及温州矾都达记食品有限公司、苍南凤冠食品有限公司、浙江桥墩门食品有限公司等龙头企业,把农播电商的内容融入高素质农民的培养体系,完成33个电商专业村的创建,实现了农产品产地批发市场的数字化升级改造,市场数字化改造的完成率达到100%。

第四,大力推进基础设施强化工作。有序推进"四好公路"建设,完成35.01千米的乡村道路建设和改造任务,完成率为111%,城乡公交一体化率超过85%。对农村供水管网进行更新改造,改造总里程为30千米。综合治理病险山塘,完成了3处病险水库的加固工作,为现代农业的发展提供了有力的支持。推动建设未来村庄的标杆,以"一体三化九景"为目标,以"三基三主"为建设核心,以灵溪余桥、钱库来谊、桥墩八亩后—南山头和矾山埔坪4个未来乡村为重点,继续推进钱库、莒溪、赤溪、沿浦、金乡5个乡镇的"未来乡村"培育工程,推动乡村空间、产业发展、人居环境、基础设施、公共服务、乡风文明、乡村治理等方面的改造,继续打造示范样板。

五、建设乡村文化,促进乡风文明

第一,乡风文明有改善。创建县级及以上文明村镇的比例达到91.53%。在新农村社区换届选举的基础上,完善了354个村庄的村规民约。积极推行引导村民议事会及民主协商工作。全县354个村至少召开1次以上的村民议事会,每村均开展村民代表会议4次以上、民主协商会议1次以上。文明村还建立了道德评议制度,成立了由县、镇两级主要负责人任组长的移风易俗综合改革领导小组,制订了《苍南县喜事新办实施细则》《苍南县丧事简办实施细则》《关于修订丧事简办"十个一律"相关规定的通知》,并将移风易俗纳入了村规民约,印发了《深化丧事简办和惠民殡葬改革实施方案的通知》,充分发挥了县、乡、村三级组织的作用,推动了乡村移风易俗的改革,取得了明显的成效。"浙里石榴红"品牌的培育工作得到了省、市的充分肯定,是温州在全国"铸牢中华民族共同体"建设经验交流活动中唯一的代表。在桥墩镇兴庆村、宜山镇宜一社区等多地探索推行家庭信用积分管理制度,用积分管理兑换形式量化文明元素,引导广大家庭从"旁观者"向"参与者"转变,主动参与美丽乡村和乡风文明建设。

第二,文化建设有成果。建设历史文化村落保护利用重点村1个,历史文化村落保护利用一般村1个。马站的四季柚子栽培体系被列为省级第一批农业历史文化遗产。坚持"系统谋划,分步实施,稳步推进"的工作方针,重点选择在文化特色鲜明、人口相对集中、经济发展较好的中心村建设文化礼堂,一年开展文化活动7000余场次。通过"博物馆＋公司＋合作社＋农户＋市场"的方式,建成了8个乡村博物馆、65个"15分钟优质文化生活圈",惠及16万人。新建乡村健身中心若干,包括灵溪天河家园、灵溪文化中心、马站棋盘村、灵溪石聚村、灵溪双溪村、宜山珠山村、望里祺临村和金乡半浃连乡村健身广场。

六、实施扶贫倍增行动,促进共同富裕

第一,实施低收入农户全面小康计划。坚定不移地打好低收入农户增收致富

攻坚战,健全精准帮扶机制,使农民增收能力、自我发展能力和生活品质得到提高。优先安排低收入农户到社会保障工作中去。实施财政资金折股量化帮扶,带动土地、劳动力等资源发展。大力发展原料加工产业,并稳步推进光伏扶贫项目。加强对低收入农户的产业扶贫的政策扶持,把卫生、教育、科技和旅游等功能和扶贫有机结合起来,切实提高低收入农户的收入。要充分利用革命老区、少数民族地区的生态优势和文化特色,打造红色旅游、少数民族风情游品牌,帮助革命老区群众和少数民族群众增加收入。

第二,拓展农民增收渠道。坚持"以创业促就业"的方针,提升农民就业水平,建立合理的工资增长机制。要把资源变成资产,把资金变成股金,把农民变成股东,这样才能更好地弥补农民财产收入的不足。加快扩大农村公共服务覆盖范围,提高服务质量,促进农民转移性收入增长。完善农地产权流转中的农户权益保障机制。加强工程建设标准化。确保资金的准确使用,积极推动县级扶贫项目库的建设;规范扶贫资金的使用,如扶贫互助资金、来料加工、产业扶贫、异地搬迁、股份量化等。

第三,加大异地搬迁投入力度。加快山区远山、地质灾害隐患点、山洪高危地区的生态移民,采用政府统筹的异地安置与自购商品房相结合的方式,加速推进农民异地搬迁,已全面完成农村困难家庭危房改造,900 人以上异地搬迁。集中力量打赢城乡危房"治危拆违"攻坚战和地质灾害"除险安居"攻坚战,确保农村群众生命财产安全得到有效保障。实行异地移民,实现共同富裕。积极参与全市"助推搬迁,安居圆梦"活动,助推最困难群众实行搬迁,创新模式,积极用好金融扶贫政策、用活金融产品。

第四,重点关注低收入群体。低收入群体是促进共同富裕的重点帮扶保障人群。深化"折股量化"的财政衔接方式,使低收入农户获得长期股权分红,以解决因病因残致贫、无劳动能力的贫困人口的增收难题。加快发展共同富裕示范工程和试点项目建设,如霞关镇保障性住房,使贫困人口平均增收 2000 元。在这个过程中,还需要不断扩大就业、增加收入的渠道,推动数千万农民的素质提高,以及培养农村实用人才等,在各个方面都打好共同富裕的基础。进一步拓展"扩中提低"行动的富民效用。着力夯实扶贫保障体系,采取党员干部"一帮一""一帮多"等方式,充分发挥"浙农"平台的作用,在医疗保障、基本生活设施和教育等方面,对贫困人口实施分级分类社会救助。拓宽"扩中提低"的途径与方式,加大对乡村产业发展、农村基础设施建设、农村资源导入等各个领域的投资力度,推动苍南县

"共同富裕示范区"县域样板建设。

总而言之,苍南县推进公共服务均等化是为了实现共同富裕、促进经济社会协调发展、提升县城的吸引力和竞争力以及促进社会和谐稳定。① 这是县政府致力于改善民生、增进全县人民福祉的重要举措。

第三节 攻坚治理高水平

乡村振兴战略肯定了农民的主体作用,同时也提出了统筹城乡发展的方向,通过完善硬件设施、提升社会服务水平等方式,使政府公共服务延伸到乡村,提高农民的生活质量和文明程度,是指导乡村建设的发展理念。苍南县以提升国家治理体系和治理能力的现代化为目标,推动社会治理向高水平发展。

一、强化组织保障

第一,健全完善党的农村工作领导机制。强化党对农村工作的领导。深化落实五级书记抓乡村振兴工作,切实对照责任清单,通过各级党组织的力量,把农村各个领域的工作都做得更好,用组织创新来带动乡村振兴。按照中央一号文件的要求,为进一步抓好苍南县农业农村工作,苍南县专门成立由县委书记当组长的中共苍南县委苍南县人民政府农业和农村工作领导小组,专门印发有关政策文件、召开会议落实五级书记抓乡村振兴责任,特别是落实县级党委书记把主要精力放在抓"三农"工作上的要求,并健全地方各级党委农村工作机构、完善工作机制、充实保障工作力量等。

第二,强化部门协调服务工作。按照苍南县委、县政府关于实施乡村振兴战略的决策部署,确定了时间节点,由苍南县农业农村局牵头,建立了工作进展月度报告、定期分析研判等工作机制,将乡村振兴的各项工作分解开来。做好整体配合,加强统筹协调。充分发挥参谋的作用,使思想得到进一步的统一,提高工作的强度,加速项目的实施,不断提升统筹协调能力。坚持农业农村优先发展。全面

---

① 袁威.基本公共服务均等化的政策逻辑与深化:共同富裕视角[J].中共中央党校(国家行政学院)学报,2022(4):56-63.

加强党对农村工作的领导,扎实推进"百县争创、千乡晋位、万村过硬"行动,充分发挥农业金融支持和政策性农业保险的"助农"功能,加大对农业农村的有效投入。主动进行资源整合。苍南县各级组织动员社会各界人士积极投身乡村振兴工程,积极开展乡贤举荐活动,充分发掘苍南县的乡贤资源,以乡贤文化为土壤,以乡情为纽带,留住绿水青山,推动乡村振兴。

二、推进基层建设

第一,强化组织建设。强化基层党组织统领作用,推动社区党组织向下延伸,突出激发优势,迭代升级党群创业共富工程,聚焦"扩中提低",加强项目培育,突出共建共享,构建幸福社区,打牢基层基础,完善党建工作阵地,以"百县争创、千乡晋位、万村过硬"为重点,打造"红色根脉"强基示范建设单位。

第二,推进乡村治理现代化。健全自治、法治、善治的农村基层治理体制,新增浙江省善治示范村 32 个,创建一批省级民主法治示范村。加强农业农村法制建设,依法办理行政许可,无一起行政复议,严格执行"双随机一公开"管理,全面推行行政执法"三项制度",组织"典型案例研讨"和"专家授课"等研讨和培训活动,在全市农机练兵比武执法技能竞赛中获得团体三等奖、个人三等奖。

第三,全力推进平安乡村建设。以苍南县实际为基础,统筹推进网格优化区划工作,以"四个一批"为抓手,充实网格力量,组建"党建引领基层智慧治理专班",组建"一办四组",构建专班运行工作机制,制订《苍南县专职网格员全链条管理办法(试行)》《苍南县"1+3+N"网格队伍管理考核办法(试行)》《苍南县专职网格员星级管理评定实施办法》等网格运行制度,努力提高网格治理队伍规范化和专业化水平,实现"浙江便民码"的推广应用,完成率达 100%。[①]

第四,做好除险保安工作。健全基层应急管理组织体系,着力补齐应急管理短板,夯实基层应急基础,苍南县村(社区)应急突击队建设率达 100%。全面落实食品安全"两个责任"机制,开展农村食品生产经营单位包保工作,成功创建省级食品安全示范县,苍南县所有渔船全部加装了高精度智能监控设备,建成霞关一级渔港智慧门口,积极开展"安全生产月"和"除险保安"活动,对农村沼气安全生产隐患进行了全面的排查,进一步加强农家乐安全生产管理,每周定期开展农

---

① 浙江农林大学浙江省乡村振兴研究院.浙江乡村振兴研究报告:2021[M].北京:中国农业出版社,2022:9.

家乐安全生产隐患排查,并不定期组织开展宣传教育和安全知识培训。压实属地责任,有效提升动植物疫病防控的指挥协调、安全防护、应急处置能力,推动基层动植物疫病防控能力得到不断提高。通过村逐户排查、镇现场核查、县采取购买服务等方式,完成对苍南县房屋图斑的排查工作。全面开展全县房屋大排查行动,完成 C、D 级危房解危 1100 户。完成安居一期和安居二期老旧小区改造工程,争取上级补助资金 713 万元和专项债 400 万元。稳步推进传统村落、红色基地白蚁危害治理,完成桥墩镇矴步头村和碗窑村传统村落白蚁防治综合治理工作,对矾山朱程将军故居进行全面综合防治。

三、实施乡村"三治"行动

第一,推进乡村治理"三治结合"。健全"自治""法治""德治"的联动机制,创建"无案、无诉、无信访"的"三无"乡村。强化善治示范村建设。完善村民自治制度,规范村民(代表)会议制度,推动村务公开制度化和规范化,使村规民约法制化、规范化和特色化。推进"依法治村",加大农村法制宣传力度,健全基层法律服务中心和站点。

第二,加快农村智慧社区建设。要根据农村社区的经济发展状况、人口分布和变化趋势等因素,因地制宜,分类推进农村社区建设。推动智慧社区建设要抓住"互联网丨"大数据与智慧城市的机遇,重点关注城市社区的基础数据收集、共享和应用,对社区基础数据进行深入挖掘,将智慧社区、智慧城市建设推向更高水平、更高生活质量的新领域。对有特色的智慧社区进行总体规划。从规范化角度看,要制定统一的智慧社区管理规范。该标准的出台将有助于解决由谁来建设智慧社区、怎样建设智慧社区、建设什么样的智慧社区以及如何检验智慧治理的成效等问题。增加对智慧社区管理的投资力度。在社区智慧治理方面,政府要更多地投入人力,持续完善基础网络,整合资源,加快智慧社区治理的信息化试点工程。积极推进"智慧村社通"等智慧社区的建设和应用,提高智慧治理的成效。

第三,推进平安乡村建设。深化基层治理"四个平台"建设,全面全科网格管理。深入开展扫黑除恶专项斗争,铲除"黄赌毒"土壤。依法加大对农村非法宗教活动和境外宗教渗透活动的打击力度,制止利用宗教干预农村公共事务等。实施农村"雪亮工程",基本实现农村主要公共出入口视频监控和驻村警务室全覆盖。

四、推进改革创新

第一,升级改造"三农"领域数字化。苍南县围绕数字产业化和产业数字化核心聚焦发力,推动数字苍南建设,加快数字经济高质量发展。强化农业生产的数字监管服务,研究构建机械化、科学化的种植方式,对农产品生产全过程进行智能化监控与信息化追溯,全面推动化肥和农药的减量增效,持续推动农业绿色高效发展。运用"紫菜一件事"智慧配送系统,利用地理信息系统、统一管理、浙政钉、浙里办等多种应用支持服务,以数字思想为先导,以紫菜配送为小切口,创造性地构建了"浙农码"的无接触 RFID(射频识别)应用,实现了流程再造和数据协同。针对苍南县的实际情况,以人民群众的需要为中心,建立了"1+2+4+1"的多场景应用体系,并在此基础上进行了探索。合理发展治理技术。苍南要把握"互联网+"时代发展的契机,对大数据、云计算、区块链机器学习、人工智能等现代信息技术在推进国家治理能力现代化过程中所扮演的角色进行深入研究。重视并强化信息安全保障系统的建设。在建设智慧社区的同时,还要注重居民的隐私和信息的安全性,要对社区信息的开放与共享进行界定,建立一个智慧社区的信息安全保障系统,对敏感和隐私的信息严格保密,防止其外泄。加大对网络环境的监管力度,使网络环境下的信息使用更加规范。

第二,搭建"私屠滥宰一件事"应用平台。针对违法行为举报难、发现难以及执法手段单一等难点问题,通过数字赋能、流程再造、制度重塑,搭建"私屠滥宰监管执法一件事"场景应用平台,推动整体智治、协同高效,实现监管执法整体提升和能力迭代升级。一是搭建执法事项"一图统管",根据监管执法和群众现实需求,搭建线上服务中心、线索中心、基础数据中心、预受理中心、派发协同处置中心、事件评价中心等 6 个场景应用,形成执法监管"四个一张图",相关部门的执法人员通过一个应用即可实现私屠滥宰监管执法事项一图统管。二是建立监管流程量化闭环。平台受理案件后,通过"预受理中心""基础数据中心""派发中心""协同执法"4 个子场景,依据法律法规库,结合线索初步核实,根据案件性质将线索任务通过基层治理四平台调度派发给公安、农业农村、市场监督管理、综合行政执法等部门且事项下沉乡镇,强化屠宰流通端监管力度,实现跨部门资源整合,从分散监管到协同共治,从事后监管到事前监管,打造私屠滥宰监管执法一件事全流程量化闭环,大大提高执法效率。

五、明确角色定位

第一，社区党组织是领导者。中国人民在党的领导下，完善各项公共服务政策、健全法治社会。基层农村社区党组织在农村社区治理过程中发挥三个作用，分别是政治作用、思想作用、组织作用。政治作用方面，按照我国国情，制定并实施相应的政策、法律法规，农村社区治理是党在国计民生方面提出的重要举措。社区党组织应当积极动员社区中的党员参与社区治理，带动其他群众的积极性，保障人民的利益。思想作用方面，在建设农村的过程中，遇到难题不可避免，社区党组织必须时刻铭记农村建设的目标，大力宣传农村建设的相关政策和方略，利用社区党组织的天然优势，提高农村居民的思想水平。组织作用方面主要体现于社区治理工作干部的任用。社区党组织必须加强对党员的管理，起到带头作用，推动农村社区治理效果不断取得突破。

第二，政府是支持者。政府应统筹规划，从社区治理的全局出发，适时调整总体政策，把握发展方向，对社区治理中遇到的困难问题及时给予关注。针对特定农村社区的发展特征，制定出适合其发展的规划，做出相应决策，进行管理方法的创新，运用行政、经济、法律等方法，在宏观上引导社区治理。整合和调动各种社会力量，积极参与农村社会治理。在社区建设的进程中，国家要为社区的发展提供必要的资金、制度和服务保障。农村社区的建立，无论是从管理上还是从组织上来说，都离不开资金支撑。为此，在农村社区建设方面，政府应该给予专项资金补助，逐步制定优惠政策，动员社会力量，为社区治理工作筹集资金，提供就业岗位，为其提供财力、物力和人力等方面的支持，加速社区治理工作的高效率运转。

第三，村（居）民是主要参与者。农村社区治理的服务对象为村（居）民，因此社区治理必须以满足村（居）民的利益需要为核心，构建和谐发展的乡村生态环境，提升村（居）民的经济素质，提升他们的生活品质。所以，农村社区治理仍应以村（居）民自身为中心，通过调动村（居）民群众积极参与，充分发挥乡村社区自我管理和自我服务的功能。通过对村（居）民参与社区管理的职责与义务的界定，激发村（居）民参与社区治理的积极性。在农村社区治理过程中，要使村（居）民充分认识到自己的主体地位，只有这样，村（居）民才能更好地保护自身的利益。一是要让村（居）民主动参加社区管理，行使选举和被选举的权利，充分表达他们的合理需要，增强他们的责任感。二是在社区管理工作中，村（居）民可以发挥监督的功能，通过监督、建议和批评等方式，促使各参与主体改进和规范管理活动。

第四，村民委员会是推动者。农村社区委员会在农村社区治理工作中具有不可替代的作用。一是因为该组织是由社区村（居）民选举出来的，可以带动社区的村（居）民进行自我管理与服务，并开展教育活动，具有较强的号召力，能够对社区的综合行政、经济等事务进行协调。它是协调员，同时也是联系社区村（居）民与政府之间的桥梁，可以作为政府在社区管理中的各种工作的辅助者，为各种事项的开展提供帮助。二是它可以发挥组织的功能。如组织选举、制定规章制度，以及组织开展文娱活动、体育活动、宣传教育、科技、社区卫生、社区安全等方面的工作；组织村（居）民定期开展自我教育、自我服务，互相帮助，关心社会上的弱势群体等；通过对社区居民各种矛盾的协调与沟通，为满足社区村（居）民的诉求提供平台与途径，从而提升社区的自治水平。

总而言之，乡村兴则国家兴，乡村衰则国家衰。[①] 苍南县不断强化组织保障，推进基层建设，开展"三治"活动，破除难题进行改革创新，明确角色定位，逐步提高治理能力和治理水平，推进治理能力和治理水平现代化，促进社会和谐稳定。

---

① 乡村振兴战略规划：2018—2022 年[M]北京：人民出版社，2018：3.

第六章

省级生态县建设

生态兴则文明兴,生态衰则文明衰,良好的生态环境是最普惠的民生福祉。"八八战略"提出,要进一步发挥浙江的生态优势,创建生态省,打造"绿色浙江"。① 推进生态建设、打造绿色生态县、建构新时代"浙江美丽南大门",是保护和发展生产力的客观需要,符合可持续发展战略,是功在当代的民心工程、利在千秋的德政工程。

20多年来,在"八八战略"指引下,苍南县全面贯彻落实习近平生态文明思想,深入践行"绿水青山就是金山银山"理念,大力发展清洁能源,加快产业结构绿色低碳转型,聚焦打好污染防治攻坚战,推动县域环境质量稳中向好改善,在长三角一体化发展、美丽浙江建设、温州都市区建设进程中,高水平推进"五美"新苍南建设,为高质量建设"浙江美丽南大门"提供有力生态保障。苍南在持之以恒的实践创新中,积小胜为大胜,重塑了农村环境,造就多座美丽乡村。在多年努力下,苍南于2020年、2021年、2023年均被列为美丽浙江建设工作考核优秀县,生态环境得到明显提升。②

人不负青山,青山定不负人。苍南县将进一步紧紧围绕高质量建设新时代"浙江美丽南大门"核心目标定位,聚力抓好各个方面工作,进一步强基础、补短

---

① 习近平.干在实处 走在前列:推进浙江新发展的思考与实践[M].北京:中共中央党校出版社,2006:自序3.

② 再添省级"金名片"!苍南上榜[N/OL].(2021-06-08)[2023-11-11].https://www.163.com/dy/article/GCOUU1560534CJD1.html.

板、强担当、走前列,全力彰显新时代"浙江美丽南大门""苍"海明珠的璀璨本色,在"重要窗口"中打造具有高影响力的全省生态建设新标杆,努力以"全域大美"更好满足人民群众对美好生活的向往,持续擦亮苍南生态底色。

第一节　顶层设计,规划引领

创建生态县是苍南县经济社会发展进入新阶段的标志,是事关全县跨越式发展全局的战略任务,也是一项复杂的系统工程,涉及各级政府、企业、个人等多类主体,工业、农业、服务业等多个领域,跨部门、跨行业,任务繁重,时间跨度长,投入人力物力巨大,必须有长期科学的规划、有力有序的管理机构以及全面完善的管理机制。苍南县在生态保护和治理方面建立以生态县建设工作领导小组为核心的多级管理机构,把生态文明建设作为重中之重来抓,坚持经济建设与环境保护并重,不断巩固和发展生态县创建成果,推动经济社会加快形成绿色可持续发展模式;在不同阶段制定科学完善的工作规划,经过多年长期的努力,取得生态县建设、美丽苍南建设的巨大成就,生态环境、资源利用形式得到明显改善。

一、建立机制,明确责任

抓生态建设是一项民心工程,是各级党委政府的职责所在。苍南县各级各部门始终怀着责任重如山的压力,敢抓真抓,不遗余力,以生态建设的实际成果检验作风、检验执政能力、检验领导水平。强化组织领导,健全齐抓共管的责任机制,形成一级抓一级、一级对一级负责的格局;注重督查考核,建立长效落实的奖惩机制,力求不放过一个死角,不遗漏一项指标;强化舆论宣传力度,加大新闻媒体和社会各界的舆论监督力度,形成良好的舆论氛围和导向。①

2003 年,苍南成立了以县委书记任组长,县长为常务副组长,县政府各直属单位主要负责人为成员的苍南生态县建设工作领导小组和办公室,各乡镇也都成立生态建设领导机构和工作班子,形成部门配合、上下联动、共同推进的生态县建

①　苍南召开生态建设工作暨清洁家园行动大会[N/OL]. (2011-03-28)[2023-11-11]. http://sthjj. wenzhou. gov. cn/art/2011/3/28/art_1317594_7041532. html.

设组织领导机制。与此同时,为了确保生态建设顺利开展,不断完善生态工作机制,努力形成共推共促的生态县建设工作推进机制,根据上级的各项要求,在征求各部门、乡镇意见的基础上,科学地制定《各年度苍南生态县建设工作任务书》和《年度乡镇长生态县建设目标责任书》。坚持每年召开生态县建设工作会议,统一部署年度工作,并由县长与各乡镇长签订了《年度乡镇生态建设目标责任书》,将生态建设工作任务进一步细化、量化。此外,县政府还根据《年度生态市建设工作任务书》和《年度乡镇生态建设目标责任书》的内容,出台相应的《生态市建设工作任务书苍南县重要工作联系制度》和《乡镇生态建设工作任务书考核细则》,切实将生态县建设作为党政干部考核的重要内容,使各乡镇、各部门的目标任务及责任更加明确。①

2007 年是省委、省政府提出的“811”环境污染整治决胜之年,也是苍南生态县建设的关键之年。由于生态建设工作面临时间紧、困难多、压力大的严峻形势,浙江省、温州市政府把生态建设列入重要议事日程,将生态建设目标分解为具体的年度目标,纳入各部门、各级政府及主要领导干部的任期责任制,实行年度考核。苍南县结合实际,建立相应的年度生态市建设工作任务书重要工作联系制度,实行党政一把手亲自抓、负总责,分管领导具体抓,真正体现生态建设责任、措施和投入“三到位”,形成县、部门、乡镇分级管理,充分发挥职能优势,分工协作,群策群力,切实把生态建设抓紧抓好,为苍南县实现“后发崛起、全面跨越”战略目标奠定坚实的环境基础。②

2007 年还制定了《生态县建设工作任务书考核细则》,县长与各乡(镇)长签订生态县建设目标责任书,本着客观、公正、易操作的原则,科学公正地考核各项责任指标的实施情况,充分调动工作的积极性和创造性,确保各项责任目标如期完成,不断改善全县环境质量,保障生态和环境安全,实现经济、社会与环境的和谐发展。③

为切实加强苍南县对应对气候变化和节能减排工作的领导,2007 年苍南县

① 2003—2007 生态建设工作总结[EB/OL].(2008-01-18)[2023-11-13].http://www.cncn.gov.cn/art/2008/1/18/art_1229242434_4014401.html.

② 关于建立 2007 年度苍南县生态市建设工作任务书重要工作联系制度的说明[EB/OL].(2007-06-05)[2023-11-11].http://www.cncn.gov.cn/art/2007/6/5/art_1229416649_1646212.html.

③ 苍南县人民政府办公室关于印发 2007 年度乡镇生态县建设工作任务书考核细则的通知[EB/OL].(2007-07-22)[2023-11-13].http://www.cncn.gov.cn/art/2007/7/22/art_1229416646_1947903.html.

人民政府办公室成立应对气候变化及节能减排工作领导小组,作为苍南县应对气候变化和节能减排工作的议事机构。

2014年,苍南生态县建设工作领导小组调整为县委、县政府美丽苍南建设领导小组,统一规划,协调分工,为生态建设提供制度保障,成立五水共治美丽浙南水乡建设领导小组,推动五水共治工作与美丽浙南水乡建设工程,努力打造"水中有鱼虾,河中有人游,林中有鸟鸣"的生态环境。① 2020年,成立美丽乡村建设工作领导小组和美丽乡村建设指导中心,深化"千万工程"、建设新时代美丽乡村的指导和服务。2022年,成立苍南县生态文明建设领导小组,强化生态文明建设顶层设计;以全县16个乡镇、2个民族乡为单位,深化乡镇主要领导生态离任审计,创新建立环境质量月报预警机制,全面夯实基层生态环保工作责任。

二、科学规划,优化目标

苍南县抓牢指标背后的支撑性工作,牢牢把握工作主动权。在扎实完成上级部署的规定动作的同时,更要坚持改革开路、创新破难,做到大胆闯、大胆试,在创造性落实中形成更多"苍南方案"。

生态县建设是贯彻浙江省委、省政府提出的生态省建设和全面建成小康社会的战略部署,落实温州市委、市政府提出的温州生态市建设的战略目标要求,实现全县经济社会与人口、资源、环境的协调发展的必要途径和战略举措。②

2003年是浙江省生态县建设的启动年。苍南县在年初就把打造"绿色苍南"作为工作主题之一,认真开展生态县建设的各项基础准备工作,为生态县建设的全面启动打下良好基础。③

2004年3月召开苍南县"建设年"暨生态县建设动员大会,全面启动生态县建设。4月,县七届人大常委会第十次会议通过关于建设生态县的决定,标志着苍南生态县进入全面建设阶段。为贯彻落实省政府"811"环境污染整治行动,苍南县召开了全县环境污染整治会议,建立了县政府污染整治目标责任制,加强对

---

① 我县系列治水制度征求意见[N/OL]. (2014-04-08)[2023-11-13]. https://www. cnxw. com. cn/system/2014/04/08/011630142. shtml.

② 苍南生态县建设规划[EB/OL]. (2008-04-14)[2023-11-13]. https://www. cncn. gov. cn/art/2008/4/14/art_1229416690_3653185. html.

③ 苍南县环境保护局2003年工作总结及2004年工作思路[EB/OL]. (2003-12-15)[2023-11-13]. http://www. cncn. gov. cn/art/2003/12/15/art_1229242434_4014129. html.

污染整治的组织领导。①

2005年，县七届人大常委会第22次会议通过《苍南生态县建设规划》的决定，县政府予以颁布实施，使生态县建设有章可循，起到了指导性作用。《苍南生态县建设规划》结合《苍南县国民经济与社会发展"十五"规划纲要》，科学地制定了苍南县生态建设近、中、远期目标，把生态建设与经济社会发展融合起来，实现整体协调可持续发展。同年，编制《苍南县环境保护第十一个五年规划》。2005年9月颁发了《2005年乡镇目标责任制》《苍南县生态建设专项资金使用管理暂行办法》等政策文件，逐步完善了生态建设的各项工作机制，有效促进了生态县建设工作的深入开展。苍南县生态乡镇规划逐步开展，生态县建设取得长足进展。

为认真贯彻落实国务院《关于加强节能工作的决定》（国发〔2006〕28号）文件精神，根据苍委办发〔2006〕74号《关于在全县机关开展资源节约活动的实施意见》，加快推进节约型机关建设，发挥县级机关在节能减排、建设节约型社会中的示范作用，苍南制定行政中心节能减排工作实施方案。苍南通过广泛开展内容丰富、形式多样的活动，教育、引导全体机关干部从自己做起，从现在做起，从身边点滴事情做起，自觉养成节约一度电、一杯水、一张纸、一滴油的良好习惯，在机关形成"人人节约、事事节约、处处节约"的良好氛围。②

2008年，苍南县委托温州市环境保护设计科学研究院编制《苍南县生态环境功能区规划》，且于该年8月通过市局组织的专家评审，并按要求上报省局审定。《苍南县生态环境功能区规划》在综合考虑生态环境资源、生态环境敏感性、环境承载力、生态服务功能等诸多因素的基础上，科学划定了苍南县禁止开发区、限期开发区、重点开发区、优化开发区，为苍南县经济可持续发展奠定了规划基础。③

2011年颁布《苍南县生态环境保护"十二五"规划》，并开展以"绿色苍南、美丽家园"为主题的生态文明建设"六大行动"。建设"绿色苍南、美丽家园"是"十二五"期间县委、县政府全面加快生态县建设、推进苍南生态文明建设、优化城乡环境的重大决策，以"两城示范、十镇联动"文明创建、"五沿五化"、"清洁家园"行动、河网大整治、"两违"（违法用地和违法建设行为）大整治、殡葬改革等六大行动为

① 苍南县环境保护第十一个五年规划征求意见稿［EB/OL］.（2005-12-20）［2023-11-13］. http://www.cncn.gov.cn/art/2005/12/20/art_1229416690_3658399.html.

② 苍南县人民政府办公室关于转发苍南行政中心节能减排工作实施方案的通知［EB/OL］.（2007-12-27）［2023-11-13］. http://www.cncn.gov.cn/art/2007/12/17/art_1229416646_1947987.html.

③ 2003—2007生态建设工作总结［EB/OL］.（2008-01-18）［2023-11-13］. http://www.cncn.gov.cn/art/2008/1/18/art_1229242434_4014401.html.

载体,通过三年的努力,形成节约能源资源和保护生态环境的产业结构、增长方式和消费模式,把苍南建设成"富饶秀美、和谐安康"的浙南闽东北最具活力的工贸生态滨海城市,创建一个和谐优美、绿色生态的人文和自然环境。"绿色苍南、美丽家园"活动由县清洁办、文明办和林业、水利、国土、民政等 6 个单位牵头。①

《苍南县"十三五"生态环境保护规划》提出坚持以环境保护优化经济发展,加大产业结构和布局优化,促进产业转型升级,推动产业绿色发展,加快形成节约能源资源和保护生态环境的绿色发展体系。实施"六大行动",加快大气污染防治,推进七星列岛海洋特别保护区建设,深入推进"下山移民"工程,加大森林资源保护力度,实施山水林田湖生态保护和修复工程。②

2013 年,浙江省委、省政府提出"五水共治"行动,明确了饮用水水源保护的重要性,将饮用水水源地的保护作为当前政府部门重点工作之一。同年,苍南印发《苍南县清洁水源行动方案》,深入推进水污染防治工作,全面改善水环境质量,保障人民群众饮用水安全和经济社会发展需要。③ 2016 年,苍南印发《苍南县饮用水水源地环境保护规划》,保障全县供水安全,加强饮用水水源地的规范化建设,进一步加大对饮用水水源的保护力度。④

2021 年,苍南县第十次党代会提出,"十四五"时期将探索实现"双碳"路径,加快打造生态文明建设高地;打好治水、治气、治土、治废"四大攻坚战",推进环境治理从"末端治理"向"标本兼治"转变,"突击整治"向"长效管理"转变,全力攻坚国家全域旅游示范区、国家森林城市、省级生态文明建设示范县、省级资源循环利用示范城市、全国文明城市等"五城联创"。⑤

"十四五"时期是从污染防治攻坚战转向美丽浙江建设持久战的转型期,也是巩固污染治理成果、全面改善生态环境质量、开创生态环境保护工作新局面、推进

---

① 苍南生态文明建设"六大行动"启动[EB/OL].(2011-01-26)[2023-11-13]. http://sthjj. wenzhou. gov. cn/art/2011/1/26/art_1317594_7041442. html.

② 苍南县"十三五"生态环境保护规划[EB/OL].(2016-06-29)[2023-11-13]. http://www. cncn. gov. cn/art/2016/6/29/art_1229566222_4135002. html.

③ 苍南县人民政府办公室关于印发《苍南县清洁水源行动方案》的通知[EB/OL].(2013-02-08)[2023-11-13]. http://www. cncn. gov. cn/art/2013/2/28/art_1229416646_1948593. html.

④ 苍南县饮用水水源地环境保护规划[EB/OL].(2017-01-03)[2023-11-13]. http://www. cncn. gov. cn. art/2017/1/3/art_1229418457_3642920. html.

⑤ 答好三个"苍南之问",以"五个迈进"为发展路径,苍南拉高标杆再出发:昂首迈步新跨越 奋楫建好南大门[EB/OL].(2021-12-30)[2023-11-13]. http://www. cncn. gov. cn/art/2021/12/30/art_1255449_59029106. html.

生态环境管理转型的重要时期,对水生态环境保护的要求也逐步从近期的水质改善向中远期的水生态健康转变。2022年,苍南坚持污染防治和生态保护共同发力,推进工业、农业、生活多源齐控,推动"山水林田湖草"系统治理,逐步实现全县水体由"净"到"清",由"清"到"美"的提升。同年,加快推进绿色低碳发展方式,推进美丽苍南升级版建设,构建现代化生态环境治理体系,形成绿色生态幸福生活方式,塑造优质生态环境名片,努力争当浙江省"重要窗口"和"先行示范"的排头兵。

2022年,印发《苍南县生态文明示范县建设规划(2021—2030年)》,通过生态制度、生态安全、生态空间、生态经济、生态生活和生态文化六大体系的建设,进一步打开"两山"转化通道,推进低碳示范,积极应对气候变化,深化五水共治,打赢"碧水保卫战",加强协同防治,巩固"蓝天保卫战""净土保卫战""垃圾革命战",推进陆海统筹,高起点打造美丽生态环境,协同推进经济高质量发展和生态环境高水平保护,为浙江省打造美丽中国先行示范区交出让人民满意、经得起历史检验的美丽苍南答卷。①

三、久久为功,水滴石穿

苍南自开展生态县创建工作以来,县委、县政府始终把生态县建设摆到经济社会发展的突出位置,始终牢记习近平总书记的关怀嘱托,坚定不移沿着"八八战略"指引的路子,坚定"绿水青山就是金山银山"的工作理念,按照党中央"美丽中国"建设、省委省政府"美丽浙江"建设的战略部署,全面实施"生态化战略",努力打造美丽苍南,全力推进城乡环境建设,扎扎实实地抓好生态文明建设的一系列基础性工作,一张蓝图绘到底,一任接着一任干,加快推进建设"浙江美丽南大门"这一工作目标的实现。在历届政府及全社会的共同努力下,久久为功,水滴石穿,苍南取得生态建设巨大的成绩,环境面貌改善显著,经济社会发展保持强劲态势。

2010年,坚持把"绿色苍南、美丽家园"创建活动作为苍南县生态文明建设总载体,深入开展"清洁家园"、"两城示范、十镇联动"文明创建、"五沿五化"、河网整治、"两违"整治、殡葬改革等六大行动。加强海洋和陆域生态保护,重点保护好黄金海岸线、江南水乡、山地生态资源以及桥墩水库等六大饮用水源地。加快绿化

---

① 苍南县人民政府关于印发《苍南县生态文明示范县建设规划(2021—2030年)》的通知[EB/OL]. (2022-04-19)[2023-11-13]. http://www.cncn.gov.cn/art/2022/4/19/art_1229242433_4044806.html.

造林速度,强化河网整治力度,力争城乡垃圾处理、污水集中收集全覆盖,积极打造山清水秀、清洁美丽的宜居环境。推进生态县建设,完善生态补偿机制,实现80%的乡镇建成省级生态乡镇,达到省级生态县的创建目标。[①]

2014年,苍南县委、县政府提出建设"浙江美丽南大门"的决策部署,省级生态县创建作为主要抓手,被摆在更加突出位置。苍南环境保护坚持以"五水共治"、生态创建、"四边三化"、污染减排、重污染行业整治为重点,纵深推进各项创建工作,城乡环境得到明显改善,生态文明建设水平明显提高。[②]

2014年,苍南深入实施"五水共治",治水捐资8150万元全部到位,完成治水投资27.5亿元,投资量排名全市第一。"清三河"行动全方位展开,整治完成18条垃圾河、15条黑臭河,河道保洁实现全覆盖,大力开展"美丽河湖"创建,考核获评全省一等奖。农村生活污水治理开工225个村,铺设管网67.2千米,受益农户4.98万户。新建城镇污水管网52.7千米、住宅区纳管42个,河滨、龙港、临港等污水处理厂工程按计划推进,金乡、钱库及巴曹片污水干管全线贯通,马站赤岭头垃圾填埋场建成投用。城乡环境综合整治持续推进,"四边三化"综合考核排名全市第三,"三改一拆"工作名列全市前茅,创成无违建乡镇2个、无违建村居83个。绿化造林2.1万亩,新增绿道110千米、城市公园绿地175亩,新建森林公园8座、滨水公园17座,改造提升公园13座。深入实施清洁空气行动,淘汰"黄标车"6300辆,大气二氧化硫、二氧化氮含量分别下降7.3%、11%,空气优良率达91.5%。加大环保执法力度,立案查处环境违法行为230起,刑事追责26人,关停重污染高耗能行业企业34家。深入开展农业面源污染治理,动物无害化处理中心开工建设,桥墩、赤溪、岱岭等地规模养猪场整治有力推进,全县畜禽业禁限养区重新划定。龙港镇、宜山镇分别通过省级和市级生态乡镇验收,建成市级生态村292个。狠抓"一打三整治"专项行动,取缔"三无"渔船1029艘,取缔数列全省第二。[③]

2016年是省级生态文明示范县创建启动元年。美丽苍南办公室承担环境保护牵头负责职责,会同乡镇及有关部门大力推进省级生态文明示范县创建、"四边

① 2011年苍南县人民政府工作报告[EB/OL].(2011-01-23)[2023-11-13].http://www.cncn.gov.cn/art/2011/1/23/art_1229242435_4022976.html.

② 生态县建设:苍南环境保护"这一年"[N/OL].(2015-03-03)[2023-11-13].http://www.cncn.gov.cn/art/2015/3/3/art_1255449_3612483.html.

③ 2015年苍南县人民政府工作报告[EB/OL].(2015-06-16)[2023-11-13].http://www.cncn.gov.cn/art/2015/6/16/art_1229242435_1949081.html.

三化"、城乡洁化以及垃圾分类等重点工作,促使县域城乡环境面貌进一步优化提升。① 在总结过去省级生态县创建工作的基础上,苍南对照省级生态文明示范县创建指标要求,开展了可达性分析,并委托编制规划。继续推动桥墩镇、岱岭乡、凤阳乡3个乡镇创建国家级生态乡镇。开展新增7个镇的生态建设水平评估工作,并确定桥墩、南宋、大渔、沿浦、岱岭和凤阳6个乡镇作为苍南县首批创建省级生态文明乡镇,制定创建工作方案。②

2017年,实施"五水共治"重点项目66个,完成投资24.9亿元。全面开展劣五类水体剿灭战,4个县控以上站位及385个劣五类水体全部销号,全县平原河网氨氮、总磷平均浓度分别下降38.3%、48.9%,创成省"清三河"达标县。③

2018年,全面启动国家森林城市创建,3个乡镇获评省级森林城镇。绿色发展指数列全市第一,空气质量指数优良率达98.4%。④

2019年,坚决打好污染防治攻坚战,以最严标准抓好环保、土地、海洋督察整改,特色行业整治取得显著成效。河滨污水处理厂扩容工程顺利完工,县控以上断面水质达标率提高至86.7%,空气质量指数优良率达98.1%。大力推进"垃圾革命"提升年专项行动,全县生活垃圾无害化处理率达100%,垃圾分类总覆盖率达67.3%,生活垃圾增长量控制在1%以内。⑤

2020年,扎实推进中央、省委环保督察和国家海洋督察反馈问题整改销号,完成8个乡镇(平台)"污水零直排区"建设,县控以上断面水质均优于五类水标准。以超常规力度推进绿色资源循环利用中心建设,从开工到运行仅6个月。完成江滨污水处理厂扩容提标、钱库山下垃圾堆放场生态修复,马站污水处理厂扩容提标工程开工建设,江南污水处理厂前期工作取得积极成效。大力推进国土绿化美化,新增造林面积1.7万亩,建成"一村万树"示范村9个、国家森林乡村8个,在全市率先实现省森林城镇全覆盖,全年环境空气优良率保持100%,入选全

① 钱克辉.苍南年鉴.2017[M].北京:线装书局,2017:251.
② 苍南县环境保护局2016年度上半年工作总结及下半年工作思路[EB/OL].(2017-01-04)[2023-11-13].http://www.cncn.gov.cn/art/2017/1/4/art_1229242434_4015142.html.
③ 2018年苍南县人民政府工作报告[EB/OL].(2018-02-02)[2023-11-13].http://www.cncn.gov.cn/art/2018/2/2/art_1229242435_1949084.html.
④ 2019年苍南县人民政府工作报告[EB/OL].(2019-05-05)[2023-11-13].http://www.cncn.gov.cn/art/2019/5/5/art_1229242435_1949085.html.
⑤ 2020年苍南县人民政府工作报告[EB/OL].(2020-05-18)[2023-11-13].http://www.cncn.gov.cn/art/2020/5/18/art_1229242435_1949086.html.

省自然保护地整合优化试点、资源循环化利用示范城市试点。①

　　苍南县以节水型社会达标创建为抓手,坚持试点先行、典型示范、宣传引领,不断强化水资源刚性约束,大力推进节水型载体创建和节水宣传教育,形成了人口大县的节水型社会建设新路径,取得了明显成效。"十三五"期间,全县总用水量下降 46.9%、万元 GDP 用水量下降 49.3%,万元工业增加值用水量下降 57.6%。顺利通过国家级县域节水型社会建设达标县验收。② 苍南县桥墩水库连续 3 年荣获浙江省水利厅、浙江省生态环境厅县级以上集中式饮用水水源地安全达标评估"优秀"等次。③

　　2021 年是中国共产党成立 100 周年,是"十四五"开局之年,也是打造共同富裕示范区县域样板起步之年。苍南铁腕推进中央环保督察、国家海洋督察、国家土地督察反馈问题整改落实,建成投用绿色资源循环利用中心,扩容提升河滨污水处理厂,新增绿化造林 4.8 万亩,全县地表水水质、PM$_{2.5}$、空气优良率走在全省前列,创成省空气清新示范区。④

　　2022 年聚焦"三基三主"建设核心,一体推进美丽城镇、美丽乡村、美丽田园建设,完成 79 个行政村村貌整治,建成省级未来乡村 3 个,创成马站、桥墩等省级美丽城镇样板镇 4 个,望里、大渔等基本达标城镇 7 个,钱库小城市培育试点连续两年"省考"优秀。扎实推进中央、省委环保督察和长江经济带督察反馈问题整改,整治"看不见垃圾"问题点位 47.2 万处,"污水零直排区"基本实现建成区全覆盖,首夺"五水共治"工作"大禹鼎",连续两年获评美丽浙江建设工作考核优秀县。持续深化全域旅游,完成 168 生态海岸带建设总体规划、世界矾都旅游总体策划,温州矾矿、福德湾村分别入选"国家工业旅游示范基地"和"全国乡村旅游重点村",渔寮湾省级旅游度假区创建顺利通过资源评估。⑤

　　近年来,苍南先后摘得"浙江省森林城市""浙江省园林城市"等荣誉称号,城

　　① 2021 年苍南县人民政府工作报告[EB/OL].(2021-05-21)[2023-11-13].http://www.cncn.gov.cn/art/2021/5/21/art_1229242435_3937235.html.

　　② 做好"三个坚持",打造县域节水型社会"苍南样板"[EB/OL].(2021-12-07)[2023-11-13].http://wzsl.wenzhou.gov.cn/art/2021/12/7/art_1324818_59020401.html.

　　③ 2021 年饮用水水源地安全保障达标评估结果出炉,苍南连续三年优秀!(图)[EB/OL].(2022-03-31)[2023-11-13].http://wzsl.wenzhou.gov.cn/art/2022/3/31/art_1324818_59021318.html.

　　④ 2022 年苍南县人民政府工作报告[EB/OL].(2022-03-09)[2023-11-13].http://www.cncn.gov.cn/art/2022/3/9/art_1229242435_4025593.html.

　　⑤ 2023 年苍南县人民政府工作报告[EB/OL].(2023-02-16)[2023-11-13].http://www.cncn.gov.cn/art/2023/2/16/art_1229242435_4150901.html.

区绿化覆盖率达 40％,城区公园绿地 500 米服务半径覆盖率达 94.9％,林荫道路率达 76.9％。①

第二节 产业转型,节能减排

苍南坚持生态环境保护工作"稳中求进"的总基调,坚持"五个打通"治理,提升治水、治气、治土、清废和生态保护的技术水平,实现要素协同、区域协同和陆海协同;强化绿色经济发展,持续改善生态环境,积极倡导低碳人居,大力弘扬生态文化,不断健全生态制度,全面提升生态环境治理体系和治理能力现代化,建设人与自然和谐共生的"美丽苍南"。

"十三五"期间,苍南不断深化重污染行业整治、七类行业整治,加强落后产能(企业)淘汰关停,强化结构减排;聚焦打好"蓝天、碧水、净土、清废"四大污染防治攻坚战,加强监督管理能力建设,促进管理减排,全面完成污染减排目标。

一、清洁能源,绿色低碳

苍南以经济社会发展全面绿色低碳转型为目标,响应"碳达峰碳中和"战略,坚持绿能撬动,吸引中广核、中核、华润、华能等一批央企项目进驻,落地千亿级的三澳核电、千亿级海上风电和以总投资 50 亿元的远景零碳产业基地为代表的一批关联产业项目。② 发挥苍南规划清洁能源项目装机容量大、种类全、零碳产业发展优势明显等资源禀赋,加快构建绿色低碳的能源发展体系,形成功能齐备、多能共进的清洁能源产业发展格局,推动"核风光水蓄氢储"全产业链发展。以核电、海上风电为引领,绿色能源正在塑造苍南全新的产业体系。③

"打造全国清洁能源发展示范地"是苍南县"十四五"发展新"1+5"定位之一,苍南县坚持生态核电与地方融合发展理念,以核电、风电、光伏、储能蓄能、清洁能源装备制造、核关联等项目为依托,形成功能齐备、多能共进的清洁能源产业发展

---

① 我县推动生态文明向"绿"而生 森林走进城市 城市拥抱森林[N/OL].(2023-08-14)[2023-11-13].http://www.cncn.gov.cn/art/2023/8/14/art_1255449_59058653.html.
② 甘凌峰,吴合众.美丽南大门 精彩大跨越[N].浙江日报,2022-09-28(13).
③ 苍南开启全域低碳转型发展之路[N].浙江法制报,2022-11-28(5).

格局。"十四五"期间,在稳步推进浙江三澳核电项目建设、推进多种类清洁能源开发利用、打造生态核电与地方融合发展的样板、发展清洁能源关联高端装备制造业等方面,将苍南打造成为清洁能源品种齐全、技术水平领先、示范效果显著的全国清洁能源发展示范地,支撑率先实现碳达峰、碳中和。"千亿核电"与"千亿风电"组成苍南"双千亿"清洁能源产业,目前已逐渐形成"两电引领、多能并进、关联产业集群"的产业发展格局。据统计,"十四五"期间,苍南清洁能源装机容量将达1368.7万千瓦,排全省第一,占全市近一半;清洁能源产业投资达1277亿元,排全省第一,占全市四分之三,加速迈进"全国清洁能源发展示范地"。[①]

至2021年末,苍南县清洁能源的利用已较为丰富,尤其是水能、风能、光伏、核能等的开发利用。全县已建成项目的清洁能源装机容量11.01万千瓦,年发电量约1.2亿千瓦时。其中,陆上风力发电厂3座,总装机3.75万千瓦;水电站31座,总装机3.36万千瓦;光伏电站1座,装机容量2.5万千瓦(总装机共8万千瓦,已部分容量并网)。各工商企业、居民也积极建设分布式光伏项目,其分布式光伏总装机容量约1.4万千瓦。核电项目、海上风电项目、光伏项目、空气储能项目等在建或前期工程装机容量可达到1333.78万千瓦,总投资可达2000亿元以上,其中核电720万千瓦,海上风电230万千瓦,光伏33.78万千瓦,空气储能20万千瓦,电化学储能10万千瓦,抽水蓄能120万千瓦。"十四五"期间所有清洁能源及关联产业项目可完成投资超1000亿元,高峰产值超200亿元。[②]

浙江三澳核电项目是国家重点能源项目,也是温州历史上单体投资最大的项目,还是全国首个由地方政府和民营资本参股投资的核电项目。项目选址涉及霞关镇三澳村和长沙村共7个自然村。项目采用完全知识产权的第三代核电技术"华龙一号",建设6台120万千瓦的压水堆核电机组,年发电约525亿千瓦时,产值200多亿元,年税收40亿元,年可减排二氧化碳4300万吨,每年替代标煤1600万吨,约等于每年造林11万公顷。一期工程建设两台机组,于2020年12月31日开工建设,工期60个月,总投资376.62亿。2021年,一期工程建设进展顺利,二、三期核准工作按省定的计划有序推进,项目累计投资107.85亿元。

华能4号海上风电项目,先后获得苍南县骏马工程及2021年浙江省第二季度、第三季度及第四季度"红旗"项目,成为温州市唯一实现"红旗"项目三连冠的

① 苍南"五大攻坚"走好共富路"双千亿"清洁能源重塑新动能[EB/OL].(2022-02-10)[2023-11-13].
http://tzcjj.wenzhou.gov.cn/art/2022/2/10/art_1220532_58917801.html.
② 苍南县地方志研究室.苍南年鉴:2022[M].北京:线装书局,2022:213.

省重点项目。首批风机于 2021 年底并网发电,2022 年第二季度全面投产。华润1 号海上风电项目,开启了国内海上风电的平价时代。苍南继续推进海上风电项目,积极向上争取苍南县海上风电规划规模扩容至千万千瓦级别。

苍南年均日照时间可达 1700 小时,具备发展光伏的先天优势。中核苍南藻溪、赤溪 80 兆瓦光伏项目是苍南首个光伏发电项目,同时也是中核汇能华东区域最大的单体自建光伏发电项目,项目依托农民手中的土地,在群山间架起连排的光伏矩阵,土地租金五年一付,实现"农光互补",项目已经建设完成并网发电。藻溪、赤溪光伏 110 千伏送出工程顺利启动投运,加快推进中核高丰 50 兆瓦光伏项目、龙源凤阳 7 兆瓦光伏发电项目、华东新华公司赤溪 100 兆瓦农光互补发电项目、凤阳 5.8 兆瓦农光互补发电项目。2021 年苍南被列为整县屋顶分布式光伏项目国家试点县,大力推进党政机关、工商业、医院、学校、车站、城镇农村居民等合适的建筑屋顶安装建设屋顶光伏,推动能源结构优化调整和"双碳"目标实现。

2021 年,远景苍南新能源有限公司零碳产业基地项目成功落地位于苍南县绿能小镇的绿能大道通港路地块,用地面积 200 亩,是苍南首次落地超 50 亿元的单体制造业项目。项目建成后具备生产海上风电整机的能力,年产值达 100 亿元,年税收超 2 亿元。

苍南县坚定不移走"绿水青山就是金山银山"发展道路,大力发展可再生能源,加快产业结构绿色低碳转型,环境质量显著改善。2022 年全县 $PM_{2.5}$ 浓度较2015 年下降 37.8%,县控以上地表水站位水质创有监测以来最好水平,绿色发展指数位列温州第一,为推进共同富裕发展注入绿色动能。[①]

2022 年,浙江省碳达峰碳中和工作领导小组办公室正式公布了浙江省第二批低碳试点县名单,确定了 4 大类共 12 家全省第二批低碳试点县创建单位,苍南县成功入选能源低碳发展类。下一步,苍南县将全力打造零碳能源应用、清洁能源产业集群、县域智慧零碳数字化改革、蓝碳固碳增汇、央地合作创新等五张金名片,奋力实现新时代"浙江美丽南大门"的新跨越,为全省能源安全保障和清洁能源发展贡献苍南力量。[②]

---

① 为发展注入绿色动能!苍南再次获评美丽浙江建设优秀县[N/OL]. (2022-07-15)[2023-11-23]. https://baijiahao.baidu.com/s?id=1738383131394489676&wfr=spider&for=pc.
② 温州发布:向绿发展!新一批省级低碳试点县公布,苍南上榜![N/OL]. (2022-11-11)[2023-11-23]. https://mp.weixin.qq.com/s/VXAxD77bLnPNMunRnsQN0g.

二、清洁环保,倒逼转型

苍南县传统经济结构"低、小、散",产业以传统的劳动密集型为主,低技术、低附加值,工业经济总量的扩张主要还是靠纺织业、印刷业、塑料制品业等传统支柱行业的发展,尤其是造纸、褪色、电镀、卤制品、废塑料洗涤等行业,处在小生产、小发展的状态,工艺落后,设备陈旧,资源利用率差,粗放经营、数量扩展的增长方式使大量的资源、能源异化为污染物进入环境,全县区域性、行业性水污染严重,区域污染排放是造成全县工业排污指标成倍超出的首要原因。环保倒逼产业转型与升级,企业节能减排工作成为苍南产业转型升级的"重要任务"之一。

苍南是全国最大废旧布角料集散地,再生纺织品褪色业污染曾被列为省33个重点区域整治对象和省重点监管区。县委、县政府高度重视褪色业污染,既算经济账又算绿色账,出台《苍南县再生纺织行业褪色污染整治工作的意见》《关于进一步加强再生纺织行业褪色污染整治工作责任追究的通知》等一系列文件,围绕捣毁褪色加工池、严防褪色原料进入、查处无照经营点、打击褪色剂生产、规范再生纺织行业发展、整治村庄环境等重点工作,从褪色加工流程以及整个再生纺织行业的规范入手,狠抓废布角料防堵、无照经营点查处、褪色剂生产点打击、褪色加工池取缔等四个重点环节,全面取缔褪色加工。建立整治专业工作队进驻乡镇督导,上下联动,全力以赴,历经艰苦整治,褪色污染基本消除。2006年11月通过了省整治办组织的现场验收,提前半年实现"摘帽"。验收通过后,县政府又印发了《关于再生纺织行业褪色污染整治长效管理工作的意见》,落实长效管理措施,做到机构不撤、人员不散、力度不减,保持对非法褪色高压严打态势,严防污染反弹。

2003年至2007年共出动46000人次,捣毁褪色池5300多个,收缴废布角料1700多吨、褪色剂500多吨,有效巩固了褪色整治成果。2017年8月,中央环保督察组对再生棉纺行业提出整改要求——按照"淘汰一批、提升一批、入园一批"总体思路,加快行业整治提升工作,努力解决污染问题。经过近3年大刀阔斧地整治,截至2020年10月底,苍南再生棉纺行业整治已关停444家生产经营单位、原地提升1252家生产经营单位,完成了整治任务数。① 经过十几年的发展,苍南

---

① 苍南:从边角料到纺织棉,"再生棉"谱写"无废"新篇章[N/OL].(2022-11-04)[2023-11-23]. https://mp.weixin.qq.com/s/sDwNHeoIu_jDHz3MD9_fnA.

的再生棉纺织行业已形成"废弃纺织物—开花—气流纺—再生棉制品"的完整产业链,实现再生棉纺织的产业化、资源化、无害化、链式再生利用,给本地纺织行业的经济注入了新的活力,更是创建"无废城市"的重要一环。

2003年以来,苍南围绕"打非、入园、整治、严管"的目标,突出重点,狠抓落实,采取强有力的措施,严厉打击取缔非法小电镀企业100多家,规范13家合法电镀企业污染治理,基本做到稳定达标排放,电镀污染得到有效治理。2006年11月,作为温州市电镀行业污染整治的重要组成部分,苍南通过省环境污染整治的现场验收,顺利完成整治任务。

严厉打击"十五小"企业和"新五小"企业①。2007年,县政府印发了《关于取缔非法小制革和黑转鼓的通告》(苍政〔2007〕2号),多次组织监察人员对非法小制革进行打击取缔,有效遏制了非法小制革污染,共取缔非法小制革14家,拆除转鼓57个。针对废塑料洗涤在局部地区出现反弹,并向其他乡镇扩散的趋势,及时组织集中打击取缔行动。同时进一步加大对小造纸、小电镀等"十五小"打击取缔力度。② 苍南县卤制品行业污染曾被列为温州市16个污染严管区之一。通过压缩行业规模、削减排污总量、实现达标排放等手段,苍南对卤制品行业进行全面整治,打击取缔非法小卤制品企业148家,规范发展卤制品企业28家,并完成污染限期治理,做到稳定达标排放。按照"严打、严管、整治"的工作思路,苍南突出重点,强化措施,严厉打击非法小造纸、小印染,不断加强动态监管,督促企业加快限期治理进度,严格落实整治责任,取得实质性成效。

2014年,全县经济发展"七大行动"③动员大会召开,要综合治理抓监管,坚决打好节能减排大会战;要依法打击抓惩治,坚决打好建设环境整治战。全面推进重污染行业整治,电镀、造纸、化工三大行业通过市级规范整治验收;灵溪卤制品园区、龙港新城印染园区、金乡电镀电雕园区三大园区积极推进建设。强化重点工程运行监管,县城河滨污水处理厂、龙港污水处理厂新增减排量同比提升

---

① "十五小"企业是指在文件《国务院关于加强环境保护若干问题的决定》(国发〔1996〕31号)中被明确取缔关停的十五种重污染小企业。这些企业包括小造纸、小制革、小染料、土炼焦、土炼硫、土炼砷、土炼汞、土炼铅锌、土炼油、土选金、小农药、小电镀、土法生产石棉制品、土法生产放射性制品、小漂染企业等。

"新五小"企业是指1999年公布的国家经济贸易委员会令第16号《淘汰落后生产能力、工艺和产品的目录(第二批)》中要求淘汰的小火电、小玻璃、小水泥、小炼油、小钢铁等企业。

② 2003—2007生态建设工作总结[EB/OL].(2008-01-18)[2023-11-23].http://www.cncn.gov.cn/art/2008/1/18/art_1229242434_4014401.html.

③ "七大行动"指的是:工业项目大推进行动,重点工程大提速行动,节能减排大会战行动,转而未供、闲置土地大清理行动,"两违"大拆除行动,建设环境大整治行动和财政资金大调度行动。

11%。针对机动车排放污染问题,加大防治力度,淘汰"黄标车"6300辆,年度任务完成率129%。①

高污染燃料锅炉淘汰改造是省级实事项目,被列为2017年县政府十大民生实事。2015年,苍南全面启动锅炉淘汰改造工作,成立锅炉淘汰改造工作领导小组,研究制定《苍南县高污染燃料锅(窑)炉淘汰改造工作实施方案》,明确了淘汰改造工作的总体目标和具体工作任务,以及组织领导、责任分工、严格执法、资金补贴等各项保障措施,为全面推进锅炉整治工作提供保障。全面推进高污染燃料禁燃区建设,禁燃区内不再审批高污染燃料锅(窑)炉,已建成的使用高污染燃料锅(窑)炉要限期拆除或改用清洁能源。全面启动辖区高污染燃料锅(窑)炉的调查摸底工作,摸清辖区高污染燃料锅(窑)炉数量、容量、燃料种类、能源消费等情况,并于每月月初上报淘汰数据。② 苍南高污染"五炉"淘汰工作成效显著,超额完成温州市下达任务,并开展"煤改气"改造工作。

苍南在20多年环境整治的基础上,引导产业绿色循环转型,创建资源循环利用产业,持续加强企业节能减排监督管控,建立长效工作机制,巩固工作成果,入选省级资源循环利用示范城市试点(培育类),努力建设"无废城市"。望里镇人民政府承担的废旧纺织品循环利用项目列入国家标准化管理委员会2023年国家循环经济标准化试点示范项目,开展循环经济标准化基础性工作。2022年,温州市生态环境局苍南分局通过智慧环保一体化监控平台发现环境问题并对企业立案查处1起,入选省生态环境厅"绿剑2022"行动典型案例。

三、清洁家园,废物治理

苍南原有产业结构下工业固体废弃物产生量巨大,处置利用率低,存在危险固废排放现象,缺乏规范的垃圾处理设施,城镇和农村的生活垃圾大部分未得到无害化处理,随意倾倒和堆放,即使有的乡镇对垃圾进行了收集,也只是简单集中堆放,并未达到无害化处理的要求。且垃圾堆放点选址不合理,对环境造成不良影响,曾经发生垃圾塌方事故,严重污染当地水质。沿路及河道内到处可见的遗弃垃圾,严重影响了水质及城乡面貌。秸秆的综合利用渠道尚未完善,大量的秸

---

① 生态县建设:苍南环境保护"这一年"[N/OL]. (2015-03-03)[2023-11-23]. http://www.cncn. gov.cn/art/2015/3/3/art_1255449_3612483.html.

② 我县推进高污染"五炉"淘汰成效显著[N/OL]. (2015-12-04)[2023-11-23]. http://www.cncn. gov.cn/art/2015/12/4/art_1255449_3607145.html.

秆被露天焚烧或弃入河流,造成污染,农用薄膜回收利用率低,白色垃圾污染严重。①

生活污染物是苍南县水质污染物排放的最主要来源。"十一五"前期,苍南市政污水管网和城镇污水处理厂的建设相对滞后,缺少污水处理厂,管网配套不完善,因而大部分生活污水直接排放,对内河水质及鳌江水系造成了严重的污染。②

苍南高度重视固废污染防治工作,将治土治废列入部门及乡镇"1+5"目标考核内容,相继出台了一系列制度规定,并结合中央环保督察、"垃圾革命"专项行动等载体,开展了多轮专项整治行动,全方位推进固废污染防治工作。通过坚持"堵、疏、管"并举,2017年全县产生的7749吨危废得到了100%处置;在强化农业废弃物污染防治方面,对畜禽养殖污染严格落实禁养区"关、停、拆、转"等措施;全县761家医疗机构产生的医疗废物得到规范处置,2016年以来累计处置1042.82吨医疗废物,处置率100%。此外2015年还出台了建筑垃圾管理暂行规定,全县核准处置建筑垃圾数量约420万方。③

2008年县城污水处理厂、垃圾焚烧发电厂投入使用,重点城镇垃圾中转站建设基本完成。建成农村生活污水"厌氧、耗氧、兼氧"处理设施约80套,总处理能力约达1.15万吨;生态村全部实现生活垃圾"户集—村收—乡(镇)运",予以集中处理。

2009年,苍南在全市率先启动长达3年的村居"清洁家园"行动,推行城乡垃圾收集处理长效管理机制,大力整治农村生活环境。要求每家每户对自家房前屋后的环境卫生保洁负责,村环卫保洁人员对村道两侧和公共区域的卫生保洁负责,乡镇环卫所负责将村收集来的生活垃圾,经中转站集中(或压缩)后运送至生活垃圾无害化处置场,县垃圾焚烧发电厂负责对乡镇运来的生活垃圾进行无害化、资源化处理,逐步完善"户保洁、村收集、乡镇运输、县处置"的四级处置机制。④ 现已实现全部行政村生活垃圾集中收集,基本消除全县"五沿"范围内的卫

① 苍南生态县建设规划[EB/OL].(2008-04-14)[2023-11-13].https://www.cncn.gov.cn/art/2008/4/1/art_1229416690_3653185.html.
② 苍南县人民政府办公室关于印发苍南县"十一五"期间主要污染物总量减排计划和苍南县主要污染物减排应急预案的通知[EB/OL].(2007-12-06)[2023-11-23].http://www.cncn.gov.cn/art/2007/12/6/art_1229416646_1947983.html.
③ 市人大来苍开展固废污染防治执法检查[N/OL].(2018-05-07)[2023-11-23].http://www.cncn.gov.cn/art/2018/5/7/art_1255597_18007100.html.
④ 苍南县开展村居清洁家园行动 大力整治农村环境[EB/OL].(2009-03-11)[2023-11-23].https://www.wenzhou.gov.cn/art/2009/3/11/art_1216931_1391910.html.

生死角;创建 10 个"清洁家园"示范村、30 个"清洁家园"合格村。

苍南重视河流环境治理,2015 年制定出台了《苍南县创建"清三河"达标县实施方案》,有关部门也分别制定具体的实施方案,细化量化各项"清三河"工作任务,并建立水利、建设、环保、农办等部门任务的协同推进机制,做到纵向到底、横向到边,努力确保"五水共治"工作任务推进不留死角、不留盲点。在不断努力之下,苍南荣获 2017 年度"清三河"达标县。苍南在此基础上再掀热潮,持续开展河湖库塘清淤工作,推进河湖生态修复行动,开展"美丽河湖"生态修复行动,全域改善"水生态",全力营造"水景观",全面彰显"水文化"。

苍南将建立生态补偿机制与加强饮用水源保护工作有机结合起来,通过生态补偿机制试点,加大投入,推动饮用水源保护工作,取得了明显成效。围绕清除工业排污口、整治养殖污染、打击违法排污行为等重点工作,开展饮用水源保护工作,建立全县饮用水源地监测。

2012 年全省开展"四边三化"行动,国省道公路边一定区域和铁路线路安全保护区内影响环境的"脏乱差"问题得到全面整治,城乡环境卫生长效管理机制进一步完善,城乡居民环境卫生意识和生活品质明显提高。① 苍南在"治、改、拆、建、管"上下功夫,2012 年至 2014 年共投入 10 多亿元推进 691 个农村生活污水治理并成为全省样板。②

2013 年《苍南县大气复合污染防治实施方案》在县政府常务会议上讨论通过,这意味着苍南县全面向以 $PM_{2.5}$、灰霾为代表的空气复合污染宣战。③ 2014 年,苍南印发《苍南县大气污染防治实施方案(2014—2017 年)》,推进源头治理、综合防治,倡导绿色低碳生产生活方式,构建政府统领、企业治污、市场配置、舆论监督、公众参与的大气污染防治新局面。④

通过深入推进河长制,借力疏浚清淤、截污纳管等八大工程,苍南萧江塘河重现昔日风貌。萧江塘河水系(城区段)获评 2016 年全省首批河道生态建设最佳示

---

① 中共浙江省委办公厅、浙江省人民政府办公厅关于印发《浙江省"四边三化"行动方案》的通知[EB/OL].(2021-08-09)[2023-11-23]. https://www.zj.gov.cn/art/2021/8/9/art_1229019365_2318149. html.

② 苍南"摘帽"跑入"十三五"[N/OL].(2016-10-18)[2023-11-23]. http://www.cncn.gov.cn/art/2016/10/18/art_1255449_3609233.html.

③ 我县发布大气复合污染防治实施方案[N/OL].(2013-03-12)[2023-11-23]. https://www.cnxw.com.cn/system/2013/03/12/011228123.shtml.

④ 苍南县人民政府关于印发苍南县大气污染防治实施方案(2014—2017 年)的通知[EB/OL].(2014-06-26)[2023-11-23]. http://www.cncn.gov.cn/art/2014/6/26/art_1229416646_1948923.html.

范工程,五洋河生态治理工程被评为浙江省河道生态建设示范工程。

开展企业间排污权交易,充分调动排污企业减少污染排放的积极性,促进其加快技术创新,同时降低了社会总体环境的治理成本,有利于环境资源向优质企业流转,有助于污染物总量的持续削减,从而推动环境质量逐步改善。

印刷包装、再生棉纺是苍南两大传统支柱产业。印刷包装年产值达 130 亿元,再生棉纺企业年产值也有数十亿元。这些行业为苍南发展做出重要贡献,但大部分企业(作坊)未配套安装相应的污染治理设施,废气、粉尘、固废给生态环境造成严重污染,"低散乱污"现象与经济社会高质量发展和生态文明建设要求格格不入,甚至背道而驰。① 2018 年,苍南铁腕推进中央环保督察、国家海洋督察、国家土地例行督察反馈意见整改落实,按照关停淘汰一批、原地提升一批、集聚生产一批的思路,向特色行业污染顽疾开刀,大力开展再生棉纺和印刷包装行业整治,关停违法违规再生棉纺企业 869 家,涉及"低散污"印刷企业 130 家。②

2019 年,苍南印发《苍南县七类行业整治提升行动方案(2018—2020 年)》,启动特色行业整治"铁腕斩污·双月攻坚"专项执法行动,利用 2 个月时间,对全县印刷包装、再生棉纺等特色行业再次进行集中整治,巩固提升前阶段治理成果,特色行业整治取得显著成效。"双月攻坚"行动,是苍南特色行业整治决心与力度的一个侧影。特色行业专项整治行动倒逼企业主动谋求规范发展之路。特色行业整治深得民心,从根本上改善了空气环境质量。③

一场"垃圾革命"于 2018 年在苍南兴起。在农村生活垃圾集中收集处埋全域覆盖的基础上,苍南科学布点一村一建或多村联建终端设施,分类、分批推进农村垃圾减量化、资源化工作,使得农村环境面貌一新。④

---

① 苍南铁腕推进特色行业污染防治[N/OL]. (2019-07-19)[2023-11-23]. https://www. wenzhou. gov. cn/art/2019/7/19/art_1217834_35864676. html.

② 黄志林:苍南年鉴:2019[M]. 北京:团结出版社,2019:2.

③ 苍南铁腕推进特色行业污染防治[N/OL]. (2019-07-19)[2023-11-23]. https://www. wenzhou. gov. cn/art/2019/7/19/art_1217834_35864676. html.

④ "八八战略"看苍南:山海共融,开启美丽"南大门"[EB/OL]. (2018-08-08)[2023-11-23]. http:// cngsl. cncn. gov. cn/art/2018/8/8/art_1235535_20108901. html.

第三节 生态经济,绿色发展

党的十九大报告第一次提出了"人与自然是生命共同体"的科学论断,并进一步强调,"人类必须尊重自然、顺应自然、保护自然","这是无法抗拒的规律"。[①]鉴于中国进入新时代后社会主要矛盾的转变,习近平总书记提出的"推进人与自然和谐共生"思想述论随广大民众对"蓝天常在、青山常在、绿水常在"美好生活的向往而逐渐发展,民众的生活需求形成了由"盼温饱"到"盼环保"、由"求生存"到"求生态"的转变,人民群众对优美自然环境和宜居生态的需求与日俱增。如若不能科学处理好人与自然的关系,非但不能实现经济社会可持续发展,人民群众所关心的基本生产安全问题也将难以得到保证,甚至还将引致严重的社会难题和城市问题。建设绿水青山不仅是建设生态文明的核心要求,还是向金山银山转化的重要条件。在实现产业绿色低碳、企业节能减排、城乡清洁生活的同时,苍南充分利用生态优势,创设生态村镇实现美丽宜居,探索生态农业实现有机安全,建设生态工程实现和谐共生,使自然禀赋转化为宜居条件和经济财富,打通"两山"转化通道,构建美丽和谐安全富裕的"苍"海底色。[②]

一、生态村镇,精建精美

苍南把生态乡镇、村创建作为生态县建设的基础工作,抓紧抓实,积极宣传发动,用心指导,努力帮助乡镇、村解决碰到的问题和困难,结合自身经济发展、环境基础条件现状,积极开展生态创建工作,在全县掀起了生态创建的热潮,通过不懈努力,取得明显成效,积极推进乡村改革实施,展现良好生态环境和美丽乡村建设,实现一大批村镇的美丽"蝶变"。

在环境整治示范阶段,从 2001 年起至 2010 年,苍南从农民最迫切的需求入手,整治垃圾、处理污水、硬化道路、改造厕所,建成一批环境整治村。统筹推进污染治理和生态建设,全力打好"五水共治""大拆大整""垃圾革命"等环境整治组合

---

① 习近平.习近平谈治国理政:第三卷[M].北京:外文出版社,2020:39.
② 甘凌峰,吴合众.美丽南大门 精彩大跨越[N].浙江日报,2022-09-28(13).

拳,获得省级园林城市、省级森林城市等荣誉称号。

在美丽乡村建设启动阶段,从 2008 年起至 2014 年,苍南因地制宜,从部分环境整治示范村入手,按照"一村一品"推广创建旅游村庄、生态宜居村庄等。2013年成立美丽乡村建设"百日攻坚"行动领导小组,开展美丽乡村建设"百日攻坚"行动。

在美丽乡村升级版阶段,从 2014 年起至 2018 年,苍南逐步推进一处美向一片美、一时美向持久美、外在美向内在美、环境美向发展美、形态美向制度美转型。2016 年以来,苍南陆续推出美丽乡村建设行动五年计划、美丽乡村建设"十村标杆、百村联创"行动、乡村振兴"一带十线百村"创建行动,美丽乡村建设取得了阶段性良好成效。2017 年苍南荣获"浙江省全域旅游示范县"称号。2018 年,苍南将"精心打造美丽乡村"列入为民办实事项目,尽心竭力不断推进美丽乡村升级版建设,点线面结合,全方位打造美丽宜居的景区式新时代乡村。①

苍南依托丰富独特的旅游资源禀赋,深入贯彻落实"绿水青山就是金山银山"的理念,主动融入温州西部生态休闲产业带和温州瓯江山水诗路建设,立足县镇村互动、点线面联动,全域化、生态化的旅游开发模式初见成效。苍南获评浙江省小城镇环境综合整治工作优秀县、自然保护地整合优化试点县、清新空气示范区等,基本实现全域美丽发展。②"十三五"期间苍南累计接待游客总人数 6143.18万人次,实现旅游收入 562.07 亿元,两项指标年均增长 10% 以上。

在未来乡村建设阶段,苍南坚持"规划、建设、管理、经营、服务"并重,推进美丽乡村片区化、组团式发展。2021 年通过验收评定,荣列第二批浙江省全域旅游示范县,迎来"黄金机遇期"。2020 年、2021 年、2023 年荣获美丽浙江建设工作考核优秀县。

苍南坚持"政府推动、全民参与、因地制宜、立足长效、综合治理"的原则,片区化、组团式深化"千万工程"建设新时代美丽乡村,打造生态宜居幸福城乡。

中魁村被誉为"温州十大最美乡村之一",荣获国家级生态村。中对口村获得浙江省生态文化基地、省级美丽乡村示范村、美丽宜居示范村、3A 级景区村庄等称号。八亩后、桃湖、中对口等一批特色精品村成功创建,福德湾、碗窑、八亩后、富源等村成为全省美丽乡村建设典型。马站镇、莒溪镇、藻溪镇获评 2022 年浙江

---

① 乡村换新颜 村民富起来 我县持续加码推进美丽乡村建设[N/OL].(2018-12-31)[2023-10-19]. http://www.cncn.gov.cn/art/2018/12/17/art_1255449_27497750.html.

② 苍南县国民经济和社会第十四个五年规划和二〇三五年远景目标纲要[Z].2021.

省 4A 级景区镇。

2021 年,苍南依托"十村标杆、百村联创"美丽乡村建设和"十线百村"美丽乡村风景线打造行动,深入推进新时代美丽乡村建设。创成 1 个国家级生态镇、12 条乡村振兴示范带;培育马站、矾山等 6 个省级美丽乡村示范乡镇;创建 263 个省级新时代美丽乡村达标村,培育 19 个省级美丽乡村特色精品村、12 个市级美丽乡村样板村,建设 41 个县级美丽乡村特色精品村、64 个环境优美村;实施 354 个农村生活垃圾分类处理村、行政村覆盖率达 100%,培育 6 个省级高标准农村生活垃圾分类示范村;实施 7 个省级历史文化村落保护利用重点村、15 个省级一般村,创成 1 个省级历史文化村落保护利用示范村。①

二、生态农业,有机安全

苍南县坚持贯彻创新、协调、绿色、开放、共享五大发展理念,锚定"双海双区"战略要求,围绕转变农业发展方式这一核心,发挥科学发展和改革创新的驱动力,致力建设高效生态、特色精品、绿色安全的高质量、高水平农业强县,以现代农业园区建设、生产能力提升、绿色农业发展、新兴产业培育等为着力点,大力推进农业供给侧改革,奋力率先实现农业现代化。

苍南全面开展农业农村面源污染治理工作。按照"五水共治"和建设美丽浙南水乡要求,出台畜禽养殖场生态化治理标准,通过关停、工业化治理、生态化治理"三选一",严格划定禁养区、限养区,强力推进禁限关停退养,采取严控增量、整治存量、拆改结合等多种措施,落实规模畜禽养殖场"一场一方案""一场一干部""一场一期限"治理措施,开展非禁养区畜禽养殖场污染治理工作,大力开展畜牧业污染综合治理,实现畜禽养殖清洁化,存留下来的规模畜禽养殖场全部完成清洁生产,达到"两分离、三配套"的治理要求,实现了工业治理达标排放或生态治理零排放,重点完成全县七大饮用水源上游和 82 条主干河道两侧 50 米内的畜禽禁养区的整治工作,全县畜牧业生产走向绿色生态发展之路。建立畜禽养殖污染治理工作长效监管机制,印发《苍南县畜禽养殖污染防治网格化监管实施方案》,构建"县—乡镇—村—场"四级监管网络。②

---

① 苍南县地方志研究室.苍南年鉴:2022[M].北京:线装书局,2022:219.
② 苍南县畜牧业污染整治工作成效显著[N/OL].(2017-01-24)[2023-11-23].http://www.cncn.gov.cn/art/2017/1/24/art_1255455_5403836.html.

温州市唯一获批的国家级农业综合开发区域生态循环农业项目——赤溪镇半垟村农业综合开发区域生态循环农业项目,即标准化生态规模生猪养殖场建设项目建成投产,成为苍南首个万头猪场,并且成功创建苍南首个国家级非洲猪瘟无疫小区,实现现代化、智能化、安全循环清洁的生猪生产。

积极推广沼气、太阳能等可再生能源,全县农村清洁能源利用率超过80％。同时,狠抓绿色、有机食品、无公害农产品等建设工程,2021年新增“三品一标”农产品76个,现代农业园区、粮食生产功能区内无公害农产品整体认定51847亩,主要食用农产品中“三品”占比超过56％。①

苍南在生态循环农业畜牧场排泄物整治、循环模式推广、资源再利用等类型予以立项建设和补贴支持,惠及从业农户。建立农产品监管信息平台,无公害农产品、绿色食品和有机食品质量检测体系和质量管理体系逐步建立健全,“三品”认证和管理工作得到加强,进一步提升无公害产地、无公害农产品、绿色食品、有机农产品数量,不断提高食用农产品“三品”率。②

三、生态工程,和谐共生

苍南相继开展“清洁家园”“绿色苍南、美丽家园”“四边三化”以及城乡环境整治等专项行动,推动生态建设和生态美化,成效显著。③

积极推进国土绿化工作,有序推进国家森林城市创建,在全市率先实现省级森林城镇全覆盖。实施“林长制”,高质量推进森林苍南建设,圆满完成林业“十三五”规划发展目标,并获评森林浙江建设目标责任制考核优秀单位。大气环境质量全省领先,2020年以来空气质量指数优良率连续25个月保持100％,荣获“浙江省清新空气示范区”称号。④“五水共治”工作初显成效,地表水水质均优于五类水标准,水源地水质均达标,地表水环境质量得到阶段性改善。生态环境状况指数介于80～85之间,生态环境状况总体为优。土壤污染防治工作稳步推进,建

---

① 苍南县地方志研究室.苍南年鉴:2022[M].北京:线装书局,2022:320.

② 申瑶,马丽卿.浙江苍南现代农业面临的挑战与对策[J].农村经济与科技,2017(9):173-176.

③ 集体学习美丽知识 合力建设美丽乡村[EB/OL].（2017-06-07）[2023-11-23].http://wl.wenzhou.gov.cn/art/2017/6/7/art_1651070_33968374.html.

④ 温州市生态环境局苍南分局2021年度工作总结及2022年工作思路[EB/OL].（2022-05-12）[2023-11-23].http://www.cncn.gov.cn/art/2022/5/12/art_1229242434_4047946.html.

立建设用地土壤污染风险管控和修复名录,受污染耕地、污染地块保持安全利用。①

苍南海岸线曲折绵长,自然岸线保有率(78.48%)在浙江省沿海 28 个县(市、区)中排名第一。苍南高度重视海岸和海洋生态保护,推动生态修复保护工程,列为浙江自然保护地整合优化试点,积极开展玉苍山国家森林自然公园、七星列岛省级海洋自然公园等自然保护地的整合优化工作,为构建自然保护地体系奠定基础。完成"三线一单"发布实施,划定陆域优先保护单元 23 个、重点管控单元 19 个、一般管控单元 1 个,初步构建生态环境分区管控体系。

启动生物多样性调查与评估工作,初步调查发现全县分布有粗齿桫椤、桫椤、燕尾蕨等众多省内珍稀、濒危的蕨类植物,以伯乐树、南方红豆杉、香果树等为代表的众多国家和省级重点保护野生植物、古老残遗植物以及重要的经济植物种质资源,生物多样性价值巨大,将桥墩镇部分区域纳入武夷山生物多样性保护优先区域,切实维护区域生物多样性。②

完成全市首个平原绿化规划——《苍南县平原绿化规划》,开展 104 国道、78 省道森林通道和横阳支江、萧江塘河江河森林景观带、灵溪镇渡龙山森林公园等重点工程绿化规划工作,完成苍南首个森林城镇(宜山)建设规划。③

立足基础设施建设,全力做好农村公共设施建设文章。2003 年至 2007 年完成"千里清水河道工程",河道整治达 215.3 千米,完成水土流失治理面积 55 平方千米,完成国道、省道、县乡道绿色通道里程 343.25 千米,完成"青山白化"治理率达 91.7%,完成"千村整治、百村示范"数为 212 个,完成"下山脱贫生态移民"工程人数 3.77 万人,完成"保护母亲河"生态监护站、"保护母亲河号"等创建工作。④ 开展千万农民饮用水工程项目,解决农村群众饮用水安全,兴建农村水源、净水、引水、输配水等工程。开展"万里清水河道"工程,清除河道内源污染,按照集中投入、整体推进的原则,扎实开展农村河道综合整治,于 2013 年印发《苍南县

---

①　关于印发《苍南县水生态环境保护"十四五"规划》的通知[EB/OL].(2022-01-12)[2023-11-13]. http://www.cncn.gov.cn/art/2022/1/11/art_1229566222_4013372.html.

②　关于印发《苍南县水生态环境保护"十四五"规划》的通知[EB/OL].(2022-01-12)[2023-11-13]. http://www.cncn.gov.cn/art/2022/1/11/art_1229566222_4013372.html.

③　苍南五到位着力推进绿化造林工作[EB/OL].(2011-03-09)[2023-11-23].https://www. wenzhou.gov.cn/art/2011/3/9/art_1216916_1390322.html.

④　2003—2007 生态建设工作总结[EB/OL].(2008-01-18)[2023-11-13].http://www.cncn.gov.cn/ art/2008/1/18/art_1229242434_4014401.html.

清洁水源行动方案》。苍南县水利局入选 2010 年全省万里清水河道建设先进单位，一人入选全省万里清水河道建设先进个人，钱库镇获评 2021 年度全省"五水共治"工作考核优秀乡镇。

2023 年苍南发布第 2 号总河长令，印发《苍南县全域建设幸福河湖行动计划（2023—2027 年）》，明确全域建设幸福河湖行动计划，拟通过 4 年行动，构建"平水安澜"的防洪减灾工程体系、"鱼翔浅底"的清水廊道、"美丽宜居"的滨水河湖空间、"智慧高效"的河湖管护网和"富民惠民"的水经济发展。

有效建设管理公益林资源，建成公益林（地）总面积 48 万亩，其中重点生态公益林（地）占 91.25%，公益林森林生态防护、水源涵养、固碳释氧等生态效益与服务功能显著增强，获评 2017 年度森林浙江建设目标责任制考核优秀单位。①

桥墩镇、灵溪镇获评 2023 年度温州市"水美乡镇"。近年来桥墩镇的水环境保护和生态治理建设取得了明显成效。其河湖沿岸保留着众多水利工程遗迹，包含矴步头村古堰坝群等。灵溪镇因地制宜地建设了水景公园、中心湖公园等大大小小的滨水公园，形成了一道道亮丽的滨水风景线，让苍南百万群众真正临水而居、依水而活、傍水而旺，切实为全县打造"山水人和谐统一、山水城共生共融"的生态城市奠定了坚实基础。

第四节　积极宣传，广泛参与

苍南重视生态保护宣传教育，坚持以绿色系列创建为点、环保知识讲座为线、环境专题宣传为面，多形式多载体深入开展环境和生态宣传教育，促进全社会树立可持续发展观念。环保法律法规宣传工作更加深入，推动全社会广泛参与生态建设工作。

2003 年，围绕"绿色苍南"主题开展了多方位的宣传教育活动，在报刊、电视上推出了 6 期"生态建设"系列专题报道，印发了以建设"绿色苍南"为中心内容的

---

① 践行"绿水青山就是金山银山" 我县获森林浙江建设目标责任制考核优秀单位称号［N/OL］.（2018-04-11）［2023-11-23］. http://www.cncn.gov.cn/art/2018/4/11/art_1255449_17216577.html.

宣传小册子,引起社会广泛关注,积极为生态县建设的全面启动营造氛围。①

2004 年,苍南县先后围绕《排污费征收管理条例》《中华人民共和国环境影响评价法》《中华人民共和国行政许可法》以及《浙江省环境违法行为责任追究办法》等法律法规的出台,开展一系列专题宣传活动,启动生态县建设宣传计划。在生态县建设动员大会期间,开展大型生态宣传,积极帮助各乡镇开展生态宣传。同时,十分注重调动决策层和企业界的宣传积极性,追求宣传主体多样化,积极引导和鼓励绿眼睛环境文化中心、当地政府、村居企业以及群众组织等各类社会组织,努力变"要我宣传"为"我要宣传",充分发挥他们在地方的带头和示范作用,不断提高宣传成效。精心组织"6·5"环境日宣传周活动,推出《苍南环保》"6·5"特刊;加强环保宣传跟踪报道,做到"6·5"宣传周电视、报刊日日有环保新闻。②

充分利用 6 月 5 日世界环境日这一载体开展生态环保系列宣传活动。在"两会"期间设置生态展厅,召开"关于建设生态县的决定"座谈会。开展"人口资源环境"宣传月活动,组织了大型展板巡回展览、大型步行宣传、电视知识竞赛、摄影大赛、优秀摄影作品展览、公益广告播放、宣传车上街宣传,举办"为了美好的明天——人口·土地·环境"大型文艺晚会等活动。县生态办还编印了《生态建设资料汇编》发放给各个乡镇。全县组织开展"环保电影进农村"、环保知识竞赛和环保征文比赛等活动。大力开展绿色系列创建和生态细胞工程建设,建立生态保护群众参与机制。2007 年已建成省级绿色学校 7 所、市级绿色学校 13 所、县级绿色学校 8 所;建成省级绿色社区 1 处、市级绿色社区 1 处;建成国家级绿色家庭1 户、省级绿色家庭 6 户,市级绿色家庭 6 户;建成省级绿色医院 1 家;建成环境教育基地 2 处。③

为全面深入做好全县省级生态县创建和创模宣传教育各项工作,营造全县上下齐心合力创建省级生态县、打造"浙江美丽南大门"的舆论氛围,2015 年印发《苍南县创建省级生态县和温州市创建国家环境保护模范城市宣传教育工作实施方案》。《今日苍南》报纸开辟"党政一把手谈生态"专栏。2015 年 9 月 16 日专版刊登了黄荣定县长的文章《守住绿水青山才能筑牢金山银山》,之后连续刊登了

① 苍南县环境保护局 2003 年工作总结及 2004 年工作思路[EB/OL]. (2003-12-15)[2023-11-13]. http://www.cncn.gov.cn/art/2003/12/15/art_1229242434_4014129.html.

② 苍南县环境保护局 2003—2004 年度工作情况总结[EB/OL]. (2003-12-15)[2023-11-13]. http://www.cncn.gov.cn/art/2004/12/10/art_1229242434_4014146.html.

③ 2003—2007 生态建设工作总结[EB/OL]. (2008-01-18)[2023-11-13]. http://www.cncn.gov.cn/art/2008/1/18/art_1229242434_4014401.html.

12 个乡镇以及部分生态建设领导小组成员单位（住建局、水利局、农业局、林业局、教育局、民政局）一把手谈生态的文章。

2016 年，县美丽苍南办、县环保局、文明办、教育局、团县委联合举办"生态苍南与我同行"主题演讲比赛。同时，为迎接第 45 个世界环境日的到来，进一步贯彻落实新《环保法》，增强公众环保意识和法律意识，苍南县环境保护局面向苍南群众举办环保知识竞赛活动。全面加强生态公众满意度宣传攻坚行动，印发《关于组织开展省级生态县创建宣传攻坚活动的通知》，组织开展生态文明宣传月活动，先后举办"6.5"世界环境日、浙江生态日专题宣传，市民生态环保体验活动、生态环保草根微舞台巡回演出、绿色当铺等系列宣传，形成环境宣传高潮。

坚持宣传引领，大力推动全民节水。在每年开展的"世界水日""中国水周"系列活动上，给年度节水型企业授牌。邀请百名记者和新媒体大咖深入企业采访，对企业节约用水、绿色用水案例进行广泛宣传报道。利用周末、寒暑假等业余时间，每年组织上千名青少年学生走进桥墩水库水利科普馆、苍南县节水教育馆等处，实地了解水库运行管理和水源地保护相关知识，开展节约用水趣味互动活动和科普教育，推动节水教育入脑入心。利用每月 15 日的主题党日"夜学"活动，将节水教育覆盖到全县万名党员干部，推动形成合理用水、文明用水的良好风尚。①

---

① 做好"三个坚持"，打造县域节水型社会"苍南样板"[EB/OL].（2021-12-07）[2023-11-23]. http://wzsl. wenzhou. gov. cn/art/2021/12/7/art_1324818_59020401. html.

第七章

苍南的山海协作实践

东临大海,西倚高山,地处浙南闽东要冲,融靠海西经济圈,苍南拥有得天独厚的地理环境,素有浙江"南大门"之称。"七山、一水、二分地",在1068.71平方千米的陆域面积中,多为山区、半山区。苍南作为浙江省的海洋大县,既有广袤丰富的山区资源,又有富饶的海洋及港口岸线资源,区位优势显著,历史文化背景深远,文化旅游资源丰富。山海协作是指利用丰富的山海资源优势,山区和海岛地区之间相互合作、互利共赢的发展模式,把欠发达地区和海洋经济的发展作为新的经济增长点,实现协调发展、可持续发展。山海协作是"八八战略"的重要组成部分,是苍南取得巨大成功的关键。实施山海协作促进了苍南地区生态资源的合理利用和经济社会的跨越发展,从而助力实现共同富裕。

苍南山海协作的实践过程和实际效果证明了其巨大的潜力和价值,也形成了宝贵的发展经验。苍南以生态为基础、文化为特色、旅游为载体,通过"巧借山水、盘活资源"促使三者融合发展,打造3个"600年"文旅观光体验线,以600年的碗窑陶瓷文化为内涵打造浙南瓷韵风情小镇旅游线、以600年的矾矿开采工业遗迹为内涵打造"世界矾都"风情旅游线、以600年的明代海防五级军事体系为载体打造文旅融合的黄金海岸线,[①]苍南通过文旅融合发展,实现了美山川、促转型、富乡亲的美好目标,收获了"绿水青山就是金山银山"的美好果实,生态旅游、生态产

[①] 苍南"摘帽"跑入"十三五"[N/OL].(2016-10-18)[2023-11-23].http://www.cncn.gov.cn/art/2016/10/18/art_1255449_3609233.html;苍南三举措推进文旅融合打造发展新格局[EB/OL].(2020-07-13)[2023-11-23].http://wl.wenzhou.gov.cn/art/2020/7/13/art_1642047_50355221.html.

业取得了良好的阶段性成果,旅游产业已成为全县高质量发展的重要支撑点。①

苍南聚力共富,全力打造更富经济实力、城市活力、生态魅力、改革动力、治理能力的新时代"浙江美丽南大门",奋勇跑出跨越发展新速度——在2015年摘掉欠发达县的帽子;2017年开始连续4年入选全国县域经济百强县;2020年创成浙江省全域旅游示范县,同时被列入"浙江省文化和旅游产业融合试验区"培育名单;2021年以来连续3年荣列全国县域旅游综合实力百强县,排名逐步提高,并且作为全省唯一交旅融合发展案例代表在国家六部委举办的G228交旅融合经验交流会上作典型发言。②

第一节　科学规划,久久为功

苍南始终牢记习近平总书记的关怀嘱托,坚定不移沿着"八八战略"指引的路子,持之以恒,久久为功,历届政府接续奋斗,奋力打造"重要窗口",加快推进浙江美丽"南大门"建设,经济社会发展保持强劲态势。

城市并不是静态不变的,而是动态发展的。它一方面和过去保持密切的联系,另一方面还应对未来抱着热切盼望。③ 传统具有两面性,它既能促进事物的发展,也能阻碍事物的进步。对传统的认识应有科学的态度,在继承城市人文历史的同时,还应结合时代需求不断地走可持续发展道路,为老百姓营造出真正满足其生活需要的环境。苍南是浙江省海洋大县,海洋经济的可持续发展在苍南工作中占有重要地位。在2004年召开全县海洋经济工作会议时,苍南县提出了建设"海洋经济强县"的战略构想,并出台一系列政策措施,有力地促进了全县海洋经济的发展。④ 同年,苍南印发了《关于加快海洋经济发展的若干意见》,提出海洋经济发展按照"一带、两区"框架布局,以沿海岸带的"渔、景、港、涂、岛"海洋资

---

① 全力打造华东山海沙滩旅游目的地　浙南看一看　苍南第一站[N/OL].(2021-07-26)[2023-11-23]. http://www.cncn.gov.cn/art/2021/7/26/art_1255449_59017810.html.

② 苍南上榜全国旅游百强县　位居53位,比去年提升37名[N/OL].(2023-08-03)[2023-11-23]. http://www.cncn.gov.cn/art/2023/8/3/art_1255449_59058217.html;答好三个"苍南之问",以"五个迈进"为发展路径,苍南拉高标杆再出发:昂首迈步新跨越　奋楫建好南大门[N/OL].(2021-12-30)[2023-11-23]. http://www.cncn.gov.cn/art/2021/12/30/art_1255449_59029106.html.

③ 苏宏志,陈永昌.城市成长中传统的继承与发展[J].城市问题,2006(4):12-16.

④ 章方璋.苍南:全力打造海洋经济强县[J].政策瞭望,2008(4):48-49.

源为依托,建成具有苍南特色的蓝色海洋经济产业带,并且发挥区域比较优势,建成"东北部平原综合型海洋产业区"和"东南部丘陵生态型海洋产业区",科技兴海,实现海洋经济发展从粗放型向集约型转变、从传统型向生态型转变,大力推进海洋资源的集约化、规模化、组织化开发。①

2005 年《苍南生态县建设规划》应对苍南东部海洋与海岸带严峻的环境形势,把沿海潮间带海滩、浅海水域湿地生态系统、近岸海域生态系统的保护与恢复,以及港口环境整治与生态修复列入。② 之后陆续出台《苍南县海洋经济发展规划(2003—2010)》《苍南县海洋经济"十一五"发展规划》《苍南县海洋经济"十二五"发展规划》等。

"十一五"规划应对海洋经济基础设施建设缓慢、发展粗放低效、近海污染严重的形势,提出实施"海上苍南"战略,按照"宜渔则渔、宜港则港、宜游则游、宜工则工"的方针,大力发展特色海洋产业,加快海洋经济结构调整优化,加强海洋生态环境保护与建设,努力实现海洋资源利用集约化、环境生态化,同时建立渔区社会保障体系和渔业安全防范体系,增强苍南县海洋经济可持续发展能力,使苍南实现由海洋资源大县向海洋经济强县的跨越发展。③

2012 年,苍南围绕建设浙江美丽"南大门"这一目标,立足本县的比较优势,提出了实施海洋经济发展示范区、海西经济发展先行区的"双海双区"战略,奋力建设浙南闽东北最具活力的工贸生态滨海城市,凝心聚力,明确责任,狠抓落实,强力推进,浙台(苍南)经贸合作区建设获得较大成效。④

"十一五"时期,苍南水路港口建设力度加大,沿海港口综合通过能力从 120 万吨发展到 300 万吨,港口吞吐量由 98.69 万吨提高到 280 万吨;临港区域功能定位和产业布局明确,继续朝着"港航强县"战略目标迈进。⑤

苍南多年以"断腕之心"打造"绿色烙印",坚持走绿色发展、生态富民的路子,

———————————

① 关于加快海洋经济发展的若干意见[EB/OL]. (2008-03-26)[2023-11-23]. http://www. cncn. gov. cn/art/2008/3/26/art_1229416649_1650694. html.

② 苍南生态县建设规划[EB/OL]. (2008-04-14)[2023-11-13]. https://www. cncn. gov. cn/art/2008/4/1/art_1229416690_3653185. html.

③ 苍南县海洋经济"十一五"发展规划[EB/OL]. (2008-11-12)[2023-11-23]. http://www. cncn. gov. cn/art/2008/11/12/art_1229242433_3620066. html.

④ 实施"双海双区"战略 强推又好又快发展:访县委书记黄寿龙[N/OL]. (2012-07-25)[2023-11-23]. https://www. cnxw. com. cn/system/2012/07/25/011076891. shtml.

⑤ 苍南县公路水路交通运输"十二五"发展规划[EB/OL](2015-09-16)[2023-11-23].. http://www. cncn. gov. cn/art/2015/9/16/art_1229242433_3620134. html.

坚决摒弃"等靠要"思想,以"摘帽快跑"开启转型新路,大力发展高铁经济、网络经济、海洋经济、旅游经济、农村经济"五大经济",为经济转型增添新动能。在2015年摘掉欠发达县市的帽子,并在2016年省委省政府办公厅对"摘帽"县(市、区)发展实绩考核中荣获一类县优秀的成绩(全市仅此一个),获得资金及土地指标的奖励。①

苍南以建设"浙江美丽南大门"为总体定位,把打造浙江山海生态旅游胜地列入"十三五"规划"1+5"战略,坚定不移走生产发展、生活富裕、生态良好的绿色文明发展道路,将山海资源优势转化为经济发展优势,积极发展现代农业、绿色能源、休闲旅游、健康服务等绿色产业,积极推进传统工业节能减排改造,加快发展循环经济,构建绿色发展方式和生活方式,打造美丽浙南水乡,实现生态立县、绿色富县、绿色惠民。②

借助浙江发展现代海洋产业的东风,苍南12个重点项目列入《浙江省现代海洋产业发展规划(2017—2022)》,涉及港航物流与大宗商品贸易业、滨海旅游以及海洋新能源产业等方面。苍南紧紧抓住规划实施契机,切实抓好项目落实,加快海洋产业结构转型升级。③

2018年制定《苍南县全域旅游发展规划》,对全域旅游发展背景、标准进行了全面解读,对苍南全域旅游发展的区域交通条件、旅游资源条件、客源市场条件、旅游产业现状进行了全面分析,以此为基础坚持一张蓝图绘到底。此后先后完成了《苍南县168黄金海岸资源保护与旅游开发规划》《滨海—玉苍山省级风景名胜区总体规划》等重点规划,提出打造"浙江山海生态旅游目的地"的总体定位、"诗画浙江、山海苍南"的形象定位、把旅游业培育成为苍南县新的增长极和第一战略支柱产业的产业定位,提出了"一线一带八区"全域旅游空间布局——"一线"即全域旅游发展环线,104国道—龙金大道—环海公路—水霞线—桥莒线,形成了苍南县域旅游交通的闭合环线,串联县域内主要景区、重点乡镇;"一带"即环海公路旅游景观带,以168千米黄金海岸线为主要依托,以环海公路为旅游景观廊道,整合沿线乡镇和景区资源;"八区"即县城城市旅游区块、龙港新城综合旅游区块、江

① 苍南"摘帽"跑入"十三五"[N/OL]. (2016-10-18)[2023-11-23]. http://www.cncn.gov.cn/art/2016/10/18/art_1255449_3609233.html.
② 苍南县人民政府. 苍南县国民经济和社会发展第十三个五年规划纲要[Z]. 2016:9-11.
③ 苍南沿海12个项目列入省现代海洋产业发展规划 快看有你家乡吗?[EB/OL]. (2017-09-20)[2023-11-23]. https://www.sohu.com/a/193392443_648518.

南水乡生态旅游区块、鲸头－燕窝洞宗教文化旅游区块、金乡滨海卫城文化旅游区块、马站滨海生态－绿能小镇旅游区块、矾山工业文化生态旅游区块、桥墩山地生态旅游区块八个区块。①

2021年,苍南将"168生态海岸带和全域旅游发展攻坚"列入全县"十大攻坚看落实"行动作战图,锐意推进全省生态海岸带四个先行段之一的苍南168生态海岸带高质量建设,持续巩固省级全域旅游示范县创建成果,全力打造华东山海沙滩旅游目的地,为建设"浙江美丽南大门"和推动共同富裕注入新动能,包括高标准打造"168生态海岸带"示范段,高标准推进国家地质公园建设、温州矾矿开发、"两湾"(棕榈湾—渔寮湾)省级旅游度假区创建、大玉苍山5A级景区创建、半山半岛旅游综合体等重大旅游项目建设。项目建设如火如荼,旅游推广紧锣密鼓。苍南还启动了"浙南看一看 苍南第一站"2021文化旅游季活动,谋划了45个活动载体,前往上海、杭州等中心城市开展大型文旅推介,进一步打响苍南旅游知名度。②

2021年,中共苍南县第十次代表大会提出"十四五"时期要拉高标杆久久为功,以"锚定'1+5'、赶考共富路"为主题,以"五个迈进"为路径,全力打造更富经济实力、城市活力、生态魅力、改革动力、治理能力的美丽"南大门",奋力实现新时代"浙江美丽南大门"新跨越,加快打造跨越式高质量发展共同富裕示范区县域样板。苍南要锚定"浙南闽东独具特色的滨海花园城市",向"浙闽省际首位大县"迈进;锚定"现代新型产业成长地",向"温州南部产业创新发展新增长极"迈进;锚定"华东山海沙滩旅游目的地",向"国家全域旅游示范区"迈进;锚定"全国清洁能源发展示范地",向"浙江服务双碳新标杆"迈进;锚定"浙闽协同发展先行地",向"双循环区域重要节点城市"迈进。③

总之,苍南着力打好山海生态牌,跨越发展奔共富。④ 苍南持续放大山海生

---

① 苍南县审议通过《全域旅游发展规划及三年行动计划》打造浙江省山海生态旅游目的地［EB/OL］.（2018-04-24）［2023-11-13］. http://wl. wenzhou. gov. cn/art/2018/4/24/art_1651070_33967490. html.

② 全力打造华东山海沙滩旅游目的地 浙南看一看 苍南第一站［N/OL］.（2021-07-26）［2023-11-23］. http://www.cncn. gov. cn/art/2021/7/26/art_1255449_59017810. html.

③ 锚定"1+5"赶考共富路 奋力实现新时代浙江美丽南大门新跨越 中共苍南县第十次代表大会隆重开幕［EB/OL］.（2021-12-28）［2023-11-13］. http://www.cncn. gov. cn/art/2021/12/28/art_1255449_59028779. html.

④ 打好"三张牌"赶考共富路 加快建设新时代浙江美丽南大门［N/OL］.（2022-08-03）［2023-11-23］. http://www.cncn. gov. cn/art/2022/8/3/art_1255449_59040262. html.

态优势,高品质打造 168 生态海岸带、世界矾都国家地质公园等滨海旅游产业集群;加快"扩中提低",探索深化"央地联动""乡贤带动"等共富模式,打造山海协作升级版,确保农户增收、城乡倍差缩小;大力推进全国文明城市、国家全域旅游示范区等"五城联创",持续擦亮 3 个"600 年"文明的历史文化名片,打造更加幸福可感的美丽"南大门"。

第二节　海洋经济,金沙碧海

苍南的山海协作是一个综合性的发展模式,涵盖农业、工业、旅游、生态保护等多个领域,按照可持续发展理念,实现经济促进、社会发展、环境改善的多重效益,优化产业结构、资源集约利用。首先,苍南注重发展农业的生态化、品牌化和产业化,以提高农民的收入和生活质量;其次,苍南积极推进工业化发展,注重绿色生产和循环经济,以减少对环境的影响;再次,苍南还大力发展旅游业,通过开发独特的山海资源,吸引更多的游客前来观光,推动当地经济的繁荣;最后,苍南还注重生态保护,积极推动山海协作的生态化建设,保护珍稀物种和生态环境,维护山海的生态平衡。

苍南沿海海域属东海中部与南部交界区域,全县海域面积约 2740 平方千米,拥有大小岛屿 140 个,海岸线曲折绵长,拥有大陆岸线 206 千米,其中大陆自然岸线约 160.40 千米,自然岸线保有率为 78.34%。沿海 10 余个大小沙滩,可利用滩涂面积约 12 万亩。[①] 水产丰富,形成多种渔汛,海洋渔业发展条件十分优越,港口和深水岸线资源丰富。航道、锚地及避风条件良好,沿岸天然形成众多的港湾港和海岛港,现有龙江综合型港。沿海的风能资源丰富,潮汐资源和油气资源也相当丰富。

苍南致力于规划好、利用好丰富的海洋资源,保护好海洋生态,破除阻碍发展、破坏生态的体制机制因素,在美化山海的同时推动产业兴旺、城乡美丽,实现海洋经济可持续协调发展。

---

① 苍南县地方志研究室.苍南年鉴:2022[M].北京:线装书局,2022:63.

一、生态修复，为长远计

苍南是海洋渔业大县，是省内现存自然海岸线最长的地方，海岸线全长 168 千米。苍南 2017 年提出黄金海岸线概念性规划，后实施"蓝色海湾"工程，杜绝围海填海、占用自然岸线的用海行为。苍南着力推进海洋生态建设示范区、海洋经济发展示范区、浙南最美海岸线保护开发等建设工作，构建人渔和谐的海洋生态文明。

苍南沿浦湾具有南亚热带气候特征，非常适宜种植红树林。苍南从 2014 年起就引进高校专家团队和先进技术，推进退养还湿、滩面治理，种植较为抗旱的红树林品种"秋茄"。经受几轮极端天气考验，沿浦湾种植的红树林仍保持着良好的生长态势。之后，沿浦湾海湾红树林生态湿地构建工程、海岸统筹整治与生态功能提升生态修复工程构成温州市"蓝色海湾"整治行动项目（苍南）。2015—2018年，苍南县在沿浦湾内完成了千余亩"秋茄"的栽种。2020 年整治修复红树林宜林生境、营建红树林 350 亩，与往年生态修复成果连成一片，红树林面积已超1500 亩，约占浙江省红树林面积的四分之一。打造 2 个千亩以上省级红树林公园，逐步恢复海岸线自然特征，"蓝色海湾"整治行动项目被纳入 2020 年度中央海洋生态保护修复资金项目，获中央财政资金支持 1780 万元，于 2022 年 12 月完工。2023 年，苍南县沿浦湾海湾红树林湿地生态系统修复工程通过验收，并荣列自然资源部全国海洋生态保护修复十大典型案例。

沿浦湾新建红树林与原有红树林连成一片，有效地保护了滨海湿地，为底栖动物提供了良好的栖息地，促进了生物资源的增加，提高了滩涂的自我修复能力，显著改善了生态环境，构建了人与自然和谐共生的自然生态，众多珍稀鸟类在此迁徙、停留。未来，这条红树林编织成的"绿毯"将沿着海湾继续伸展，不断筑牢红树林"北进桥头堡"，擦亮"中国北缘最大的海湾红树林生态湿地"金名片。

在坚持红树林保护发展的同时，也要发挥红树林湿地的经济效益，积极吸引社会资本参与，探索红树林保护的市场化路径，为沿海居民增收。近年来，苍南激活政府、企业、高校三方力量，在沿浦湾构建"红树林种植—生态养殖耦合"共存模式，通过增殖放流、自然繁育等方式不断丰富青蟹、跳鱼、小章鱼等底栖生物，发展林下经济，打造"生态聚宝盆"。最终，不仅红树林种植面积大幅增加，还为当地村集体年增收超 1400 万元，苍南青蟹科技小院还被设立为"中国农村专业技术协会科技小院"。①

红树林能够捕获和储存大量的碳,固碳效率高,是重要的海洋"蓝碳"生态系统。苍南成立了全国首个亚热带海洋滩涂研究院,开展滩涂大型生物生态开发与应用,构建红树林生态系统碳储量和碳汇能力评估模型,形成《沿浦湾红树林监测报告》《苍南县沿浦湾红树林碳汇监测与核算报告》等成果。苍南着手谋划红树林碳汇交易,发挥红树林固碳储碳经济价值,实现生态效益与经济效益双赢目标。2023年全省首个红树林碳汇交易在苍南举行,交易项目收益将直接或间接用于海洋生态保护修复工作,成为吸引社会资本参与海洋生态保护的有力实践。②

石塘湾海岸带地处甬台温高速复线龙沙出口北面、228国道和灵沙公路交会处,海岸带全长1100多米,是我国大陆架少有的天然鹅卵石滩。近年来,石塘湾海岸不断被侵蚀,岸线后移;海滩物质流失,生态系统受到破坏,质量逐年下降。同时,自然灾害防护能力降低,植被损毁,生态功能受损;海滩垃圾众多,脏乱差现象十分严重。苍南赤溪镇积极委托自然资源部第二海洋研究所编制海岸带生态修复工程实施方案,主要目标是恢复受损自然岸线原有形态和生态功能,增强人工岸线稳定性和抗自然灾害功能,促进海岸带生态功能恢复、防灾能力提升、景观功能优化。石塘湾海岸带生态修复工程被确定为2020年度温州市海洋生态建设示范项目,得到相关资金补助支持。2021年,石塘湾海岸带生态修复一期工程通过相关部门联合验收,修复后的海岸带恢复了原有形态,提高了自然灾害防护能力,同时也为石塘村的经济发展带来美好前景,为赤溪镇全域旅游发展打下了坚实基础。

苍南把建设"浙江美丽南大门"作为战略目标,加大了生态环境保护力度。在海洋保护上,深入推进"一打三整治"和伏休成果保卫战、幼鱼资源保护战、禁用渔具剿灭战"三战"等保护碧海执法行动,以前所未有的力度实施海洋资源环境执法检查,严厉打击各类海洋违法行为。

苍南在2017年决定放弃大渔湾围垦工程,保留原生态自然海湾。大渔湾作为苍南县最大的滩涂湿地、温州市最大的海湾之一,浅海滩涂资源丰富,拥有鱼

---

① 红树林变"金树林" 苍南积极打造"生态聚宝盆"[N/OL].(2023-06-08)[2023-11-23].http://www.cncn.gov.cn/art/2023/6/8/art_1255455_59055594.html.

② 世界海洋日|打造红树林"北进桥头堡" 看温州苍南如何实现生态效益与经济效益双赢[N/OL].(2023-06-08)[2023-11-23].http://photo.china.com.cn/2023-06/08/content_86589776.shtml;"浙"自然荐读|"蓝色海湾"的苍南实践:推动红树林变"金树林"[N/OL].(2023-04-02)[2023-11-23].https://zrzyt.zj.gov.cn/art/2023/4/2/art_1289955_59015688.html.

类、甲壳类等近百种底栖生物,是苍南县最大的海水养殖区之一,也是国内主要的紫菜养殖区,具有全市乃至省内最美的自然景观。在人进海退和人退海进之间,在经济账和绿色账之间,苍南出现论争不休的"人海之争",但最终仍下定决心走生态环保可持续发展之路,在这一问题上生态发展观胜出。大渔湾围垦工程已被"蓝色海湾"项目取代,苍南在此开展海岸线整治修复,发展生态旅游和休闲渔业,吸引了不少游客前来游玩,取得了良好的经济效益,这进一步说明"绿水青山就是金山银山"。

在近岸海水水质保护方面,苍南加大对入海排污口、船舶油污垃圾的管理。2014 年至 2016 年,近岸海域一、二类水质平均面积分别占全县 47.6％、54.6％和63.7％,呈递增趋势;四类、劣四类水质平均面积分别占 36.0％、28.3％和25.3％,呈递减趋势。2021 年和 2022 年苍南海水优良率连续两年在浙江省陆地沿海城市排名第一。

2018 年围绕"两创建一建设"(污水零直排区和美丽河流创建,河长制标准化建设),大力实施五水共治"碧水"十大行动,全力打造美丽浙南水乡。近岸海域污染防治行动包含其中,以《浙江省近岸海域污染防治实施方案》为指导,强化入海排污口整治,加强对入海排污口(入海河流、溪闸)基本信息、排污与管理状况的动态管理,完成综合整治;加强直排海污染源环境监管,确保稳定达标排放;加强入海河流监测监管,开展总氮、总磷排放总量控制;加强港口船舶污染控制,强化船舶港口监测和监管能力建设。

在海洋生物资源管护方面,苍南持续开展渔业增殖放流,近三年合计增殖放流 4.3 亿尾水产苗种,投入资金 405 万元,促进了近岸海域海洋生物资源量恢复;推进县域内浙江七星岛省级海洋特别保护区等 4 个产卵场保护区建设,为鱼类繁衍提供"大产房"。① 2018 年以来,苍南系列生态保护举措成效显著,近海鱼类生物多样性指数保持较高水平。2024 年,鲳鱼市场增长,苍南大黄鱼养殖规模产量可观。

二、海岸文旅,打造精品

经过 20 年的生态治理,现在的苍南天更蓝,山更青,水更绿,景更美,空气更

---

① 源头防控＋生态修复,浙江苍南海水优良率又排第一![N/OL].(2023-04-18)[2023-11-23].
https://www.cfei.net/hbyq/yqjc/202304/t20230418_1027292.shtml.

清新,是一处可以安放悠悠乡愁的美丽地方,也越来越成为令人向往的诗和远方。苍南全力发展滨海旅游,把生态修复和打造文旅精品项目结合起来,实现环境提升、产业兴旺双重目标。

苍南168黄金海岸是全省生态海岸带4个先行段之一,途经霞关镇、马站镇、炎亭镇等7个乡镇,连接诸多阳光沙滩、岛礁怪石、滩涂湿地、古村古迹,拥有全国难得的山海兼具的自然岸线,列入苍南"黄金海岸带整治修复工程"的重点项目。这里拥有浙江最长的自然岸线,海水优良率连续保持全省第一,蓝色海水全年保持200天以上,海域内有138个无人海岛、2个有人海岛和31个天然沙滩,滩涂约97平方千米,还有1处海洋生态湿地、2处天然美丽海湾,与鹤顶山、笔架山等山岳景观,构成极具山海特色的自然景观形态。①

168黄金海岸线不仅是生态带、旅游带,更是产业带、致富带。2023年168黄金海岸线开展全面整治并实现全线贯通,串联了沿途海岛、沙滩、渔港、古村等58个网红打卡地和9个交通观景驿站等,形成"一路一风景""一站一风光"的苍南"山海志",出现飞跃168VR体验馆、福德湾古村非遗创意街区、中魁村甜柚牧场、韭菜园房车营地、天吊仔艺术馆等一批流量担当新业态。② 2023年"五一"期间,黄金海岸带火出圈,共接待客流量55.06万人次,实现旅游总收入约6.05亿元。③ 央视新闻频道"特别关注:'游'出更多新意 特色旅游点亮五一假期·'公路游'"系列报道专门介绍了苍南168黄金海岸线,苍南在环境整治、举办活动方面的努力获得广泛好评,在五一假期吸引了大量游客前来游玩观赏。依托168黄金海岸,苍南举办了全国机车嘉年华、全国滑翔伞定点赛等系列文旅体活动,并与中国文联共建"中国摄影艺术乡村",初步构建起168黄金海岸全域全季全业态产品矩阵的雏形。

精彩蝶变背后,蕴藏着破茧重生的决心和力量。168黄金海岸火出圈之前,苍南对沿线7个乡镇展开了环境整治提升行动,举全县之力攻坚整治,党员干部、

① 浙江苍南:黄金海岸好风光[EB/OL]. (2023-06-25)[2023-11-23]. https://baijiahao. baidu. com/s? id=1769682222406102003&wfr=spider&for=pc.
② 霞关布局文旅融合发展"新赛道":小镇"逆袭"故事多[N/OL]. (2023-08-31)[2023-11-23]. http://www.cncn.gov.cn/art/2023/8/31/art_1255455_59059738.html.
③ 政情民意中间站 | 打造168黄金海岸线 探索共富新发展[EB/OL]. (2023-08-31)[2023-11-23]., https://mp. weixin. qq. com/s? _biz = MzA4NjM5NjAyNQ = = &mid = 2651827530&idx = 2&sn = 7a90fe2242cf100e935a1249794c4ccd&chksm = 8432505cb345d94afa772560d586922fc9449a925081f266d558af5cfa6a4a1ac4285085c8a3&scene=27.

群众齐心协力,全民推动环境整治,将一个个落后村庄打造成为宜居宜业和美乡村,进一步助推苍南乡村振兴和旅游高质量发展。在党员干部带头攻坚克难的情况下,仅用60天就完成农田流转近2000亩,立面改造10万平方米,违章拆除15万平方米,通景道路提升55千米、景观节点打造67个,实现168黄金海岸美丽蝶变、惊艳出圈,以"公路游"链接山海景观,初步展现"以路串美景、以景兴产业"乘数效应,打造"中国东海岸1号公路"文旅IP。①

渔寮湾旅游度假选址在美丽的东海之滨——浙江省生态海岸带苍南168生态海岸带的南部核心段,规划面积9.8平方千米,区内有渔寮湾乐活小镇和2个3A级景区村庄(雾城村、后槽村),与省级风景名胜区渔寮国家4A级旅游景区和霞关5A级景区镇相接壤。苍南于2020年就启动了渔寮湾旅游度假区的建设培育,完成《滨海—玉苍山省级风景名胜区总体规划修编(2020—2035年)》,调整渔寮风景名胜区边界,为省级度假区选址设立争取空间,同时引进了一批重大旅游项目落地建设。度假区规划以"乐活渔寮湾——运动、健康、快乐"为主题,以"一带、两核、三组团"为总体布局,打造国内著名的滨海旅游度假区样板标杆,培育国家级旅游度假区和千万级核心景区。

渔寮湾度假区规划项目列入省重点建设项目的有4个,列入省重大产业项目的有1个,包括霞关沛垒沙滩旅游度假区项目、半山半岛二期渔寮和野山海营、168生态海岸带示范样板段、168生态海岸带旅游综合开发一期工程和半山半岛旅游建设项目。② 2022年12月苍南渔寮湾旅游度假区已通过资源评估和基础评价,已经成为国家级4A级旅游景区。

渔寮景区面积23平方千米,拥有渔寮沙滩、雾城岙沙滩两部分。其中渔寮沙滩是我国东南部沿海大陆架上最大、最平的沙滩之一,沙滩坡度小,沙质纯净柔细,松实适宜。2017年景区实施景观提升工程,对景区道路、栈道、观景平台、绿化景观等部分进行提升,以提高景观质量、服务水平以及改善交通通行条件,打造中国东南沿海旅游度假胜地。渔寮景区积极开展放心景区建设工作,获得2019年度全省放心景区的荣誉称号,2020年渔寮景区通过国家4A级旅游景区验收,成为浙南168生态海岸带的核心景区,对苍南县景区提档升级、打造核心吸引物、

① 绿水青山铺就"金光道" 苍南168黄金海岸线火"出圈"背后的蝶变之路[N/OL].(2023-05-18)[2023-11-23]. http://www.cncn.gov.cn/art/2023/5/18/art_1255449_59054560.html.
② 陆友义.规划投资108亿,苍南渔寮湾向省级旅游度假区大步迈进![EB/OL].(2022-10-21)[2023-11-23]. https://mp.weixin.qq.com/s/bcJjplJrr0AAnrFNQzG3zg.

推进全域旅游建设起到了重要助推作用。

文旅融合发展渐成苍南"浙江美丽南大门"建设的新引擎。"十三五"期间,苍南全年旅游总人数由 2015 年的 640.03 万人次增加至 2019 年的 1622.6 万人次,年均增长率超过 26%;旅游总收入由 2015 年的 60.62 亿元增长至 2019 年的 155.63 亿元,突破了 150 亿元大关,旅游经济实现了爆发性增长。2021 年"五一"期间,苍南接待游客达 28.98 万人次,同比增长 90.68%,在支付宝发布的"五一"期间全国消费热度最高十大县城中位列第三。①

2023 年,苍南全域旅游人次已突破千万,创历史同期新高,旅游总收入首破百亿元大关,越来越多的苍南人实现了"村口上班,门口开店"。苍南连续第五年入选县域旅游综合实力百强县,排名较 2022 年提高了 37 位。已先后获得"浙江省首批文旅产业融合试验区""浙江省第二批全域旅游示范县"等金名片,霞关镇获评全省首批、温州首个 5A 级旅游景区镇,矾矿遗址确定为国家工业旅游示范基地,矾山福德湾村入选全国乡村旅游重点村。②

当前,苍南县全域旅游规划重点项目 51 个,总投资达 163.95 亿元,滨海旅游项目建设是其中的重头戏,雾城旅游综合体、渔寮景区景观提升工程、马站(滨海)旅游集散中心等一批重大项目正在加快推进。③

三、规范用海,健康渔业

苍南作为浙江省海洋与渔业大县,以"创新、协调、绿色、发展、共享"五大理念引领海洋与渔业事业发展,以提升转型升级新动力、构建海洋经济新格局、开辟海洋生态新路径、推动渔民共享新成果,全力打造"放心渔业""创意渔业""立体渔业"。

2015 年,苍南采取"两清""两断""两转""两严""两推"等措施积极应对艰巨任务,提前三年打赢"一打三整治"攻坚战。"三无"渔船取缔 2055 艘,拆解 1445 艘,查扣 165 艘;大中型"三无"渔船拆解 674 艘,争取资金补助 6733.9 万元,五项

---

① 全力打造华东山海沙滩旅游目的地 浙南看一看 苍南第一站[N/OL]. (2021-07-26)[2023-11-23]. http://www.cncn.gov.cn/art/2021/7/26/art_1255449_59017810.html.

② 苍南向国家全域旅游示范县迈进 8 天时间 56 万人次涌入这条海岸[N/OL]. (2023-10-12)[2023-11-23]. http://www.cncn.gov.cn/art/2023/10/12/art_1255449_59061500.html.

③ 2022 年度温州市国土空间生态修复十大案例|⑤温州市"蓝色海湾"综合整治行动项目(苍南)[EB/OL]. (2023-03-08)[2023-11-23]. https://mp.weixin.qq.com/s/V2Fd9l81rj3tMnYxcAWRTQ.

主要指标均居全省第一,并顺利通过了省里"一打三整治"专项执法行动第一阶段工作考核,成绩名列省市前茅。

2016年,苍南召开海洋与渔业工作会议,强调要认真抓好"一打三整治"后续管理、核电项目建设、初级水产品质量安全、伏休管理、内陆渔政管理等工作,找准差距、补齐短板、树立信心、狠抓落实,为浙南鱼仓修复振兴和"浙江美丽南大门"建设做出更大的贡献。①

在开展"一打三整治"专项行动的同时,出台《苍南县取缔涉渔"三无"船舶和渔民转产转业实施方案》,对弃渔上岸的渔民,加大资金扶持补助力度。同时,苍南借助168千米黄金海岸线自然景观优势,创新渔乡小镇转产模式,进一步开发养殖、观光、休闲旅游产业,启动马站后槽海螺度假村、赤溪棕榈湾营地等旅游项目开发,帮助渔民转产转业,换个方式"靠海吃海"。②

海水养殖是苍南的一项重要产业,但海域产权不清、养殖规模不断扩大,诱发各方争夺养殖用海,形成苍南的历史性顽疾。苍南借鉴土地"三权分置"的经验做法,确立"三权分置、二级发包、一证到底"的生产模式,在大渔湾海域开展养殖用海管理体制改革试点,以制度的形式明确"三权"承载主体、权利边界、责任范围,为解决海域无偿使用、定界模糊这一根源性问题提供制度保障,为全国提供了养殖用海规范化管理的"苍南样本"。自"三权分置"改革以来,通过系列措施,苍南完成了涵盖大渔湾1502户养殖户的改革工作,化解了养殖用海矛盾,相关纠纷数量连年下降,2017年至今未发生大纠纷事件。如今,大渔湾每年的紫菜产量约占全国的六分之一,年产值超10亿元,养殖户年平均收入为15万元左右,增加村集体经济收入,有效带动沿线19个经济薄弱村致富。③ 紫菜养殖成为沿海群众的"海上良田",形成苍南一张宝贵的国字号金名片。2023年,苍南紫菜入选省农业农村厅浙江省首批名优"土特产"百品榜。

作为温州市水产养殖大县,苍南县于2018年发布了《苍南县养殖水域滩涂规划(2017—2030)》《苍南县水产养殖环保专项整治工作方案》,在全县范围内排查规划外和禁养区内非法养殖,严格限制限养区内养殖行为,全面贯彻落实了持证

---

① 全县海洋与渔业工作会议召开 去年"一打三整治"成绩列省市前茅[EB/OL].(2016-04-29)[2023-11-23].http://www.cncn.gov.cn/art/2016/4/29/art_1255449_3608161.html.

② 苍南渔民换个方式"靠海吃海"[N/OL].(2017-02-09)[2023-11-23].http://www.cncn.gov.cn/art/2017/2/9/art_1255449_5504083.html.

③ 首创养殖用海"三权分置"后,大渔湾又有新跨越[N].今日苍南:2022-12-22(1).

养殖制度。近年来,苍南大力发展"绿色生态渔业",积极引导发展跑道式循环水养殖7条,建设深水抗风浪养殖网箱160余只,积极开展"配合饲料替代冰鲜鱼"等一批生态健康养殖新模式。①

苍南于2020年被列入省渔业健康养殖示范县创建单位。自示范县创建工作开展以来,苍南县着重围绕养殖空间有序拓展、种业规范发展、生产管理规范和产品质量发展等创建考核方面开展工作,大力发展深水网箱养殖、循环水养殖、稻田综合种养、贝藻立体养殖等绿色养殖模式,进一步加快渔业发展方式转变,扎实推进渔业健康养殖,保障养殖水产品质量安全,促进水产养殖业提质增效、转型升级,形成健康养殖管理长效机制。苍南县拥有"中国紫菜之乡""中国梭子蟹之乡""中国虾蛄之乡""中国毛虾之乡"等多张国字号金名片,渔业总产量和总产值连续多年位居浙江省前列,成功创建省级农产品质量安全放心县。

2021年,苍南顺利通过省级渔业健康养殖示范县创建验收。之后,苍南以省级渔业健康养殖示范县创建作为渔业产业发展的新起点,围绕渔业健康养殖发展新趋势新要求,锚定渔区稳定、渔业增收、渔民共富目标,继续发挥优势,大胆创新,努力谱写苍南现代渔业高质量发展新篇章。②

2023年,苍南获得农业农村部批准,作为全国唯一渔船治理改革试点县开展渔船管理改革相关工作,包括小型渔船"三权分置"综合改革、渔船租赁及优化服务改革、"船证不符"渔船整治。改革落地后,将进一步提升苍南渔船规范化管理水平,推动渔区渔民更好地实现共同富裕,为渔业高质量发展提供更多可学习、可借鉴、可复制的经验和模式。

第三节　生态旅游,奔赴山海

既要保护自然环境,又要提高居民收入,在苍南,生态旅游已成共识。苍南坚持人与自然和谐共生,加快打通绿水青山向金山银山转换通道。持续迭代升级的

---

①　温州两地入选这份省级名单![EB/OL].(2020-09-04)[2023-11-23]. https://mp.weixin.qq.com/s/XwueIapBCrMBd5LJK-jhHw.

②　苍南县顺利通过省级渔业健康养殖示范县创建验收[EB/OL].(2021-10-20)[2023-11-23]. http://nyncj.wenzhou.gov.cn/art/2021/10/20/art_1212886_58941824.html.

山海协作工程,以项目合作为中心,以产业梯度转移和要素合理配置为主线,推进发达地区的产业向欠发达地区梯度转移,打通欠发达地区与发达地区互动式"造血型"双赢发展的新路子,成为高水平全面建成小康社会的重要引擎。[①]

2022 年,苍南县成功入选省级低碳试点县。此后,苍南致力于持续念好山海经、打好特色牌、走好生态路、做好"文旅+",构建串珠成链的全域旅游,打造生态循环的美丽田园,助力山海结盟的乡村振兴,推动生态优势转化为发展优势、靓丽颜值转化为经济价值、文化积淀转化为地方魅力,探索全域低碳转型发展新路径。

一、串珠成链,构建全域旅游

苍南山水奇秀,山海相拥,形成"山呼海应"的旅游特色,以玉苍山、碗窑、莒溪为轴线,是以"石奇、谷幽、湖秀、林茂、村古"为特色的山岳旅游区;以渔寮、炎亭为核心,依托沿海滩涂岛礁,形成了海岸观光、水上运动、沙滩体育、品尝海鲜的滨海度假旅游区。[②] 苍南有"中国梭子蟹之乡""中国四季柚之乡""中国紫菜之乡"等十余张"国字号"金名片,有大黄鱼、梭子蟹等优质海产品以及四季柚、马蹄笋等特色农产品。苍南历史人文底蕴厚重,3 个"600 年"是苍南文化旅游的一个缩影与代表:一是碗窑古村落,始建于明洪武年间,是有着 600 多年历史的浙南古民窑的"活化石";二是有着 600 多年历史的明代抗倭遗址、国家一级文物保护单位"蒲壮所城",以及同样具有 600 多年历史的省级文化名城——金乡卫城;三是矾山镇明矾采炼至今已有 600 多年历史,素有"世界矾都"之称。

苍南县委、县政府历来高度重视旅游事业发展,决心把旅游产业打造成推动全县经济转型升级的重要引擎和新增长极,提出把全县作为一个大景区来谋划建设,确立了全域旅游的发展总体思路,着力推动"景点旅游"模式向"全域旅游"模式转变,大力推进全域景区化、乡村美丽化、经济生态化。

苍南致力于打造"浙江山海生态旅游目的地",将其列入全县"1+5"发展目标定位,并于 2017 年在县旅委的机构上组建"全域旅游示范县创建工作领导小组",之后连续 4 年高规格召开全域旅游发展大会,将全域旅游示范县创建工作纳入政府工作报告,纳入县对乡镇部门的目标考核,其间先后编制了《苍南县全域旅游发

① 王世琪,甘凌峰.山海协作工程升级版 3 年来带动 2500 多个村"消薄"[N/OL].(2020-11-11)[2023-11-23].http://zj.people.com.cn/n2/2020/1111/c186327-34407656.html.
② 从景点旅游迈向全域旅游 苍南列为全省首批全域旅游创建示范县[N/OL].(2017-01-19)[2023-11-23].http://www.cncn.gov.cn/art/2017/1/19/art_1255449_5273108.html.

展总体规划及三年行动计划《苍南县乡村旅游发展总体规划》等多项相关规划，县域全域旅游发展格局基本形成。苍南旅游纵深推进改革，革新发展理念，创新发展思路，围绕"处处皆风景、时时有服务、行行加旅游、人人享旅游"的全域旅游发展理念，提出"一线一带八区"全域旅游总体格局，突出旅游"第一服务业"地位，以"做大做强核心景区、做优做美生态旅游、做好做响滨海旅游、做精做特乡村旅游"为重点，全面打响"山海苍南"生态旅游品牌，打造"浙江山海生态旅游目的地"。① 如今，12条乡村振兴示范带串珠成链，马站中魁、钱库项东、矾山福德湾、桥墩八亩后等一批美丽乡村吸引游客争相前往。

通过聚力构建全域旅游发展、文旅融合发展大格局，不断深化体制机制改革，强化政策扶持引导，加快基础设施建设，丰富旅游产品体系，苍南的旅游事业呈现大投入、大建设、大发展的良好态势，2019年至2021年连续三年上榜全国县域旅游综合实力百强县。自2017年被列为全省首批25家"浙江省全域旅游示范县"创建单位后，苍南又于2021年再次荣列第二批浙江省全域旅游示范县，迎来了旅游发展的黄金机遇期。

"十三五"期间，苍南与新媒体合作举办"主播带你云游苍南"直播活动，举办920温州自驾旅游文化节、2020中国·苍南168黄金海岸线自行车骑游大会，极大提升了苍南的知名度和美誉度，旅游经济实现爆发增长，实现年接待游客量1300多万人次，旅游年收入120亿元，年均分别增长15%以上。

进入"十四五"后，苍南强化文旅融合、打造旅游精品工程，完成渔寮湾省级旅游度假区资源评估和基础评价省级评审，渔寮湾乐活小镇省级特色小镇创建工作有序推进，半山半岛二期和野山海营、168生态海岸带绿道示范样板段、沛垒生态康养旅游度假区等被列入省重点建设工程，矾山镇福德湾被列入第四批全国乡村旅游重点村，矾矿工业旅游区被列入2022年国家工业旅游示范基地，霞关镇获评温州市文旅消费集聚区，金乡卫城、霞关镇、渔寮大沙滩、炎亭金沙滩、碗窑古村等5个景点成功上榜"一起跨越　最美山城"山区26县十佳自驾线路及百佳网红打卡点。

创成玉苍山国家森林公园、渔寮景区、碗窑古村落等国家4A级旅游景区3个，通过国家4A级旅游景区资源评估1个，创成3A级旅游景区5个，创建数量

---

① 从景点旅游迈向全域旅游　苍南列为全省首批全域旅游创建示范县[N/OL].（2017-01-19）[2023-11-23]. http://www.cncn.gov.cn/art/2017/1/19/art_1255449_5273108.html.

位居全市前列;创成 A 级旅游景区城镇 7 个,覆盖率 40%,其中霞关镇为温州市首家 5A 级旅游景区镇,矾山镇创成省级 4A 级旅游景区镇,苍南县城创成省级 3A 级旅游景区城;创成 3A 级旅游景区村庄 16 个,A 级旅游景区村庄 183 个,覆盖率达 52%,生态旅游景点遍地开花。2021 年,苍南实现旅游总收入 181 亿元,其中乡村旅游收入 89 亿元,生态旅游成为实实在在的富民产业。①

举办首届"趣 07"星光文旅市集活动,充分释放"月光经济"的魅力,被广大市民赞为"最具有烟火气、文艺范、苍南特色的市集活动";举办第四届"920 就爱你温州"2022 温州自驾旅游文化节开幕式暨苍南 168 黄金海岸露营音乐节,全新打造 168 黄金海岸新名片。②

二、生态发展,打造美丽田园

苍南作为农业大县,锚定"全国农业农村现代化先行县""农业看苍南"目标定位,以农业"双强"行动为总抓手,不断推动产业结构优化、生产方式转变、质量效益提升,近年先后签约番茄新品种集成创新产业园等项目,落地省级农村综合改革集成项目、紫菜产业发展示范建设等试点,扎实建设国家现代农业产业园,建设浙南闽北生态循环农业综合体和健康休闲食品产业群,打造生态循环的美丽田园,利用本地充足的森林资源,加强油茶、中药材、茶叶生产,为农业高质高效发展注入了新活力,助力全面建成小康社会、实现乡村振兴。

苍南现代农业产业园依托生猪和茶叶两大特色优势产业,建设以规模化种养结合为基础、以农业龙头企业为引领、以农产品精深加工为支撑的国家现代农业产业园,致力于"生产+加工+营销"一体化发展,力争在优势产业、绿色农业、智慧农业、三产融合等方面先行示范,为全国提供可复制、可借鉴的乡村产业振兴模式和经验。2021 年苍南现代农业产业园入选农业农村部、财政部国家现代农业产业园创建名单。③ 马站特色农业科技园区入围浙江省科技厅 2023 年度省级农业科技园区拟创建名单,成为 2023 年温州市唯一上榜的此类园区,有望助力苍南

① 叶宾得.温州苍南:山海之间 探索全域低碳转型发展新路径[N/OL].(2022-11-26)[2023-11-23]. http://zj.people.com.cn/n2/2022/1126/c186327-40210846.html.

② 苍南县文化和广电旅游体育局 2022 年工作总结和 2023 年工作思路[EB/OL].(2023-03-02) [2023-11-23].http://www.cncn.gov.cn/art/2023/3/2/art_1229242434_4153100.html.

③ 苍南入围国家现代农业产业园创建 乡村振兴再添"新引擎"[N/OL].(2021-05-14)[2023-11-23]. https://zjnews.zjol.com.cn/zjnews/wznews/202105/t20210514_22525569.shtml.

持续深化农业"双强"行动、加快推进农业农村现代化。园区打造"三生(生产、生活、生态)协调、三产(一产、二产、三产)融合、三创(科技创新、机制创新、大众创业)联动"的现代农业产业体系,紧扣种子种苗、精深加工、农旅融合等多个环节做强产业,以产业链现代化推动农业现代化。

稻渔综合种养根据生态循环农业和生态经济学原理,将水稻种植与水产养殖技术、农机与农艺有机结合,通过对稻田实施工程化改造(开挖面积占稻田比例在10%以内),构建稻—渔共生互促系统,在水稻稳产的前提下,大幅提高了稻田经济效益和农民收入,提升了稻田产品质量安全水平,改善了稻田的生态环境,具有稳粮增收、生态安全、质量安全、富裕百姓、美丽乡村等多重效应。2019年浙江省农业农村厅印发了《浙江省稻渔综合种养百万工程(2019—2022年)实施意见》,将稻渔综合种养作为浙江省稳定粮食生产、促进农渔业绿色发展的重要工作和技术推进。

苍南莒溪是一处掩于玉苍山脉之间,以山水为媒的"天然氧吧",凭借着"九山一水半分田"的地理格局,成为发展绿色有机与生态循环农业的绝佳之地。近年来,苍南县莒溪镇投入1400余万元推进稻鱼综合种养项目,探索"一田多收"的发展新路,总结稻鱼共生种养经验,在传统农业村推广稻鱼共生项目,推动形成稻鱼产业聚集效应,实现土地增值、村民增富、村集体增收。苍南县优农养殖专业合作社221.6亩稻鱼综合种养设施建设入选苍南县省级水产健康养殖和生态养殖示范区项目。

苍南作为全省重点林区县,依托林地资源、林下空间和森林生态环境,大力实施"千村万元"林下经济增收帮扶工程。苍南拥有林地面积96.35万亩,占陆域总面积的59.5%,具备发展林下经济的广阔空间。发展林下经济,既可改良土壤、减少环境污染,又可利用林下空间解决养殖场占地紧张问题,同一块林地至少能产生两种产品效益,符合党的二十大报告提出的"推动绿色发展""扎实推动乡村产业振兴"等重要决策部署,可以实现生态保护、经济发展和农户增收的多赢,走出了一条"既能护林,又能富民"的绿色发展新路。

苍南积极履行林业在推动能源绿色低碳发展中的社会责任,提升森林资源固碳的循环能力,汇聚绿色低碳实践的强大合力,成功申报碳汇先行基地和林业增汇试点县,同时发挥林业资源的经济效益,合理利用,增加收入,坚定不移走生态优先、绿色低碳的高质量发展道路。2021年,苍南林下经济总产值约28.73亿元。2022年建成桥墩新凤村370亩林下套种白茶、灵溪苍溪村305亩林下多花黄精种植、桥墩东山村 321 亩 5 万只林下养鸡等 6 个示范基地,漫山林业焕发新生机。① 全县共发展"一亩山万元钱"兴林富民示范推广基地 5 万亩,共带动林业企业(合作社)146 家、家庭林场 27 家、省级林业重点龙头企业 2 家,省级示范性家庭林场 2 个,省级示范性专业合作社 1 个。2022 年,林业行业生产总值达 62 亿元。②

苍南高度重视油茶产业发展,切实把油茶产业作为兴林富民的基础产业来抓,相继出台油茶种植基地建设和油茶后期抚育等财政扶持办法,连续 9 年组织实施油茶产业提升项目。形成"苗木生产—基地造林—成品加工"的完整产业链发展,建有省级油茶产业园区 1 个、省市级油茶精品园 4 个、县级油茶精品园 4 个,全县有 2000 亩油茶基地获得有机食品认证和 QS 认证,有 11000 亩基地获省无公害油茶标准化栽培推广示范区称号。油茶产业不仅绿化了荒山,发展了山区经济,也使农民通过土地流转,获得了财产性收入,以土地入股,投产后年年获得红利。③ 矾山镇油茶高效栽培示范基地是苍南最早开始探索林下经济的林业基地之一,从 2013 年开始种植油茶,面积达 2200 多亩。但从种下到结果,基地至少需要等待 8 年时间。在此期间,除草、施肥等抚育成本持续投入,基地又毫无创收,两者矛盾如何缓解?2015 年,当油茶树高约 40 厘米时,基地做了一个大胆的探索:利用林下间隙轮作旱稻、油菜等农作物,面积约 500 亩。这一模式实施了近4 年,累计增收 400 万元。基地出产的高山旱稻米获评第 10 届中国义乌国际森林产品博览会金奖。④

苍南有丰富的中医药资源,2006 年获得"中国人参鹿茸冬虫夏草集散中心"国家级称号。如今,苍南参茸市场经营的滋补类中药材达上千种,几乎涵盖全品类,年交易额近 50 亿元,有着极大的"养生"物质和市场基础。⑤ 苍南老字号药企

① 叶宾得.温州苍南:山海之间 探索全域低碳转型发展新路径[N/OL].(2022-11-26)[2023-11-23].http://zj.people.cn/n2/2022/1126/c186327-40210846.html.
② 我县推动生态文明向"绿"而生 森林走进城市 城市拥抱森林[N/OL].(2023-08-14)[2023-11-23].http://www.cncn.gov.cn/art/2023/8/14/art_1255449_59058653.html.
③ 油茶产业规模显 累计种植 35000 多亩[N/OL].(2018-07-05)[2023-11-23].http://www.cncn.gov.cn/art/2018/7/5/art_1255455_19277277.html;农民竞相承包 种植经济作物 县财政引导荒山变"绿色银行"[N/OL].(2017-05-09)[2023-11-23].http://www.cncn.gov.cn/art/2017/5/9/art_1255449_6989039.html.
④ 苍南实施林下经济增收帮扶工程 林下种"黄精" 生态添"黄金"[N/OL].(2022-11-29)[2023-11-23].http://www.cncn.gov.cn/art/2022/11/29/art_1255455_59046426.html.
⑤ 我县以茶为"媒"带活一方山水 浥出茶叶"共富香" 奏响茶业"发展曲"[N/OL].(2023-06-09)[2023-11-23].http://www.cncn.gov.cn/art/2023/6/9/art_1255449_59055650.html.

浙江华宇药业股份有限公司大力推进中药材种植基地建设，带动当地500多户农户林下种植中药材，让村民实现"家门口"就业增收，企业还通过成立中药炮制传承工作室、开展职业技能培训等，助力拓宽苍南中药产业的致富路径。

苍南茶产业历史悠久，茶产优质，产量丰厚，拥有"中国茶文化之乡"称号，共富茶园是苍南推动茶产业发展的新举措。2022年苍南正式启动"共富茶园"项目，以"共富"为轴心，通过"企业＋专家＋基地＋农户"的统一管理模式，吸纳周边茶农及闲散劳动力，集中开展标准化种植，由专家、院士提供技术支持，汉茶公司进行品牌运营，企事业单位或个人认领式购茶，整合茶叶种植、生产、营销、文旅等优势资源，化生态效益为经济效益。在茶博会的温州展馆里，苍南展出了本地特色的墩门工夫红茶、茶糕点、采茶戏、茶酒等10项茶与非遗融合的产品，其中苍南非遗项目墩门工夫红茶与浙江省非遗项目点色剪纸相结合，采用特色剪纸技艺包装，突显浓厚的苍南特色。苍南茶研会与浙江大学现代中药研究所签订合作协议，设立养生茶实践基地"长生老号"，共建中医药（参茸）博物馆，增设养生茶研学中心，同时发挥中医药特色优势，结合苍南县本地茶叶研发养生茶。①

三、山海结盟，助力乡村振兴

苍南以山海协作为纽带，聚焦任务抓落实，聚焦特色抓突破，聚焦短板抓提升，全面推动苍南乡村转型升级，打通绿水青山与金山银山的转化通道，走出了一条共同富裕的"山海通途"。充分发挥区域独有的资源优势，从文化、休闲、观光、体验等方面入手，构建融合型生态旅游新模式，打通山海资源转化通道，全力推动"三农"发展质量变革、效率变革、动力变革，打造特色文化旅游产品，在为消费者提供生态旅游服务的同时，让消费者获得更加丰富的消费体验，做好"产业升级、群众受益、强化保障"三篇文章，区域协同发展纵深推进，实现强村富民、乡村振兴，助力打造跨越式高质量发展建设共同富裕示范区县域样板。

2006年，温州苍南与龙湾建立了山海协作结对关系。"结盟"十六载，苍南、龙湾两地"山呼海应"，携手共谋发展。近年两地山海协作全面升级，以打造省级山海协作工程升级版示范园区为目标，按照"共建、共管、共招、共享"的合作机制共建苍南—龙湾山海协作生态旅游文化产业园，融合田园观光、农事体验、文化创

---

① 我县以茶为"媒"带活一方山水 沏出茶叶"共富香" 奏响茶业"发展曲"[N/OL].（2023-06-09）[2023-11-23]. http://www.cncn.gov.cn/art/2023/6/9/art_1255449_59055650.html.

意、康养度假、旅游集散、综合服务功能于一体,打造国内一流的亚热带山海田园旅游度假目的地。

苍南县和龙湾区两地精心谋划,丰富内涵,扩大结对,按照"一园多点"的开发模式推进产业园区建设,区域协同发展向纵深推进,山海协作硕果累累,继苍南—龙湾山海协作生态旅游文化产业园连续两年蝉联全省生态类产业园考核第一后,2021年继续超额完成年度目标任务,实现省级考核"三连优"。结合苍南生态资源和发展潜力,以及龙湾技术和资金优势,通过历史文化挖掘、基础设施建设、文化遗址修缮等措施,先后建成马站镇中魁村、矾山镇福德湾村、钱库镇玉龙村等8个乡村振兴示范点,实现了乡村旅游规模和质量"双提升"。苍南、龙湾两地将持续合力,加强产业项目合作,加快推进山海协作平台建设,推动山海协作全区域、全要素、全产业链发展,全力打造山海协作"省级样板",助力共富建设。

马站镇中魁村由曾经的贫困村成为如今名副其实的小康村,它的华丽转身,离不开苍南与龙湾齐心协力念好"山海经",唱好"协作曲"。中魁村作为产业园内的乡村振兴示范点,引进现代智慧农业项目、专业种苗公司、未来健康小屋,精心构筑玫瑰园、采摘园、甜柚牧场、梦幻夜景等一批景观设施,打造"柚一邨"未来民宿项目,精心培育四季柚采摘节,以"双魁印象"为主题打造出一个集观光旅游、户外婚庆拍照、亲子活动等为一体的美丽田园精品区,接连获得国家级生态村、全国文明村、全国民主法治村、全国乡村治理示范村等荣誉。目前,中魁村村民人均年收入达3万多元。中魁村于2021年入选全国乡村振兴示范案例;2022年,中魁村数字强村富民模式获评全省典型;2023年,中魁村以四季柚特产获评农业农村部第十二批全国"一村一品"示范村镇,实现了把"绿水青山"变成"金山银山"的中魁实践。①

苍南积极迎合市场,破局传统单一的观光旅游市场瓶颈,推动"行行+旅游,旅游+行行"融合发展,推进"旅游+工业、商贸、农业、文化、体育"等相互融合、互动发展,实现乘数效应。积极鼓励扶持民宿、农家乐、采摘园、文创园、研学基地、特色餐饮、土特产展销等多元业态项目开发经营,让生态旅游景点更有文化性、体验性,让游客能留下来、消费起来。

矾山镇境内明矾储量占全国总储量70%、世界储量60%,素有"世界矾都"之

称,而矾山却因600多年的采矿炼矾,饱受环境污染、生态破坏的困苦,矾山的溪成了"牛奶溪",矾山的山成了"秃头山"。为了实现转型,苍南关停矾矿工业生产线,迈出转型第一步——"矿山复绿",用十余万株珍贵树种覆盖数以千亩的裸露山体,催生出一个以火山岩地貌为看点的国家地质公园。如今矾山通过生态修复,大力发展旅游业,恢复建设福德湾历史文化街区,培育了矾塑等非物质文化遗产衍生品,挖掘了矾山肉燕等特色美食小吃,打造非遗一条街、矾山文创产品研发、炼矾VR技术体验等各类产业,提升矾山文旅多元融合服务。

福德湾村以"一个矿工的一天"为主题来组织矿区规划,"矿工生活区打造成为古村商业区,矿工挖矿区转为矿硐体验区,矿工炼矾区成为矿山游玩区"的发展模型逐步成型。与温州矾矿达成"文化寻根"战略合作,系统梳理600年采矿历史,大胆参照"采矿、转运、煅烧、风化、结晶"等明矾采炼工艺顺序编排旅游线路,让游客亲身体验"一颗明矾"诞生的过程。省级非物质文化遗产"矾山肉燕制作技艺"传承人朱敬记与苍南县农业农村局联合成立矾都肉燕培训机构,培养了数百名肉燕实用人才,矾山镇如今开出了60多家肉燕店。据不完全统计,矾山肉燕全年产值已超2亿元。2019年启动建设矾山灯光夜景工程,打造景区全域光影景观,"印象矾都"大型灯光秀光彩夺目,2020年举办"世界矾都·不同'矾'响"世界矾都文旅专场(杭州)推介会,2023年举行"清凉一'夏'·非'矾'夜市"开幕式。矾山镇正以打造"国际工业遗产旅游目的地"为目标,让这座拥有650多年明矾采炼工业史的"世界矾都"以"文化立镇、旅游兴镇"的姿势华丽转身,肉燕、卤鹅、矾塑工艺品以及炼矾研学基地等旅游特色商品产品层出不穷,矿山秃岭变成绿水青山,生态发展和经济效益实现双丰收。近年来矾山镇培育月光经济产业,打造"不夜矾山",着力拓展全域旅游发展纵深度,成为苍南全域旅游的网红打卡地、乡村振兴的独特风景线,争取早日实现旅游兴镇。①

矾山镇福德湾荣获全国重点文物保护单位、国家工业遗产、联合国教科文组织(UNESCO)"2016年度亚太地区文化遗产保护奖"等荣誉,稳步推进矾矿世界工业遗产申报。2022年获评"全国乡村旅游重点村",成了浙南闽北工业旅游的首选之地。"匠心非遗·不矾造市"矾山镇明矾节共富市集入选2023年浙江首批精品乡村市集,桥墩镇温州(苍南)开茶节主题市集同时入选。福德湾村最早因矾

---

① 培育月光经济 打造"不夜矾山" 矾山:"印象矾都"灯光秀[N/OL].(2020-01-10)[2023-11-20]. http://www.cncn.gov.cn/art/2020/1/10/art_1255455_41580112.html.

而盛,后又因矾而衰,现又因矾而兴,深刻诠释了从"为了金山银山,不要绿水青山"到"既要绿水青山,也要金山银山"的转变过程。

马站镇后槽村是位于苍南东南角偏远一隅的小渔村,近年来乘着乡村振兴的东风,利用沙滩资源环境优势,通过3A级景区村创建,精雕细琢,大力发展民宿产业,加快推进村庄人居环境提升和配套基础设施建设,打造独具魅力的滨海旅游特色村,成功实现转产转业,2020年未受疫情影响,接待游客量不降反增,达14.6万人次,旅游总收入1200多万元,同比增幅约34%,利润600多万元,服务业人均增收1.3万元,真正实现"人人有事做,家家有收入",使村民踏上一条新的致富道路。2021年后槽村获评浙江省3A级景区村庄。后槽村将继续以创建"滨海休闲渔村"为抓手,投入资金建设景区公厕和绿化工程,加快基础配套设施及休闲旅游业项目建设步伐,打造高品质休闲旅游村。

霞关镇则坚持"修旧如故"原则,耗资约2500万元对霞关老街进行"微改造精提升",串联区域内景观节点、业态空间布置和旅游服务空间,打造集休闲、购物、观光于一体的旅游线路,同时推动"短视频+文旅""短视频+产业"协同发展,2021年实现年旅游接待约60万人次,创造旅游收入6365万元。

钱库镇来谊村注重挖掘乡村文化资源,打造集文化驿站、村史馆、游客接待中心、会务接待等功能于一体的文化礼堂,建设具有网红特质的文创空间和研学基地,创立了"苏包"文创品牌,引进文创小店、民谣工作室、抖音直播等休闲业态以及小酒吧、农家乐等餐饮店铺,开展稻子熟了、二十四节气体验、中药体验等研学活动,切实实现了以文化兴带动全域兴。

莒溪镇整合溪东村丰富的森林、溪流、碇步、峡谷、畲族文化等旅游资源,启动了"畲族风情民宿"项目建设。该项目将溪东村闲置的16间农房进行改建,由苍南县旅投集团与溪东村共同投资,以折股量化的新方式建设运营。5年时间为400户低收入农户每户增收2600多元,在此基础上,由14个村组成强村公司,投资1300余万元建设低收入农户帮扶中心,建成后作为高质量农业项目和来料加工的场地,增加14个村的集体经济收入。莒溪镇推进稻鱼综合种养项目,引入豆腐柴林下经济种植项目,探索"公司+集体+农户"经营模式,实现土地增值、村民增富、村集体增收,打造乡村"产业美"。①

① 甘凌峰,吴合众. 苍南:在山海之间讲好美丽故事[N/OL]. (2023-08-21)[2023-11-23]. http://zjrb.zjol.com.cn/html/2023-08/21/content_3672382.htm? div=-1.

苍南持续加强乡村基础设施建设,2022年新改建"四好农村路"336千米,全县31个偏远山村实现"村村通",县城至乡镇直达公交实现全覆盖,圆满承办全省农村公路品质工程现场会,创成全省万里美丽经济交通走廊达标县。① 集成推进强村富民改革,盘活闲置宅基地、闲置农房285幢,2022年全县村集体经济年收入和经营性收入分别增长16.4%、31.7%,低收入农户人均可支配收入增长16.5%。②深入开展"双百双千"行动,引导24.2亿元社会资本下乡。完成153个农村饮用水达标提标工程,新增受益人口14.4万人。对口支援、对口合作和东西部扶贫协作不断加强。③

苍南以"两带"融合引领乡村振兴,实施西部生态休闲产业带项目26个,建成乡村振兴示范带12条,创成美丽乡村省级特色精品村、市级样板村10个,A级旅游景区村84个,入选省级乡村振兴产业发展示范建设县。苍南高度重视美丽宜居示范村建设和传统村落风貌保护提升工作,立足村庄实际不断完善村落基础设施建设、提升公共服务水平,目前全县已建成省级美丽宜居示范村15个,待验收4个。④

苍南的山海协作取得了显著的实际效果。首先,经济发展取得了长足的进步。苍南的GDP不断增长,人民的收入水平大幅提高,贫困人口得到有效减少;其次,生态环境得到了明显改善。苍南的空气质量和水质状况都得到了有效保护和改善,生态系统的稳定性和多样性得到了有效维护。最后,旅游业的发展也为当地带来了巨大的经济效益。越来越多的游客前来参观苍南的山海景观,为当地的饭店、旅馆、景区等带来了可观的收入。

最重要的是,山海协作为苍南带来了更加美好的未来。苍南山海协作的成功离不开其重要特点的支持。首先,苍南注重绿色发展,以可持续发展为目标,注重保护生态环境。其次,苍南实行开放合作的政策,积极吸引外来投资和技术,推动当地产业的升级和发展。再次,苍南还注重人才培养和创新,不断提高当地人民

---

① 美丽城镇苍南篇:山海之都,自在苍南,用好"五色笔"描绘城镇"五美图"[EB/OL].(2023-02-06)[2023-11-23].https://mp.weixin.qq.com/s/Zx_lnvX3qjjZoxqpqJ0RIg.

② 2023年苍南县人民政府工作报告[EB/OL].(2023-02-16)[2023-11-23].http://www.cncn.gov.cn/art/2023/2/16/art_1229242435_4150901.html.

③ 2020年苍南县人民政府工作报告[EB/OL].(2020-05-18)[2023-11-23].http://www.cncn.gov.cn/art/2020/5/18/art_1229242435_1949086.html.

④ 全省示范!苍南这两个村,太厉害了![EB/OL].(2023-10-18)[2023-11-23].https://mp.weixin.qq.com/s/CYcPVIUFjIxlVfI9Hs6sgw.

的素质和能力,为山海协作提供坚实的人力资源保障。最后,苍南还注重民生改善,努力提高人民的生活水平和幸福感,让每个人都能享受到山海协作带来的发展成果。

今后,苍南县将持续深挖生态资源,坚持农业旅游业融合、产业链延伸,全力全速推进山海协作乡村振兴示范点建设,借力山海协作,撬动全域乡村振兴,努力走出一条生态优先、富民为本、全域振兴的高质量发展新路。

第八章

文化苍南建设

国运昌，文运兴，党的二十大吹响了推动文化大发展大繁荣的号角。文化是中华民族的血脉，是中国人民的精神家园，是中华民族的精神和灵魂，是实现第二个百年目标的强大力量。文化具有基础性、传承性、引领性等多种功能。文化愈发成为民族凝聚力和创造力的重要源泉、愈发成为综合国力竞争的重要因素、愈发成为经济社会发展的重要支撑。在新发展阶段，我国人民对丰富精神文化生活的向往也愈发强烈。推动苍南县从文化大县迈向文化强县，是苍南县委、县政府在新时代新阶段顺应国家发展新要求做出的重大战略决策。苍南县认真贯彻落实党的二十大精神和浙江省委关于文化建设的政策方针，从全省乃至全国的视角出发，以高度的文化自觉和文化自信兴起文化强县建设新高潮，力争在不太长的时间内使苍南成为浙江文化建设的典范，这是摆在全县人民面前的一项重要而紧迫的任务。

第一节　文化建设多点开花

在新型城镇化背景下，城市建设要摒弃过去一味追求城市 GDP、规模扩张、急功近利的做法，牢固树立以丰富城市文化内涵和提升城市文化品质为核心的发展理念，既要重视城市的外在建设，更要注重城市的内在修炼，加强对文化基因的传承、文化记忆的保留和对光辉历史的赓续。

苍南县委、县政府始终将文化建设摆在重要位置,在省内较早提出建设文化大县的战略目标,对文化建设做出了一系列重大决策部署。尤其是党的二十大以来,苍南县委、县政府站在建设中国特色社会主义事业全局的战略高度,以浙江省"八八战略"和"两创"总战略目标为指引,率领全县各级党组织和广大干部群众合力建设社会主义核心价值体系、公共文化服务体系、文化产业发展体系"三大体系"。经过多年以来的不懈努力,苍南县在各项文化建设中取得了一系列的显著成绩,具体表现为:以凸显苍南文化固有特质和现代先进文化为特征的"浙江精神"进一步弘扬,人民群众的思想道德素质和科学文化素质显著提升;文化体制改革持续推进,新时代文化发展理念逐渐形成;公共文化服务体系建设保障公民的基本文化权益逐步落实;一批代表性文化设施先后建成并投入使用,农村公共文化供给大幅增加,城乡人民的精神、物质生活水平显著改进;文化遗产保护力度持续强化,优秀传统文化得到赓续传承;全县广电事业迅速发展,成立了一批有市场影响力的文化企业,文化市场主体应变能力和创新能力明显提高;建立健全投资多元化的文化产业发展体制机制,着力培育重点文化企业和文化产品交易平台,一批民营文化龙头企业发展迅速,电子商务文化企业应运而生,逐渐成为具有竞争力的文化产业高地;富有特色的艺术创作、文化活动更加充满活力,城乡的文化产业成为促进苍南经济高质量发展的增长点。"十三五"期间,苍南文化产业快速发展,文化要素在经济增长中的贡献率明显加大,有力促进了人的全面发展和经济的转型升级,有力增强了苍南的文化软实力和综合竞争力。苍南在推进文化建设上的成效显著,多项文化建设在全市名列前茅,为迈向文化强县建设奠定了扎实基础。

公共文化服务建设提档升级。全省第七次乡镇综合文化站定级上等级率达到100%;[①]特级文化站占全市总量22.2%,超过温州山区26县其他地区;二级以上文化站占比83.3%,高出市定年度目标3.3个百分点。新型空间扩容提质,首次在商业酒店拓展合作空间,新建成华美达城市书房,新增3个文化驿站,全民阅读服务提升进位,县图书馆获批第一批浙江省"满意图书馆"。

献礼庆祝活动精彩纷呈。2021年,采取"赛演结合、线上直播"的全民参与方式,广泛开展系列献礼庆祝活动,覆盖现场观众近3万人次,在线观众137万余人

---

① 本节所有数据来源:苍南县地方志研究室.苍南年鉴:2022[M].北京:线装书局,2022。

次,第十届文化艺术节主题晚会单场直播最高同时在线人数90.96万,创下历史新高。庆祝建党100周年文艺演出活动、县博物馆"'大时间小时代'——苍南发展四十年回望展"以及"萧云集眼中的苍南40年"摄影纪实展等,赢得了社会各界的一致好评。

文艺精品创作再创佳绩。新创全县首部大型现实题材话剧《诚信老爹》,该话剧先后被列入温州市文艺精品创作扶持项目、庆祝建党100周年精品展演剧目。歌曲《高铁开进畲山来》、群舞《阿母的揹巾》、音乐小品《清风一号线》等7个本土原创精品入选温州市庆祝建党100周年百个文艺精品,总量居全市县域前列,歌曲《农民老张的流水账》荣获2021温州市第18届音乐舞蹈节原创音乐专场最高奖"双金奖"。

文旅融合发展全力推进。苍南加快实施"文化进景区"行动,成功创成碗窑景区、霞关镇2个文旅融合景区(镇)。加强文旅融合宣传,协同旅体中心开展2021年苍南文化旅游推介会、2021年苍南文旅消费季、"山海协作"专题旅游宣传推介会等,完成文旅口号标识社会征集,确立了"浙南看一看 苍南第一站"全域旅游宣传口号并进行全方位宣推,提升苍南文旅知名度和美誉度。

文旅数字化改革方兴未艾。2021年,"苍南县文体类社会团体和民办非企业联审监管"项目入选"2021浙江省文化和旅游数字化改革试点项目",温州仅3个项目入选;也纳入了县数字化改革"一本账",构建苍南文旅大数据平台,实现省、市、县数据和应用的互联互通。

专项整治行动持续推进。2021年3月,县文化和广电旅游体育局根据县打击非法印刷"百日攻坚"专项整治行动工作部署要求及县委、县政府有关会议规定和精神,扎实开展打击非法印刷"百日攻坚"专项整治行动。专项行动期间,共行政处罚、立案调查印刷出版类案件30件,罚款380500元,成功侦办全国首例庆祝建党100周年标识侵权类案件,共查缴没收非法图书、印刷制品130117册(张)。其中"浙江忠简文具有限公司未经著作权人许可,发行其作品"获得国家文旅部重大案件通报表扬。

文化遗产保护应保尽保。2021年,新增20处县保单位和20处县级文保点,蒲壮所城被列入《大遗址保护利用"十四五"专项规划》,推进矾山矾矿申遗进展,推动成立帆矿申遗领导小组,启动申遗文本编制。著名的蒲壮所城既是明代卫所制时期重要的海防文化遗产,又是佐证温州海防发展史、歌颂苍南抗倭斗争史珍贵的历史资料。1996年,蒲壮所城公布为第四批全国重点文物保护单位;2006

年,在第六批全国重点文物保护单位公布时,壮士所城、白湾堡、巡检司遗址以及外围七处墩台合并归成为第四批全国重点文物保护单位——蒲壮所城。苍南县文物部门致力于蒲壮所城的保护与利用,先后编写《蒲壮所城保护规划》"四有"档案建档和壮士所城考古勘探等文物基础性工作;积极落实文物修缮与消防安防工程,重点维修了蒲壮所城北段城墙、张琴故居、城隍庙、白湾宫等文物本体和一批文物建筑;有效推进东南城楼布展、VR 全景图制作等文物宣传利用工作。整体来看,苍南县的文物保护稳步推进,文物利用渐入轨道,社会成效突出。

第二节 文化服务提质增效

近年来,苍南县以创建全国公共文化示范区为目标,做出了一系列促进文化、民生、环境优化、社会发展相融合的有效决策。在各项政策的支持下,社会力量参与文化服务供给的有效性日益显著,不断促进苍南县文化事业的发展和公共文化服务体系的完善,为加快"浙江美丽南大门"建设提供了有力的文化支撑。

一、苍南县公共文化服务政府供给概况

(一)政府主导公共文化服务设施建设情况

近年来,苍南县高度重视公共文化基础设施建设,建设了一批高水准的新型公共文化设施。苍南县图书馆新馆占地 12 亩,建筑面积达 8185 平方米,馆藏图书 62 万册,于 2013 年成功创建了国家一级馆。[①] 县文化馆、博物馆和非遗馆三馆占地 22.5 亩,总建筑面积 23755.8 平方米。2014 年苍南县博物馆接待观众数量显著增长,三个季度累计接待观众 29.8 万人次,其中青少年学生 9.9 万人次;接待研学团队 85 场次,服务观众 4500 余人次,成为苍南县文化宣传的重要场地。2017 年,中心湖文化驿站、苍南文化馆文化驿站、城格文化驿站 3 个文化驿站的建成与活动开展又为丰富苍南文化生活锦上添花。浙南海西文化创意产业园项目主体工程已经全部完工,该项目建成后随着国内著名创意机构及本地文化企业

---

① 本节所有数据来源:历年《苍南年鉴》,可在苍南县人民政府门户网站的"苍南年鉴"栏目查询。

入驻,将成为苍南顶尖文化集中展示的平台。作为苍南重要的城市功能配套设施,苍南大剧院顺利建成。2015年,为进一步促进公共文化服务的均衡发展,苍南县打造"农村30分钟文化圈",全面加快乡镇、社区(村)文化设施建设,陆续启动乡镇文化设施改造提升工程和新社区文化中心建设,截至2018年底,已改造提升19个乡镇综合文化服务中心,新建乡镇图书分馆19个,建设社区文化中心88个,创建省级和市级文化强镇共计7个,建成省级和市级文化示范社区(村)57个,精品农家图书屋33家,农村祠堂成功改建文化活动中心202个。作为"城市书房"的乡镇延伸版的"百姓书屋"在金乡、赤溪乡镇图书分馆提档升级,已于2017年底竣工验收。一大批具有组织举办文体活动、文艺表演、阅读推广和讲座展览等功能的乡镇文化设施建成并投入使用后,苍南逐步形成了县、乡镇、社区(村)三级公共文化设施网络,大大改善了群众文化生活,提升城市文化首位度。

(二)政府主导公共文化服务活动开展情况

为推动基本公共文化服务标准化、均等化发展,苍南县积极发挥文化设施阵地作用,坚持全部文化设施免费对外开放,做到建设一批、开放一批、服务一批。县图书馆开馆以来,为10余万群众免费办理借阅卡,读者年度借阅量达到70多万册次,在全市县级公共图书馆中名列前茅;县文化馆自建成开馆以来,年均举办各类视觉艺术展览20多场次,有计划地开展春、夏、秋三季各类公益文艺培训班70多期,培训文艺骨干、文艺爱好者、业余文艺团队3000多人次,取得了良好的社会效应,乡镇、社(村)每年自办文艺晚会300多场。33家精品农家书屋对按群众阅读需求,实现与县级图书馆通借通还。全县在5年时间内共组织送戏下乡近2000多场,送书40多万册,送展览200多场,送电影3万多场,惠及群众近百万人次。通过不断推进强化文化设施和丰富群众活动等,苍南县公共文化服务能力日渐增强,逐步构筑起文化惠民乐民的平台和服务体系。近年来,为提升文化软实力,苍南政府结合不同地域特色,通过对地方文化资源的挖掘,成功打造了县文化艺术节、地方民俗文化节、社区文化节等一系列文化品牌活动。从2003年至2024年,已成功举办11届县文化艺术节,因全县群众广泛参与、广泛传播,县文化艺术节俨然成为苍南文化品牌的一张金名片,极大促进了文化强县的建设。村镇以节、会为龙头,开展特色节庆文化活动,打造独具本地特色的城镇文化品牌,例如浙闽边贸文化节、中国(龙港)印刷·礼品文化节、中国(金乡)台挂历展销会,以及开渔节、明矾节、开茶节、四季柚采摘节等活动,如今早已声名在外,不但很好地提升了地方文化品位,还有力地促进了当地经济社会的高质量发展。同时,苍南还是省传统戏剧之乡,荣膺"民间八仙戏"传统戏剧特色县、"提线木偶戏"省传统戏剧特色县、灵溪"单档布袋戏"省传统戏剧特色镇等 3 项称号。

从上文可以看出,苍南县政府在公共文化服务供给上主动发挥主导作用,为顺应群众多样化的精神文化需求,逐年增加文化产品的供给,为公共文化服务供给提供了坚强保障。

二、苍南县公共文化服务社会化的实践探索

近年来,苍南政府一直在积极探索,向全国各地借鉴成功经验,不断创新公共文化服务供给模式,初步建立了公共文化机构理事会制度、政府向社会力量购买服务制度以及"政府引导公众自治"模式和"政府搭台民间众筹"模式,有力地降低了政府行政成本,提高了服务效能。

(一)建立公共文化机构理事会制度

政府通过财政补贴,以文化机构为服务起点,为公众提供各种低成本或免费的公共文化服务,是地方政府为公众提供文化服务及活动的重要方式,但不足之处在于政府需要投入大量的财力、人力、物力去维持公共文化机构的管理和运营。苍南县政府在实践中勇于创新机制,率全省之先,于 2014 年 6 月实现了苍南县文化法人治理结构改革,将理事会制度引入苍南文化事业机构,探索出一条较为成功的公共文化服务社会化运作模式。随后又经过一系列的酝酿、推荐、审核等程序,于 2016 年底完成了苍南县图书馆和苍南县博物馆法人治理结构改革,依托理事会,吸引社会知名人士参与机构决策和管理。下面将以苍南县图书馆为例,简述苍南如何通过法人治理结构改革激发社会力量参与公共文化服务建设的热情。

1. 明确政府、理事会、管理层的权事关系

苍南县文化广电新闻出版局(简称"苍南县文广新局")是苍南县图书馆的主管部门,不直接干预图书馆理事会的决策行为,而是在政策引导、财政约束、行为监督上发挥其影响作用。苍南县图书馆理事会平时需向主管部门报告工作、接受其监督,在人事管理、财务管理方面则有相对独立的决策权。作为理事会决策的执行主体,苍南县图书馆管理层负责图书馆具体事务的管理,理事会只行使决策权,并不直接参与。

2. 采取面向社会公开招募理事的办法

苍南县图书馆通过向社会公开招聘的方式,最大限度地吸收来自各行各业的代表加入理事会,以确保理事会成员来源的广泛性和代表性,进而能形成广泛影响。首届苍南县图书馆理事会成员共有 13 名,其中 3 名为政府机构代表,分别来自县文广新局、县财政局、县人力资源和社会保障局;2 名为县图书馆代表,其中 1 名馆长、1 名职工;其余 8 名面向社会公开招募,由苍南文化教育、工商企业、普通读者、文化志愿者等方面的代表构成。理事成员中社会代表占比超过 60%。这在目前文化事业单位的理事会改革中也是一大突破,不仅实现了文化间接管理的目标,更重要的是为社会力量参与苍南公共文化服务建设搭建了平台,充分体现了公共文化事业单位接纳社会公众参与的决心。

3. 形成与社会需求相对接的决策机制

引入法人治理结构后,理事来自社会不同阶层,代表着相对广泛的利益诉求,在业务发展、资金投向、人才队伍建设等重大事项上,可以带来多元化的决策视角,形成与社会需求相衔接的决策机制,有助于提高苍南图书馆的服务效率。在成立苍南县图书馆理事会后,通过理事的带动,苍南县各界群众积极参与本地文化服务。如:为"半书房"提供"众筹"平台,推动多元投入、多元主体建设公共图书馆新格局的形成;以开展读者座谈会、讲座、展览等活动为抓手,切实发挥理事会"智囊团"的作用,大力提升了图书馆公共服务水平;通过众筹合作多方共建模式,4 间高品质、24 小时开放、无人值守的百姓书屋先后在金乡、霞关、藻溪、南宋 4 个乡镇落地,如今已成为当地人眼中的文化地标。

(二)建立政府购买服务制度

通过发挥市场的竞争机制,将原本由政府履行的部分职能向具有相关资质和能力的社会组织转移,遵循相关程序和方式,由政府根据合同契约支付其费用。这种模式有利于克服财政投入不足、运行效率低下的问题。目前,政府购买服务的形式主要是两种,一种是将相关文化产品和服务委托职能承接组织提供,另一种是将项目或文化场地的整体运营进行外包。

苍南通过建立健全政府向社会力量购买服务的工作机制,为政府向社会力量购买服务能健康有序和高效运转提供制度保障。在承接主体上,要求其社会信誉、专业能力、保障资金和内部管理等方面均符合国家的相关规定和要求,据统计,目前全县共有100多个基层民间文化服务机构达到承接主体的必备条件。在产品内容上,苍南县政府购买的公共文化服务可以归纳为文化产品的创作与传播、文化活动的组织与承办、中华优秀传统文化的保护传承与展示、文化设施运营和管理、民办文化机构提供的免费或低收费服务等五类。

一是设立每年10万元的民营剧团专项补助基金,通过政府购买民营剧团参与下乡演出,既扶植民营剧团发展,又丰富送戏下乡节目。苍南县优秀的民营剧团如青春越剧团、陈舜猜木偶剧团等多次下乡演出,惠及观众数万人。

二是引入专业演出团队参与大型文艺活动。2014年成功举办"中华一家亲·海峡两岸各民族中秋联欢晚会",以政府购买服务的形式,出资400多万元,招纳西北民族大学的专业班底参与演出,创建了14个精彩节目,吸引观众5000多人,取得了良好的社会反响。2015年苍南县的第七届文化艺术节开幕晚会由杭州市歌舞剧院承接,双方签订演出协议,完成多个高水准节目的创作编排及演出。

三是阳光操作购买基层公共文化服务岗位。基层文化站人手紧缺是不少乡镇社区面临的共同难题,为更好地满足当地老百姓的文化需求,宜山镇综合文化服务中心率先将其管理和服务职能"外包"给社会专业机构。同时,宜山镇人民政府和苍南县宜山镇艺苗艺术培训学校签订合作协议,由该机构向镇综合文化服务中心派驻两名固定工作人员,负责做好每周日常运行工作,并承担文化公益性服务项目,包括协助组织举办大型文化活动,协助完成送戏下乡、送电影下乡活动,组织开展各类群众性文化活动及文艺培训等公益性文化服务项目。宜山镇对外包公司的公共服务、管理规章、群众满意度等方面进行综合考评,不定时对服务人群、服务单位进行抽样暗访,以保证服务效能。2013年,宜山镇兴南社区文体中心图书室通过公开聘用社会优秀人才,负责图书室日常的管理、运行和服务,群众满意度很高。这种的形式显著提升了过去完全由政府直接包办文化的成效,为苍南县公共文化事业注入了强劲的动力。

三、苍南县公共文化服务社会化的实践模式

(一)建立"政府引导+公众自治"模式

2022年苍南县地区生产总值达427.6亿元,同比增长4.9%;社会消费品零售总额达267.96亿元,同比增长5.5%,老百姓的文化需求正处于快速扩张期和

质量提升期。在这种情况下,除了依靠政府、公共服务组织或企业来保证社会公共文化服务,还需要公众的积极参与,努力形成自主自治的文化服务供给模式。在这一模式实践中苍南县衍生出了 3 种类型。

1. 自建共享型

苍南政府以政策优惠和财政补贴为激励方式,鼓励社会组织或个人自筹资金参与文化设施建设,农村文化礼堂就是典型例子。根据省、市统一部署,按照"文化礼堂、精神家园"的定位,以"五有"为基本标准,截至 2024 年,全县共建成 373 个集学教型、礼仪型、娱乐型等"三型"于一体的文化礼堂,数量和累计总量均在温州前列。文化礼堂建设有新建和依托已有的大会堂、文化活动中心、祠堂、书院和闲置校舍等改建两种形式,建设费用从十多万元到数百万元不等。文化礼堂建设的责任主体多为农村或社区,建设资金多依靠村集体资金或企业、社会热心人士赞助,各级政府设置文化礼堂专项资金,通过以奖代补的形式对通过验收的文化礼堂给予经费补助,同时,为保证建成后文化礼堂能正常运行,原则上给予每个文化礼堂每年不低于 2 万元(或按所服务人口数量,人均不低于 20 元)的运行经费补助。为规范运行,苍南在全县农村文化礼堂实行理事会管理运行机制,将龙港新渡文化礼堂、观美文化礼堂作为试点单位,将文化礼堂在民政部门进行登记,使之成为独立的非企业法人,从而可以向银行等金融机构申请独立账户,以便用于礼堂的经费专款专用。与此同时,还实行星级评定方法,依据星级评定标准,对文化礼堂运行情况进行动态管理,确保文化礼堂不断完善提升。2013 年到 2018年,全县农村文化礼堂共开展各类活动每年 15000 多场次。

2. 资助捐赠型

资助捐赠型是指社会组织或公民通过自愿捐赠的形式参与公共文化服务体系建设。例如,县城的抢红文化驿站是苍南与温州市文广新局联合打造的文化创新品牌,于 2018 年 1 月正式投入使用,由在外苍商谢秉政单独出资 100 多万建设而成。该文化驿站具有五大功能,其中包括小型艺术沙龙中心、户外实景演艺基地、露天电影广场、TED 演讲推广中心、微电影展播中心,以打造"精品文化的小平台、当代艺术的大观园"为目标,一年里开展活动达到 52 场次,为表演、诗歌、民俗等艺术表演提供立体的展示,给观众带来直观的感受。再如,项桥文化客厅位于苍南县钱库镇项东村,是苍南首家由村民自筹自建的农村文化客厅。该文化客厅由原平阳县项桥日用品厂改建而成,占地1000余平方米,耗资260万元,建设历时2个多月。日用品厂所有人、项东村乡贤项芳印不仅无偿提供场地,还为文化客厅建设出钱出力,共捐助30万元,为展示厅收集文化古物尽心尽力。不少乡贤受项芳印感染,主动为文化客厅建设捐款捐物。建成后的项桥文化客厅与有"状元故里"美誉的项东村美景相得益彰,不仅成为苍南乡村旅游人气目的地之一,还是农业教育培训、党员上党课,以及各类文娱活动开展的重要场所。用时任项东村书记项芳炼的话说,这是一个游客有的玩、有的看、留得住的地方。除此之外,还有由知名乡贤沈宝善先生出资建设的金乡卫城文化客厅、由多名龙港书画爱好者自筹百万元资金开设的原龙港镇萧逸美术馆、作为三大庙文化礼堂重要组成部分的由乡贤集资修缮的谢云旧居、一砖一瓦都出自乡贤与村民捐赠的大渔镇乡贤文化园,等等。

3. 志愿服务型

志愿服务型是指文化志愿组织或公民个人根据自己的意愿参与公共文化服务的建设。2016年6月苍南县文化志愿者联盟(大队)正式成立,下设23个分队,包括县文化馆、县图书馆、县博物馆、县非遗中心4个县直属分队和19个乡镇分队,已登记在册的文化志愿者共有507名。该联盟奉行"奉献、友爱、互助、进步"的志愿服务精神,由具备一定的文化专业知识或文艺专长,自愿参加文化志愿服务的社会各界人士自愿组成。苍南县文化志愿者联盟(大队)自成立以来,结合不同主题、重要节庆日以及农村文化礼堂建设,开展文艺惠民活动60多次,发动文艺志愿者近600人次,受益群众近万人。此外,与县文联携手成立文艺惠民基地和书法、美术教师志愿派遣中心,不断壮大文艺志愿服务队伍,更加广泛地动员各艺术领域、各年龄层次的文艺家和基层文艺工作者参与文艺志愿活动,向基层传播文艺知识,传播社会主义核心价值观和正能量,丰富群众精神文化生活。苍南县赤溪镇在尝试推行农村文化礼堂社会化运作这一新管理模式时,积极组建文化礼堂志愿服务团队,安排志愿者入驻文化礼堂轮流排班,搭建群众志愿服务需求反映渠道,选取村民最需要的内容和最喜闻乐见的形式开展相应活动。而随着农村文化礼堂活动的开展,老百姓对文化礼堂的认可度越来越高。

(二)建立"政府搭台、民间众筹"模式

公共文化众筹的主要目的是通过众筹服务模式将政府、社会、组织、大众等资源汇聚,实现公共文化服务或产品的一种新模式。公共文化众筹的开展,一方面可以弥补公共财政和资源供给的不足,另一方面还可以调动社会和个人参与公共文化建设的积极性,实现公共文化服务建设社会的广泛参与性。这种建设模式也契合政府倡导的向社会力量购买公共文化服务,"自下而上、以需定供"的互动式、菜单式服务方式。苍南政府通过优化公共文化投资环境,鼓励和引导社会力量参与,创新建立了"政府搭台、民间众筹"模式,该模式获评2017年度温州市宣传思想文化工作创新奖。

1. 筹资本,落实经费保障

2015年,苍南县25位热爱阅读的人士每人出资2万元,率先以众筹模式创办民间公益图书馆——半书房。2017年,县政府将位于县城的一栋700余平方米的建筑以免租10年的形式提供给半书房团队,并以每股5万元向社会进行二次众筹,最终筛选出50余位热心人士参与创建公益文化空间——半书房·城市文化客厅。同时,注重以众筹模式助力开展日常公益文化活动,如"在苍南,从世界看中国"名家思想沙龙活动,一周内众筹11万余元。

2. 筹智力,提升服务品质

采用智力众筹模式,在众筹人的选择上以体现社会职业的多样性为原则,发挥众筹人中丰富的职业技能,为后期的运作提供有力的智力和资源保障。如城市文化客厅50余位众筹人中就有教师、作家、公务员、记者、商人等10余种职业,2017年至2018年举办读书、教育、影视等各类公益文化活动600余场。抢红文化驿站实施竞争性磋商采购方式,向全县征集第三方运营机构,采购当年全年安排活动52场次。同时发挥苍南籍名人效应,如以苍南籍军旅作家黄传会的名字命名的"黄传会书屋",祖籍苍南的知名女作家张翎回乡创建的"张翎书屋工作室"等。

3. 建联盟,发挥辐射作用

2018年11月,苍南县城市文化客厅服务中心成立。该服务中心通过政府的主导力量和民间众筹力量,凝聚团结已有的,助力扶持萌芽的,挖掘创建未来的,共同探索城市文化客厅从单打独斗向抱团发展转变的新模式,旨在让城市文化客厅真正成为引领乡镇发展、促进乡村文化振兴的重要载体。

第三节　文化产业蓬勃发展

　　苍南县作为"浙江美丽南大门",有山有海有沙滩,有美食有风景有文化。近年来,苍南坚持人与自然和谐共生,持续念好山海经、打好特色牌、走好生态路、做好"文旅＋",推动生态优势转化为发展优势、靓丽颜值转化为经济价值、文化积淀转化为地方魅力,打通绿水青山与金山银山的转换通道,敞开南大门,全域迎客来。

一、苍南县文化资源与旅游资源概况

　　苍南县东边与东南方紧邻东海,西南方则与福建省福鼎市相接,西邻泰顺县,北与平阳县、文成县接壤,是浙江省与福建省的"交界线"。在地理空间方面,目前苍南县辖区面积共 1079.34 平方千米,其中 1068.71 平方千米为陆地总面积,10.63 平方千米为岛屿面积,海岸线长 206 千米。在经济发展方面,2023 年苍南县地区生产总值达到了 471.92 亿元,第三产业增加值 254.91 亿元,同比增长 6.4%。

　　如表 8-1 所示,苍南县独特的山海地理文化及区域地理位置使得其自然资源及人文资源较为丰富。根据普查的统计数据,苍南县全县共有资源单体总数达到487 个,其中 4 个为 5 级资源单体(168 生态海岸带、玉苍山、渔寮大沙滩、矾矿遗址),19 个是 4 级资源单体,63 个是 3 级资源单体;此外,苍南县拥有 1 处国家级森林公园、1 处国家地质公园、1 处省级风景名胜区,3 个国家 4A 级旅游景区以及5 个国家 3A 级旅游景区。在苍南县的诸多自然资源中,168 生态海岸带作为苍南县核心的自然资源,其陆域海岸线长约 168 千米,滩涂面积约为 97 平方千米,并拥有 140 个海岛,其中可开发的沿岸岛屿 11 个;在 31 个沿海海滩中,有 16 个海滩具有开发价值,其中渔寮沙滩则是中国东南沿海大陆架上最大的沙滩。此外,苍南县还拥有玉苍山、鹤顶山、莒溪大峡谷等山林自然资源景观,而这些山林资源和海洋资源相组合就构成了苍南县独特的山海资源。①

---

① 数据来源:苍南县人民政府网站:"苍南概况". http://www.cncn.gov.cn/col/col1255440/index.html.

表 8-1 苍南县自然资源和人文资源

大类	分类	案例
自然资源	山地景观	玉苍山国家森林公园、石聚堂自然风景区、笔架山
	水域景观	168 生态海岸、炎亭大沙滩
	生物景观	韭菜园房车基地
人文资源	工业建筑	矾矿遗址/矾山国家地质公园
	古建筑及古遗迹	金山飞亭、清朝碗窑乡村土建筑、藻溪杨府宫
	民俗街区	金乡卫城、霞关镇、藻溪老街
	名人纪念馆	方仲友故居、张琴故居、金东故居、叶良金故居、姜立夫故居
	其他古建筑及遗迹	明代界牌浙闽界碑、南宋金山古井
	宗教	佛教"玉苍教派"、道教"正一派"、摩尼教（世界仅有遗存）

在文化资源方面,如表 8-2 所示,苍南县拥有独特的海洋民俗文化和移民历史,在瓯越文化和闽南文化的交融碰撞下,苍南县形成了 3 个"600 年"的文化积淀,其中具有 600 多年历史的矾山镇明矾采炼,其工矿遗址至今保留完整,是名副其实的"世界矾都";同时,苍南县沿海一带至今成建制地保存了较为完整的卫、所、堡、寨、墩等抗倭海防文化遗址,具有极强的海洋文化特色。围绕 3 个"600 年",苍南县的畲族文化、渔俗文化、商贸文化也蕴含其中,蓝夹缬技艺、苍南点色剪纸、蒲城拔五更、苍南参龙、苍南"八仙戏"等也成为苍南县独特的人文资源中重要的组成部分。此外,碗窑古村落入选第一批中国传统村落、中国历史文化名村,具有极强的历史积淀和文化内涵。

表 8-2 苍南县文化资源及文化活动统计

文化资源	文化场馆	文化礼堂、农家书屋、研学基地、乡镇综合文化站、文创园区、文化站、图书馆、博物馆、各类体育场馆、名家工作室、公共文化空间、民宿、美术馆、直播平台、数字化平台
	文化队伍	文化志愿者、乡贤、文化管理员、文化能人、文化团队、非遗传承人、乡土人才、文化带头人、文化大使、文艺骨干、文化讲师/培训员
	文化载体	数字文化、文化遗产、民俗民艺、文化课程、各类赛事、历史图书、档案资料、公众号、数据库、特色 IP、视频直播

	工业建筑	文化艺术节、文化走亲、送戏下乡、艺术展览、艺术大赛、文艺演出、电影放映、乡村艺术团、音乐会、名家作品展、周末剧场、文艺晚会、采风活动
文化活动	古建筑及古遗迹	15 分钟品质文化生活圈、非遗活动、民俗文化活动、文化主题活动、礼仪活动、文化进景区、旅游文化节、文博会、展览会、采摘节
	民俗街区	培训活动、全民阅读、讲座培训、专题研讨、云上微课堂、主题研学
	名人纪念馆	方仲友故居、张琴故居、金东故居、叶良金故居、姜立夫故居
	其他古建筑及遗迹	文化基因解码工程、送书下乡、高峰论坛、课题研究、学术研讨、历史文化挖掘工程

可以看出,以"山+海"形成的山海风光与丰富的历史古迹和民俗街区组合在一起,形成了具有地域独特性的苍南文旅资源,同时受到地域板块交界的地理位置因素的影响,苍南县拥有较为丰富的多民族文化且以海洋文化为主导,而矾矿遗址也丰富了苍南县的文化旅游资源种类并成为苍南县一张新的名片。文旅资源的"多点聚集,全面开花"的状态为其文化产业和旅游产业的发展及融合提供了良好基础。

二、苍南县文化产业发展现状

在文化产业发展方面,目前苍南县将文化产业和文化事业的推动发展作为全县社会经济发展的重要推动力,围绕独特的自然资源以及人文历史资源,积极构建苍南特色文化事业及文化产业体系,推动苍南县文化产业不断发展,并在文化制造业等方面取得了一定成果,其中"印刷包装、台挂历、文具礼品"三大传统文化制造产业已逐步完成转型升级,印刷包装产业中工业总产值 5000 万元以上的印刷企业有 25 家,亿元以上的企业有 11 家,在生产能力和设备先进性等方面均处于全国领先水平,已建成金乡文具小镇、金乡包装材料产业园等。金乡通过中国(温州·金乡)台挂历礼品展览会逐步形成了品牌效应,先后荣获"中国台挂历礼品生产基地""中国商标之乡"国字号名片。

苍南县文化产业发展的主力军主要是文化用品、设备及相关文化产品的生产和销售,在文化内容生产创作、文化创意产业、文化艺术服务、文化休闲娱乐服务等细分行业的发展方面,苍南县也培育出部分优秀企业并在文化会展、文化创意等领域快速发展,如温州海西文化产业有限公司的陶瓷美术作品受邀在故宫博物院武英殿展出、浙江叶丹文化创意有限公司的"缬韵"夹缬文化衍生品成功入选"人民日报文创"客户端等。通过文化创意,苍南县逐渐拓展其文化产业的发展领域。

三、苍南县文旅产业融合成效显著

在2023年发布的中国县域旅游综合竞争力百强县市名单中,苍南县排名全国第53位,2019年至2013年连续5年入选全国县域旅游综合实力百强县,反映出旅游产业对苍南县经济的重大贡献,苍南县在旅游产业发展方面具有较强实力。随着政府将文旅产业融合作为推动苍南地区经济社会发展的重要路径并围绕文旅产业融合延伸出多个实际项目,文化产业与旅游业也成为苍南县大力发展的重点产业。数据显示,苍南县2022年列入国家文旅项目库的项目数量达到61个,总投资约为161.47亿元,并且旅游产业"微改造、精提升"项目进入浙江省前列。与此同时,在文旅项目打造方面苍南县也取得了一定的成绩,完成了渔寮湾省级旅游度假区的资源评估和基础评价省级评审;沛垒生态康养旅游度假区等休闲旅游新项目也被列入省重点建设工程开始全力开发;矾山镇福德湾村作为苍南县的"领头羊"被列入第四批全国乡村旅游重点村;霞关镇获评温州市文旅消费集聚区。

在旅游项目建设上,苍南县将168生态海岸带建设作为重点推进项目,以环海公路串联沿途海岛、沙滩、渔港、山体、古村等自然景观为构想进行整体设计,目前已完成168黄金海岸景观公路炎亭至大渔段、霞关至三澳核电段的建设,号称"中国东海岸1号公路",成为全省生态海岸带的示范标杆;同时,苍南县针对"微改造、精提升",共完成项目改造642个,累计投资约16亿元,助推各个景区全面升级,提升游客体验和旅游品牌形象;此外,围绕旅游基础设施建设,苍南县全面开放了浙南滨海(马站)旅游集散中心和大玉苍山(桥墩)旅游集散中心,串联168生态海岸带和大玉苍山生态旅游区两大区域形成全域旅游"新平台",为游客提供咨询接待、购物、住宿、交通等"一站式"旅游综合服务,推动全域旅游产业和"山海"双线产业共同发展;全面升级旅游线上服务平台并实施景区智慧化建设,推出"易游苍南"线上旅游服务小程序,逐步实现旅游数字化转型发展,助推苍南县全域旅游发展取得新突破。

在旅游业态打造上,苍南县围绕全域旅游业态融合,举办了温州自驾旅游文化节开幕式暨苍南168黄金海岸露营音乐节、大渔寮沙滩音乐沙龙等文体活动,引进 360 极限飞球——飞跃 168 全新体验业态品牌项目,并打造"苍农一品"农旅电商大平台,逐步拓展农文旅融合和文旅休闲融合的发展道路;此外,苍南县还完成了流石山、雾城沙滩、海口沙滩等国有景区标准化建设管理并对外营业,在壮大苍南县山海景区资源的同时不断丰富全域旅游的业态,强化苍南旅游核心竞争力。

(一)产业融合产品不断丰富

围绕文旅产业融合发展这一话题,苍南县通过创建"1＋5＋N"模式,即"1"套体系、聚焦"5"大抓手、打造"N"个特色点,对文旅产业融合的切入点进行分析研究,并结合本地区实际打造具有示范效应的文旅融合拳头产品,推进文化和旅游产业深度交融。

首先,全面开展文化设施进景区。目前,苍南县在一些重要景区都设立了"旅友书吧""景区半书房""名人书屋"等阅读体验载体,积极推动文化产业与旅游产业在产品和功能方面的融合,向游客展现"书香苍南"的山海旅途的同时,也获得了更多向外界展示苍南魅力的途径,在丰富产业融合产品类型的同时也积极提升了文旅融合的作用和意义。

其次,全面深化文化遗产进景区及文化产业进景区。目前苍南已推出苍南黄金海岸游、桥莒瓷韵生态游、矾山研学之旅 3 条精品旅游线路,分别围绕"生态文化＋旅游""文化元素＋旅游",将渔鼓、提线木偶、布袋戏等非遗项目引入旅游景区,通过在福德湾景区打造"非遗一条街",将碗窑古村落和福德湾村两大历史文化古村创成国家 4A 级和 3A 级旅游景区,利用文化带动景区的发展和丰富旅游的内容,从而吸引更多的游客前来游览。同时,围绕畲族、瓷文化等特色文化,苍南县打造出"以节促旅"的文旅融合产品,在旅游景区和目的地举办各类文旅融合节庆,全面提升游客文化体验感。

(二)产业融合模式逐步多样化

经过几年的发展,苍南县目前运用的融合模式较为多样,主要包括渗透式融合、重组式融合与延伸式融合三类。

以矾山镇福德湾景区为例,苍南县围绕该地区特有的文化及自然资源,形成"研学＋旅游"的新模式,投入 6647 万元打造"世界矾都·休闲观光"乡村振兴示范带,沿线分布有埔坪和南堡美丽乡村、福德湾历史文化名村、矾都博物馆群、肉燕产业小微园、生态老土茶基地等 7 个重点项目,同时改造矾矿旧厂房,建成五号车间旅游集散中心,引入开元美途酒店、梵山里等特色酒店民宿品牌,打造以矾客工厂、矾矿博物馆、奇石馆、矿石馆等为核心的矾都博物馆群,围绕文旅融合打造具有多重功能属性的旅游观光景区,有效地延伸了文旅融合的产业价值链。

(三)产业融合效益凸显

苍南县对旅游产业的投入逐年递增。2019年旅游投入4.36亿元;2020年旅游投入3.39亿元;2021年旅游投入4.64亿元;2022年累计实施"微改造、精提升项目"642个,累计完成投资约16亿元;2023年全年完成投资达70.09亿元。以2021年为例,苍南县总投资达350亿元,其中包括了半山半岛旅游综合体、海西国际游艇俱乐部、悦海湾生态旅游区等3个超10亿元的重大旅游招商项目。

苍南县对旅游产业的大力投入为文旅产业融合提供了积极的推动作用,通过各类旅游投资和文体投资建设,苍南县的文化旅游资源优势被进一步转化为苍南县产业发展优势。在"旅游+"功能的不断延展下,苍南县利用"世界矾都""中国人参鹿茸冬虫夏草集散中心""中国四季柚之乡""中国紫菜之乡"等名片的资源影响力,大力发展矾山工业文化旅游、五凤茶园茶文化旅游、台商小镇商贸文化旅游等,推进文化与旅游融合互动发展。

第四节　苍南文化建设的发力点

苍南坚定文化自信,实施文化强县战略,打造文明新高地,以社会主义核心价值观引领文化建设,大力提高社会文明水平,讲好苍南故事,提升公共文化服务水平,健全现代文化产业体系,不断提升苍南文化软实力和影响力。

一、加强社会精神文明建设

推动社会主义核心价值观入脑入心。以习近平新时代中国特色社会主义思想为指引,加强中华民族伟大复兴中国梦和社会主义核心价值观宣传教育,切实筑牢社会主义共同思想基础。高效运用各类媒体、文艺作品、公益广告和群众性文化活动等媒介开展社会主义核心价值观宣传教育,构建以社会主义核心价值观为引领的德育体系,推动红色基因代代相传。加强苍南革命历史研究、对有形革命遗产的保护和无形革命遗产的传承,加大对烈士纪念设施的维护和建设,保持革命遗产的真实性和完整性。结合党性教育、爱国主义教育、廉政教育、国防教育、品德教育等,大力弘扬革命精神,推进红色资源科学利用,加快发展红色旅游。

高水平开展文明创建。全域开展文明创建,打造一批省级以上文明村镇、文明单位、文明校园。扎实推进新时代文明实践体系建设,强化群众性精神文明创建活动。加大公益广告制作投放力度,培育志愿服务理念,完善"我为人人、人人为我"的志愿服务体系,推广"时间银行"模式,倡导"我为人人、人人为我"的文明风尚。持续开展"最美苍南人"等评选活动。开展文明好习惯养成行动,推进现代文明礼仪规范普及。常态化开展民族团结进步示范单位创建。

二、传承弘扬苍南文化

全面挖掘整理苍南历史文化。发挥苍南县闽台、瓯越文化深度融合的多元化优势,深入挖掘整理传承苍南优秀历史文化,留住苍南记忆。做好"中国童谣文化之乡"创建"后半篇文章",谋划启动"中国童谣谷"建设。依托金乡卫城、蒲壮所城、白湾堡、渔岙堡和抗倭营寨、烽墩、烟墩、古道等历史遗迹,推动苍南海防抗倭文化整理保护开发;依托"世界矾都",凝练提升600年矾矿文化内涵,提高知名度;进一步提升碗窑文化体验功能,打造"碗窑记忆工坊",激活碗窑文化。推动农耕文化、畲族文化、妈祖文化、道教文化、水乡文化、龙舟文化、诗路文化等历史文化现代化发展。

加快非遗保护开发。深入挖掘苍南非物质文化遗产,鼓励支持申报国家级省级非遗项目和传承人。制定非遗保护传承计划,实施苍南非遗传承人培训计划,支持非遗进景区、进酒店、进民宿等,鼓励非遗传承人与设计企业、高校等跨界合作,推动非遗与产业、旅游、研学等深度融合发展。推动传统非遗技术在现代生活的广泛应用,重点加强道教音乐、夹缬、布袋戏、吹打、炼矾技艺、制碗技艺、传统渔业技艺等具有代表性项目的传承、展示及应用。

三、打造公共文化服务苍南样本

构建城乡均衡的公共文化设施网络。全面建设新时代文明实践中心,加快推进苍南大剧院、苍南科技馆、苍南县档案馆等重大文化设施建设,规划建设县市民活动中心(妇女、儿童中心),进一步提升中心城区文化首位度。加快灵溪、马站、宜山等新一轮乡镇综合文化站新建改建,稳步推进乡镇档案馆建设,提高基层公共文化服务水平。补齐村级文化设施建设短板,强化村级文化礼堂(文化中心)、村级档案室、农家书屋、文体娱乐广场等设施综合集成。

推动城乡基本公共文化服务一体化。积极打造"书香苍南"品牌,高质量开展"读书月"系列活动,推广"城市书房""文化驿站"模式,推行图书馆、文化馆总分馆制,打通城乡公共文化服务"最后一公里"。加快推进档案工作数字化转型,加强县域档案信息资源共享服务平台建设,切实实现数字档案管理和服务区域全覆盖。广泛开展流动文化服务,推动文化进社区、进农村、进校园,常态化开展演出展览、科技普及、区域文化联动等惠民活动,全面保障特殊群体基本文化权益。

推进建设公共文化服务重大工程。城乡智慧文化工程方面,整合优化公共文化服务云资源,创新开发文旅公共服务云平台,打造数字图书馆、数字文化馆、数字博物馆、数字档案馆(室),推动乡镇、村(社区)配备数字文化设施,形成县域文化共享服务链,打造智能化个性化的公共文化服务。文艺创作繁荣工程方面,扶持文艺创作,加强本土文艺人才培育,打造一定规模的专精和业务相结合的创作骨干队伍,提升文艺原创能力;打造文艺创作精品,争取推出3~5件在省级或国家级有较大影响的艺术作品,力争有作品获得全国性奖项。文化品牌塑造工程方面,塑造群众文化品牌,发掘"苍南文化"潜力,重点打造一批具有品牌、创新的文化活动;扶持特殊文化发展,扶持本地文化产品参加国内外博览会、展览,推动文化品牌"走出去"。

四、健全现代文化产业体系

立足"中国台挂历礼品生产基地""中国商标之乡"等国字号品牌,支持建设钱库箱包文具工业园、金乡卫城文化产业园、金乡文具小微园、金乡徽章文化产业园、浙江印刷科技产业园等专业园区,推进包装印刷、台挂历、文具礼品、徽章商标等文化用品制造业向智能化、时尚化、品牌化方向升级。引导企业利用物联网、大数据等网络技术,培育发展数字出版业,加强与出版社或电商合作,建设出版印刷基地和出版物配送中心。联合中国美术学院、北京印刷学院等高等院校,合作建设海洋文创数字产业园、文化创意园区、历史文化街区等产业平台,着力培育创意设计、工艺美术、传媒影视等新兴文化产业,培育壮大工业设计、包装设计、广告设计等创意设计产业,提升文化产品的文化内涵。加强历史文化(传统)村落保护,重点提升蒲壮所城、碗窑古村、渔岙村、水尾村、福德湾村、凤阳畲族文化特色街区等文旅融合景区(基地)，打造浯浦老街、霞关老街等精品文化旅游街区，支持建设苍南县大剧院、传媒文化中心、中国童谣谷、中国台风馆、中国(金乡)徽章博物馆、霞关妈祖文化园、平水文化产业建设项目等各类文博场馆，嫁接文化休闲旅游、传媒影视拍摄等产业功能开发，复兴海洋文化、抗倭文化、瓷韵文化、古村落文化等优秀传统文化，带动陶瓷、夹缬、钢雕、漆器、剪纸、高仿真书画等工艺美术产业和旅游演艺、文化创意等产业加快发展，打造省级文旅融合发展示范县。积极支持凤阳、岱岭等少数民族地区发展民族特需商品、民族手工艺品等文化用品制造业。

推动文化市场健康繁荣。完善文化产权定价机制，强化知识产权保护，加强市场监管，严厉禁止和打击抄袭等违法行为。优化市场准入机制，动员更多社会资本参与文化市场竞争，促进文化产业投资主体多元化，拓展投资领域和空间。发挥文化产业发展专项资金作用，扶持小微文化企业发展。优化管理服务，加强对文化企业技术创新、人才引育、招商引资、项目建设等环节的精准指导。

五、高品质打造文旅产业集群

坚持全域旅游，优化旅游布局，竭力创建好"山海苍南"全域旅游品牌，全力建成国家级山海旅游度假区，全力打造具有山海资源特色、文旅农工深度融合的华东山海沙滩旅游目的地。

打造华东最美山海型生态海岸。深度融入浙江省生态海岸带温州168示范段建设，按照"三核三带"滨海旅游空间布局，全力打造华东最美山海型生态海岸。重点提升炎亭大渔滨海生态旅游度假区、两湾(棕榈湾—渔寮湾)生态旅游度假区、霞关两岛(南北关岛)生态旅游度假区等3个滨海旅游产业发展核心，建设金色活力海岸旅游带、蓝色海洋海岛旅游带、低空航空旅游带等3个滨海旅游带。串联特色小镇、金乡卫城、蒲壮所城、渔寮景区、海口景区、大玉苍山旅游景区等特色景点，打造168千米最美滨海公路，培育高等级旅游景区，全力打造国家级山海旅游度假区。

打造世界矾都国家矿山公园。激活矾矿312平硐、鸡笼山采空区地下空间和炼矾煅烧炉，引入科普教育、休闲体验、探险观光等，构建特色博物馆体系，打造集矿硐探险、休闲、开采和炼矾体验于一体的矾矿工业遗存旅游核，打响世界矾都品牌。联动福德湾矿工村、大岗山采矿遗址，完善住宿、餐饮等设施，拓展研学旅行市场，争创国家级中小学生研学实践教育营地，打造温州工业旅游新高地。

打造全国首个核能主题旅游地。依托浙江三澳核电站，重点打造"一镇两翼",连点成线完善旅游配套服务设施和业态布局,保护开发沛垒沙滩,打造国内首个"核能"主题度假区。举办全球能源大会、核产业论坛、核产品展览会等全国性活动,打造国内最具影响力的绿色能源科普教育基地、国家级工业旅游示范基地。

打造大玉苍山生态康养旅游胜地。加快大玉苍山区域资源整合和旅游要素整体提升,形成"一山一湖一峡谷"发展布局,高质量创建国家 5A 级旅游景区。重点推进旅游集散中心、玉苍山缆车索道、桥莒生态绿道、碗窑古村保护提升、莒溪大峡谷、莒溪精品民宿集聚区等项目,建设引入康体养生、山地运动、文化创意、特色民宿等业态,不断提升景区规范化、品质化、综合化管理服务水平,打造浙江生态康养旅游胜地。

打造特色山海乡村旅游示范带。大力发展旅游观光、创意农业、农耕体验、休闲度假等乡村旅游产品建设,加快生产、观赏、体验、游乐等农旅产品融合发展。依托 168 生态海岸带建设,深度挖掘乡村特色资源,全面开展农业产业融合发展示范园创建,高质量建设钱库、马站、桥墩、沿浦等一批田园综合体,加快建设玉苍山、鹤顶山、马站平原、江南水乡等一批休闲观光农业示范园区,保护开发一批山海特色的传统村落,不断推进岱岭、凤阳等畲乡旅游风情小镇建设,加速打造美丽滨海乡村旅游带。

打造县城城市商贸旅游综合产业带。推动县城新区加快创建高等级景区城,重点建设苍南高铁站旅游集散中心、104 国道商贸旅游走廊、星级度假酒店、区域特色街区等,将灵溪打造成浙闽边际最美县城,使之成为集旅游服务、特色商贸、月光经济、宜居宜游于一体的综合型城市旅游产业带。

提升旅游产品供给质量。加快区域资源整合,重点谋划大玉苍山、大渔寮国家 5A 级旅游景区,炎亭—大渔、悦海湾和棕榈湾、世界矾都省级以上旅游度假区等核心产品,提高山海休闲度假游品质。全面实施"百城千镇万村"景区化工程和"微改造"旅游品质提升工程,推进城乡旅游融合发展,着力提升全域旅游整体品质。加快构建苍南湾 168 黄金海岸带、桥墩瓷韵美丽乡村风景线、钱库金乡美丽水乡乡村风景线、世界矾都休闲美丽风景线等,打造浙闽边际最美乡村自驾游线路。力争于"十四五"期间,创成 1 个高等级景区城、10 个景区镇、100 个景区村。

完善现代化旅游配套设施。加快建成桥莒线生态公路、168 环海旅游公路等旅游交通,提升渔寮湾乐活小镇(金色海岸小镇)、绿能小镇绿道慢行系统,全面提升旅游景区交通条件。深入实施旅游景区服务大提升工程,构建"1+3+X"旅游集散服务体系,加快旅游集散服务体系标准化、智慧化,打造智慧型示范景区,全面提升全域旅游"窗口"形象。重点推进半山半岛、海西游艇俱乐部、霞关沛垒、悦海湾、棕榈湾、钱库望州山—燕窠硐旅游等项目建设,加快建成秀石大酒店、唐拉雅秀大酒店等高端酒店,打造一批独具苍南特色的滨海精品民宿群、乡村民宿集群,全面提升苍南度假设施整体品质。

六、高质量推动文化产业融合发展

推进"文化+旅游"发展。以文促旅、以旅彰文,推动文博场馆景区化、旅游景区文化化、旅游演艺融合化、非遗资源活态化、海防文化产业化、文旅融合产品化、特色镇村文旅化,培育举办一批具有一定影响力的文化旅游节庆活动,打响苍南文旅融合大 IP,重点提升蒲壮所城、碗窑古村、渔岙村等一批文旅融合景区(基地),打造十大精品文化旅游街区,争创国家级山海旅游度假区。

推进"体育+旅游"发展。依托旅游度假区、旅游景区、旅游目的地,结合山海资源因地制宜发展沙滩运动产品、休闲运动产品、户外运动产品,举办特色体育赛事活动,打造一批国家级、省级运动休闲旅游示范基地、精品线路和优秀项目,实现旅游与体育运动深度融合。

推进"康养+旅游"发展。加快建设玉苍山、五凤茶园、渔寮湾、鹤顶山等特色主题养生基地,积极创建省直机关工会职工疗休养基地,重点推进藻溪镇高端养老项目、国投养照中心等项目的建设,打造具有山海特色的一站式健康养生养老目的地。

推进"商贸+旅游"发展。依托 104 特色商贸走廊,完善中国人参鹿茸冬虫夏草集散中心、浙闽水产品市场旅游公共服务设施建设,打造独具苍南特色的购物商贸旅游市场集群,培育创成一批"诗画浙江·百县千碗"特色美食体验(示范)点、美食街区,做精"苍农一品"苍南旅游伴手礼,做大"后备箱"市场。

后　记

在这片曾经默默无闻的土地上,苍南以其独特的韵味与温情,向世界展示了中国特色社会主义现代化建设的辉煌成就。作为浙江的"南大门",苍南以其独特的地理位置和人文底蕴,承载着"八八战略"的光荣使命。20多年的奋进,不仅收获了地域的蜕变,更是理念、战略与实践的深刻融合之路。

回望过往,苍南的发展史是一幅挑战与机遇交织的画卷。曾经的渔村,背负着发展的重担与困境,却在"八八战略"的春风中焕发了新的生机。习近平同志的每一次莅临,都像是带着春天的信息,为这片土地带来了希望与改变。他的亲切关怀、深入基层的考察,不仅让苍南的发展获得了精准的指导,更激发了人民群众对美好生活的无限向往。

深入的调研、顶层设计与基层实践的结合,使我们学会如何在实践中探寻发展的真谛。习近平同志的洞察与智慧,为苍南的发展提供了宝贵的经验与方法。"八八战略"在苍南的成功实践,让这片土地焕发了新的活力,更让苍南成了中国现代化建设的典范。苍南勇于创新,敢于尝试,成功实现了从传统农业到现代工业、从封闭落后到开放进步的历史性转变。如今的苍南,不仅在经济发展上取得了不少成就,而且正在不断转变成为一个繁荣发展、社会和谐、环境优美、民生幸福的现代化县城。苍南用实际行动证明,只有紧紧依靠人民,深入了解民意,积极探索创新,才能在发展的征途上行稳致远。

站在新时代的新起点上,未来充满了无限可能与希望。苍南将继续肩负起浙江"南大门"的重要使命。这里的每一分努力与付出,都在为实现中华民族伟大复兴的中国梦贡献着力量。

　　苍南的故事，不仅是一个地方的光辉历程，更是中国特色社会主义伟大实践的生动写照。在这里，我们看到了不懈奋斗的精神、创新进取的勇气，以及对美好未来的不断探索。这里的每一个进步与创新，都是为中国梦的实现做出的努力。

　　苍南的故事，既是对过去的奋斗与坚守的精彩回顾，也是对未来的梦想与创新的坚定承诺。苍南的守望与坚守、创新与拼搏，也将继续激励着一代又一代人为中国式现代化建设添砖加瓦。让我们一起期待，这颗明珠在新时代更加灿烂辉煌！